# 臺灣歷史與文化研究輯刊

## 二六編

## 第2冊

臺灣北部農村的蛻變：一個新小農聚落的形成

林俊宏 著

花木蘭文化事業有限公司

國家圖書館出版品預行編目資料

臺灣北部農村的蛻變：一個新小農聚落的形成／林俊宏 著 --
初版 -- 新北市：花木蘭文化事業有限公司，2024〔民 113〕
目 4+202 面；19×26 公分
（臺灣歷史與文化研究輯刊 二六編；第 2 冊）
ISBN 978-626-344-894-0（精裝）
1.CST：農村 2.CST：農村改革 3.CST：農業政策 4.CST：臺灣
733.08 113009625

ISBN-978-626-344-894-0

9 786263 448940

臺灣歷史與文化研究輯刊
二六編 第 二 冊　　　　　　　ISBN：978-626-344-894-0

## 臺灣北部農村的蛻變：一個新小農聚落的形成

| | |
|---|---|
| 作　　　者 | 林俊宏 |
| 總 編 輯 | 杜潔祥 |
| 副總編輯 | 楊嘉樂 |
| 編輯主任 | 許郁翎 |
| 編　　　輯 | 潘玟靜、蔡正宣　美術編輯　陳逸婷 |
| 出　　　版 | 花木蘭文化事業有限公司 |
| 發 行 人 | 高小娟 |
| 聯絡地址 | 235 新北市中和區中安街七二號十三樓 |
| | 電話：02-2923-1455／傳真：02-2923-1452 |
| 網　　　址 | http://www.huamulan.tw 信箱 service@huamulans.com |
| 印　　　刷 | 普羅文化出版廣告事業 |
| 初　　　版 | 2024 年 9 月 |
| 定　　　價 | 二六編 6 冊（精裝）新台幣 18,000 元 |

# 臺灣北部農村的蛻變：一個新小農聚落的形成

林俊宏　著

## 作者簡介

林俊宏，國立清華大學人類學研究所博士，現為新竹市關東國小社會領域科任教師。研究領域為經濟人類學、物質文化、農村研究、臺灣民間信仰、國小社會領域教學。近年發表期刊論文〈讓作物映上農人的臉：臺灣北部一個農村的人類學觀察〉（2023）、〈還是要變大嗎？一個台灣北部農村有機米產銷班的在地發展〉（2023 通過審查，排期刊登中）。

## 提　　要

　　這是一本研究當代臺灣北部農村現況的民族誌。在這本民族誌裡我試圖延續人類學「鄉民研究」的典範，將「農村」視為一種有機體，描述了這個鄰近新竹科學工業園區的傳統農村如何蛻變的經過。強調「農村」深受外在社會的影響，而「農村」的演變與現況就是農民運用各種策略來適應環境的變化。

　　本書先探討 1945 年以來台灣農業政策的發展，發現 1980 年代後的農業政策並未能如其預期地形塑出新的「農村」。這些政策多數似乎只是一些「頭痛醫頭」的急就章，再加上部分政策的相互矛盾，導致臺灣農村遲遲無法提高農民的所得，減少農村人口的外流，以及改善日益嚴重的農村離農化現象。也從水頭村居民的歷史記憶中重新拼湊在地的村落史，包含土地如何取得、如何成為兼業農，如何與政府搶水爭地，以及風災過後的轉變等，藉以瞭解現代農村居民與農業，以及他們與農地之間的關係。

　　接著透過對於水頭村當代農業型態的描述，說明臺灣北部農村正在發生農村與農地分離的現象，企圖以這些現象說明當代的農民、農業與農村的問題。如從離農到回農的過程裡，以在地、返鄉與外來等三種不同的農民類型來描述「農民」與「新小農」之間的差異。並且從水頭村各種農業型態的發展，重新思考當代農業意義，以「以農維生」及「以農為生」的二組概念來討論耕種者與農地、作物，以及消費者之間的關係。最後再從小地主小佃農的租佃關係、以小農耕作為主的在地經濟體系的發展，以及農民與消費者之間直接的交換關係等現象來說明一種新的小農聚落的形成。

　　總之，水頭村可以代表當代臺灣北部農村社會的部分現況，提供我們如何了解當代農村社會發展的一些面向，說明當代「農村」並沒有消失，「農村」只是不斷地蛻變。本書將提供一個比較完整的臺灣北部農村現況的描述，進而理解當代農民運用怎樣的策略來適應社會環境的變化，持續務農。

目次

第一章　緒　論……………………………………………………1
　一、當代「農村」…………………………………………………1
　二、問題意識………………………………………………………3
　三、文獻回顧………………………………………………………4
　四、水頭村簡介……………………………………………………16
　五、研究方法與分析框架…………………………………………18
　六、內容安排………………………………………………………22
第二章　臺灣農業政策的發展（1945-）…………………………25
　一、初期的土地改革（1945-1970）………………………………25
　二、工業化後的農業改革（1970-1992）…………………………27
　三、全球化後農業政策的多元發展（1993-）……………………30
　四、反全球化的思潮之下的在地發展（1993-）…………………33
　五、小結與討論……………………………………………………35
第三章　走入水頭……………………………………………………39
　一、有土斯有財……………………………………………………39
　二、人口外流與老化………………………………………………42
　三、兼業為主的農戶………………………………………………46
　四、水圳與水庫……………………………………………………48
　五、風災過後………………………………………………………52
　六、小結與討論……………………………………………………54
第四章　黃金稻浪……………………………………………………57
　一、稻浪再起………………………………………………………57
　二、空包彈…………………………………………………………59
　三、分蘗……………………………………………………………61
　四、結穗！？………………………………………………………64
　五、何謂有機………………………………………………………68
　六、小結與討論……………………………………………………70
第五章　溫室裡的有機………………………………………………75
　一、從溫室到有機…………………………………………………75
　二、回歸「做良心」的傳統市場經營……………………………78
　三、立志做小的農夫 CEO…………………………………………80
　四、善與綠的萌芽…………………………………………………84
　五、小結與討論……………………………………………………88

第六章　自然小農的在地生根 …………………91
　一、從偶遇開始 ………………………………91
　二、在地生根 …………………………………94
　三、效法自然 ……………………………… 101
　四、小農維生 ……………………………… 105
　五、在地漣漪 ……………………………… 121
　六、小結與討論 …………………………… 124

第七章　水頭村農民的發展與現況 ……… 129
　一、在地老農與兼業農 …………………… 130
　二、返鄉農民 ……………………………… 132
　三、外來新農 ……………………………… 134
　四、當代農民之間 ………………………… 137
　五、小結與討論 …………………………… 139

第八章　當代水頭村農民對農業的詮釋 … 141
　一、農義復興 ……………………………… 143
　二、生態農業 ……………………………… 145
　三、生活農業 ……………………………… 148
　四、小結與討論 …………………………… 152

第九章　一種新的農村社區 ……………… 155
　一、新的租佃關係 ………………………… 156
　二、立志「做小」 ………………………… 159
　三、農民與消費者：讓作物上映著農人的臉
　　　（crops with the farmer's face on it）……… 163
　四、小結與討論 …………………………… 170

第十章　結　論 …………………………… 173
　一、農村與農地的分離 …………………… 174
　二、「新小農」的出現 …………………… 176
　三、新生產關係的形成 …………………… 177

參考書目 …………………………………… 181
附錄一　水頭村人口統計一覽表（1947-2017）… 193
附錄二　主要報導人基本資料 …………… 197
附錄三　農場基本資料表 ………………… 199
謝誌　我的生命田野 ……………………… 201

## 圖目錄

圖 1-1　問題意識架構圖 ……………………………………4
圖 1-2　鄉民定義的概念圖 …………………………………6
圖 1-3　水頭村聚落位置與內部簡圖 ……………………18
圖 1-4　研究與資料分析示意圖 …………………………22
圖 3-1　水頭村人口數量變化走勢圖 ……………………43
圖 3-2　水頭村竹東圳與寶二水庫引水道位置圖 ……51
圖 4-1　有機米產銷班田地分布圖 ………………………63
圖 5-1　水頭村溫室蔬菜栽培農場分布圖 ………………77
圖 6-1　自然農法俱樂部田地分布圖 ……………………99

## 表目錄

表 1-1　水頭村歷年人口數統計表（1947-2017）…17
表 2-1　1940 年代以來臺灣農業政策發展概況表…37
表 3-1　水頭村戰後人口年齡結構分布一覽表………45
表 4-1　有機米產銷班 2000 年第二期作越光品種
　　　　田間管理紀錄表 …………………………………60
表 4-2　有機米產銷班 2001 年第一期作越光品種
　　　　田間管理紀錄表 …………………………………61
表 4-3　有機米產銷班 2016 年銷售紀錄表 ………62
表 4-4　2016 年有機米產銷班長劉信全稻作收支
　　　　概算表 ………………………………………………65
表 4-5　2017 年第一期有機米產銷班班員林水源
　　　　稻作收支概算表 …………………………………66
表 4-6　2017 年水頭村有機米農夫劉信忠稻作
　　　　收支概算表 ………………………………………67
表 6-1　自然農法俱樂部各期期數的年代時間與
　　　　人數一覽表 ………………………………………96
表 6-2　水頭村地區自然小農一覽表（2017-2018）
　　　　………………………………………………………125

# 第一章　緒　論

## 一、當代「農村」

　　「什麼是農村？」這一個看似清楚易懂的問題，卻是當代臺灣農村研究不得不重新面對的課題。為描述當代農村的真實面貌，本書以臺灣北部農村為例，說明當代農民不再像傳統農民那樣生於斯長於斯，圍繞著農地生活，對於農地有特殊的情感。有些當今的農民可能是從都市回到家鄉，不是配合政策成立或加入產銷班，就是接受新的農業生產方式，在自家農地上重新開始務農的返鄉農民。以及那些受到新農運動的影響返土歸田的自然小農，以實踐自然農法為目標，接受企業家資助，向當地農民承租農地，開始追求他們所嚮往的農業生活。

　　回顧臺灣農村的演變，傳統農村就是以務農活動為中心的農民所建構的社區，有其獨特的社會結構、經濟體系，以及文化系統。1950 年代初期的土地改革使得大部分的佃農轉變為自耕農，他們對於所耕作的土地有了強烈的認同感。此時農業不只是生活的手段，也是生活的方式，形成一種「以農業為生活方式」的「農本主義」（廖正宏、黃俊傑 1992:6-7、34-37）。

　　在政府的「以農業培養工業」的政策影響之下，臺灣在 1965 年工業產值超過農業產值，傳統的農業社會逐漸轉變為工業社會。傳統的農村經濟逐漸衰退，農民的經濟活動也趨向於多樣化，農家所得不再以農業收入為主，兼業農戶大量增加，農業蛻變成一種維生的手段，許多農民也把土地視為商品，傳統農村那種「以農業為生活方式」的價值觀已經逐漸瓦解（廖正宏、黃俊傑 1992:38）。

　　此時的農村裡的居民不再單純的是農民，農村已經不在是傳統的農地與農業的結合體，農村只是農田的所在地，居住在農村的居民大多也不再是專業的農民，這樣的村落還可以稱之為「農村」嗎？「農村」消失了嗎？因為農工不平衡的發展，以及農地持續破碎化的影響，在農村裡的農民不斷地離農，傳統的農村聚落已經有了實質上的變化。這些變化促使了政府在 1970 年代宣布加速農村建設的各種措施，為擴大農場經營規模，推動第二階段的農業改革（蔡培慧、周馥儀 2014:13-14；黃淑德 2014:7）。以及 1980 年代從國外引進有機農業（謝順景 2010、黃樹民 2013），與推動地方特色產業輔導計畫，即「一鄉鎮一特色產品 OTOP」的政策（One Town One Product）。甚至於在臺灣加入世界貿易組織（WTO）之後，推動發展結合二級產業與三級產業的休閒農業（陳昭郎 2012:16-17；段兆麟 2014:3-4），企圖振興農村經濟。

　　除了政府的政策之外，臺灣從 1980 年代開始有所謂「草根革命」的發生，民間組織也開始參與和協助農業生產，如新環境主婦聯盟等的出現（郭華仁 2014:9），以及 2003 年以後重回土地再將農業視為一種生活方式的農藝復興，如賴青松的穀東俱樂部（李丁讚 2016:10）。還有 2009 年莫拉克颱風過後，由浩然基金會與臺灣農村陣線共同啟動的小農復耕計畫（陳芬瑜 2014:38），也都開啟了一波波都市居民進入農村開始務農的浪潮。

　　因此，什麼時候開始離農，什麼時候開始回農，回農的社會經濟動力為何，以及所呈現的現況為何，就是本書討論的重點。而本書的田野地——竹東鎮水頭村〔註1〕，因地形與距離的限制，逐漸成為竹東鎮地方產業與新竹科學工業園區的通勤區，與其他農村一樣，都曾經面臨過大量農村人力外流的問題。

　　1960 年代以後，水頭村居民多以兼業的方式來務農，大部分正值青壯年的居民出外工作增加農外的收入，其父輩則仍然繼續在農村種稻。也有部分居民則是配合政府輔導轉作縮減稻作面積的政策，將原本山坡種稻的梯田改種香蕉與柑橘，採取較為粗放的耕作方式。

　　到了 1990 年代，當 1960、1970 年代的青壯年人口屆齡退休，以及部分產業開始西進大陸以後，有些人逐漸回到水頭村專業務農。這些回農者有些配合政府當時的政策，如 1987 年開始推動「農地利用綜合規劃」計畫，結合相同理念與興趣者組織共同經營班，建立由下而上的適地適作模式，以規模經濟來提高農地利用的效率；也有一部分開始發展有機農業來提升農業產值，以解決

〔註1〕 本書中的地名與人名為保護報導人與社區村落的隱私與權益皆使用假名。

1980 年代以來層出不窮的食安事件，於是紛紛投入在地有機蔬菜產銷班與有機米產銷班的發展，期待開啟就業或農業的第二春。

此時，以縣道以北的田地面積約 28 公頃而言，有機蔬菜產銷班在鼎盛時期的 106 棟溫室，其所占面積就幾乎是全部田地的一半。再加上同時期成立的有機米產銷班的耕地約 7 公頃多，兩者面積約已達總面積的三分之二左右，幾乎已經活化水頭村大部分的耕地。

而且在 2012 年以後，還有一群外來的新農到水頭村租田成立自然農法俱樂部，除了成立教育園區，推廣與發展秀明自然農法外，也輔導與協助小農成立許多的獨立小農場，迄今租地面積也已達到 2 公頃左右。因此水頭村於 2018 年在農糧署北區分署所推動的有機聚落計畫中被選為代表北部地區的有機聚落之一。

在臺灣北部地區，部分農村由於農地面積零碎，在慣行農法上無法與南部地區那種「單一作物大規模面積耕作」的農企業相比。水頭村這種透過種植高單價的有機農作物，與推動休閒農業來增加農業產值的做法，以及成為都市居民返土歸田的世外桃源，與當代臺灣北部農村發展的趨勢相符。如此看來，水頭村自 1990 年代以後的發展可以被視為臺灣北部農村的發展的一個例子，因此本書希望透過這個案例的研究來凸顯臺灣北部農村蛻變的過程。

本書試圖透過水頭村農民與農村的現況調查，描述水頭村農民各種務農的模式。討論當代水頭村的社會環境，釐清影響水頭村農民如何耕作與選擇作物的因素，以及建構水頭村的演變與現況，藉以重新驗證鄉民社會的研究典範，說明鄉民社會的轉變是密切地與其社會環境的改變相關，特別是在國家政策與市場需求的影響。

換言之，本書就是將農村視為一種有機體，探討農民如何運用他們自己的資源及各種策略來適應自然與社會環境的變化。認為當代農村的實際發展，不論是持續務農的耕種者，還是返土歸田的新農，大多配合國家政策與市場需求以不同的生產方式來維生，如：結合生態利基與文化脈絡的精緻農業、兼顧永續發展與健康意識的有機農業或自然農法，以及從以往以生產為主，轉變成以生活與生態為主的休閒農業。

## 二、問題意識

水頭村現有的農作型態包括：在地產銷班的運作、在地與外來農民的自產

自銷、外來農民與社會福利機構的社區支持型農業（community supported agriculture, CSA），以及自然小農的教育園區與獨立農場。因此，本書的核心問題即為：這些農作型態如何反應出當代農民適應環境的策略？

圖 1-1　問題意識架構圖

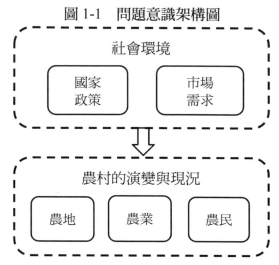

　　並且從這個核心問題再延伸出許多值得進一步探詢的子題。包含（一）當代水頭村的農民如何務農？（二）返鄉與外來農民之間的差異，以及彼此之間的關係為何？（三）影響當代農民務農的因素有哪些？（四）水頭村的農村研究和人類學所發展的鄉民研究與臺灣目前累積的農業研究的關聯性，是否能進行對話與比較。本書期望透過上述的四個子題的分析勾勒出目前臺灣北部農村的蛻變與現況。

## 三、文獻回顧

　　為理解當代農民與農村的現況，以及農村如何蛻變，本書就必須回顧以往人類學對於鄉民類型與農村脈絡的相關研究；從鄉民研究的典範出發，檢視臺灣農民與農村的轉變過程，以及描述臺灣當代農業型態的現況，作為本書建構當代農村的背景。

　　　　大部分人類學者自 1950、1960 年代開始都已經意識到，那種被視為
　　　　與外界隔絕的田野對象——原始部落社會正在快速的消失中。於是
　　　　開始關注當時普遍存在於世界各地的鄉民社會，開始致力於「鄉民
　　　　研究（peasant studies）」，並且樹立研究的典範與方法，認為有別於
　　　　生活在部落社會中的農耕者，鄉民的社會受到大社會的影響，特別

是在政治、經濟與文化的層面上，並且強調鄉民社會是由部分文化
所構成的部分社會（Alfred L. Kroeber 1963[1948]）。

　　而這種鄉民研究的發展也影響著人類學對於臺灣農村的研究，當時不論是外來，還是在地的人類學者，都出版了以農村為田野的民族誌，記錄下那時候農民與農村的狀況，這些寶貴的民族誌資料結合後來對於農業政策、土地問題與生產方式的歷史研究，非常詳細地勾勒出十九世紀以來臺灣農村與國家之間的關係。

　　除了勾勒出臺灣農村社會在不同的農業政策之下的演變，本書還以水頭村農民與農村的現況來討論有機農業、自然農法、休閒農業，以及農藝復興運動與社區支持型農業的發展歷程。也就是透過這些農業型態的發展脈絡，驗證鄉民研究所建立的那種大傳統與小傳統相互影響的典範，記錄臺灣農村的蛻變，以及水頭村農民與農村的實際發展。

　　因此本書的文獻回顧分為三個部分：一為人類學的鄉民研究，簡述其所建立的研究典範與方法，以及對於鄉民的定義與分類的論述。其次則為結合人類學研究與歷史研究來釐清農民分類的遞變、家戶農場的適應與發展，以及國家與市場之間的關係。最後則為當代臺灣農業型態發展的論述，關注除由上而下受到國家政策影響的有機農業與休閒農業外，還有由下而上從農民與消費者自身產生的農藝復興與社區支持型農業等概念的引入。藉以讓本書整合農民社會（鉅觀）與農民社群（微觀）的研究，以田野地為例，希望能比較完整地描述當代臺灣北部農村與農民的現況。

## （一）鄉民研究

　　人類學對於農民與農村的相關研究已經累積相當多的理論與看法，大多延續 Alfred L. Kroeber（1963[1948]）所提出的「鄉民社會是由部分文化所構成的部分社會（they constitute part-societies with part-culture）」的觀點。這個研究典範強調鄉民社會與文化的「部份性」與「不完整性」（Eric R. Wolf 1955:452；Clifford Geertz 1961:2）。

　　隨著鄉民研究的民族誌資料不斷地增加，不論是討論鄉民的定義與類型（Eric R. Wolf 1983[1966]:12-13, 1973: xiii-xv；Dalton 1972:404-406；Sidney W. Mintz 1983[1973]:145, 150；Frank Cancian 1989:164-166），還是從原型鄉民（proto-peasant）、鄉民到後鄉民（post-peasant）的轉變（Clifford Geertz 1961:2-6；William Roseberry1983:70），也都認為鄉民具有「以耕種為生活方式

（agriculture as a way of life）」與「以家戶或家庭農場作為基本的生產單位」的特性，而且在現代國家體系中深受市場需求與國家政策的影響。

至於本書對於鄉民的定義，採用 Eric Wolf（1955:454）在'Types of Latin American Peasantry: A Preliminary Discussion'一文中的定義，認為傳統鄉民不論是擁有土地，還是租地，甚至於在土地上未經允許而居住生活下來的，都與土地有著傳統情感的聯繫，土地與鄉民被視為一個整體的兩個部分，也就是以耕種為基礎而發展出的一種生活方式（agriculture as a way of life）。並將那些將土地視為資本，作物視為商品，進行再投資或作為商業發展的耕種者歸類為農民（farmers），而非傳統鄉民（peasants）。強調鄉民與原始部落農耕者和現代農民不同，鄉民在工商社會中從事農作的主要目的是生存，並從社會關係裡獲得自身的社會地位。相對的，農民（farmers）的主要目的則是再投資，不斷擴大耕種的規模，以一種企業經營的模式來進行耕種與利用土地。

圖 1-2　鄉民定義的概念圖

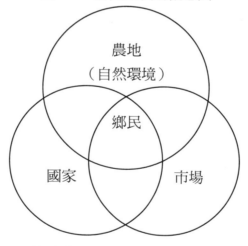

因此本書對於鄉民的定義即如圖 1-2 所表示的，強調鄉民那種「以耕種作為生活方式」的特質，以及鄉民與農地、國家政策及市場機制之間的關係上。

## （二）農村研究

本書依循鄉民社會的研究典範，不再贅述人類學自 1960 年代以來對於臺灣農村研究的豐富成果，而是利用相關的研究來討論鄉民（peasant）身分的遞變、家戶農場的適應與發展，以及與國家政策和市場需求之間的關係，企圖從土地所有權、國家政策與市場需求的發展來理解臺灣農村的蛻變。

### 1. 臺灣鄉民分類的遞變

對於鄉民的分類，部分學者認為「一田二主」的租佃制度隨著閩粵移民移殖到臺灣農村，並且建立在墾佃制度上，十九世紀以後的臺灣農村社會逐漸形成墾戶（大租戶）、佃戶（小租戶）與現耕佃戶〔註2〕的「大小租制度」（陳秋坤 1992:33；羅明哲 1992:257-258）。這種大小租制度的形成無不說明清帝國在臺灣邊區政策的遞變，這政策是以「防患」為首要目的，用以維持社會安定與治安。換言之，後來清帝國為維持對邊區日漸增加的人口控制，以及取得足以支持軍政開銷的稅收，就不得不允許漢人在臺開墾，形成一種名為「墾首制」的開墾組織（陳其南 1987:47）。

這種大小租制度自清末以來一直因國家的介入而有所改變，如日治時期總督府透過 1898 年的土地調查，與 1905 年的消滅大租戶來確保小租戶的業主權，以及建立土地登記規則，確立土地私有權的形成（柯志明 1989:15-16；羅明哲 1992:258）。而國民政府則是藉由實施「耕者有其田」的政策，確立自耕農的土地所有權，以及土地所有權與使用權的合一（陳祥水 1977:71-72）。

然而在 1965 年以後，臺灣發生農村勞動力短缺、農場經營面積過小、農業投資呈現不足、農業收益相對降低等問題，其中生產規模過小與兼業農戶不願出租或出售耕地的行為，嚴重阻礙農業經濟的發展。為了解決這些問題，國民政府希望能擴大農場經營規模，推動委託代耕與經營，以及共同經營來增加農民所得。此時農場經營的委託者與受託者之間形成一種「小地主、大佃農」的土地所有權與使用權分離的狀況，但實際上就是一種另類的「一田二主」制度，只是大佃農是專業農戶，而小地主則是兼業農戶或不在地地主，此時的主佃關係已不同於之前，現在的地主不過是擁有農地卻另有職業的人，而現在的佃農則是具有企業精神的農場經營者（羅明哲 1992:281-282；蔡宏進 1992:327）。

面對這種因國家政策的影響所形成的大佃農與小地主之分，柯志明與翁仕杰（1991），以及陳祥水（1996）以各自的研究成果來說明地主與佃農傳統的二分法已不適用於當代農村，除了強調必須加入以農外兼業的性質作為分類的重要標準外，不同生態環境所形成的種植習慣也會影響農民的分類。由此可知，臺灣農民的分類受到土地所有權的變化，從漢人開墾以來的大小租戶之

---

〔註2〕意即向取得經營使用權（佃權）的佃戶租佃田地實際耕作的人（羅明哲 1992: 257）。

分，到大佃農與小地主的形成，說明農村社會的分化並不走向一種單向的發展，而農民的分類也不完全遵照傳統以租佃關係與雇傭關係的標準來分類，而是隨著國家政策的改變，以及不同的生態適應方式而改變。

### 2. 家戶農場的適應與發展

傳統的臺灣農村就是以家戶農場或小農經濟為主體，即以家戶作為生產與消費單位，並以維生為主要目的。這種家戶農場有別於大規模的「水平集中」的生產模式，而是以自我剝削〔註3〕的「垂直集中」的生產模式為主（Cohen 1976:13-15；柯志明 1988:76、1989:1、2003:16-20）。

就如同 Cohen（1976:12-15）所提到的，家戶農場是由一個家戶管理經營所擁有或租佃的農地，在這種經營方式中氣候條件、作物的生長周期、農地位置與灌溉設施等因素都影響著家戶農場的興衰。Cohen 認為臺灣的家戶農場實際上都是扮演自我調節的角色，即使在日本「農業臺灣、工業日本」的殖民政策，以及國民政府「以農業培養工業」的經濟政策裡，農民耕種仍然是維持小規模與勞力密集的家戶農場，並且強調這種家戶農場就是臺灣之所以沒有發生如同爪哇那種農業內捲化的主要原因。

有別於 Cohen 的討論，柯志明（1989:13、32；2003:16、92-98）認為日治時期的家戶農場與資本家是一種「連屬關係」，而不是一種對立的關係，在這種連屬關係裡資本主義的那種「追求最大化利潤」的原則也可能出現於家戶農場之中，只要被連屬的家戶農場能滿足資本主義追求利潤的需求，家戶農場就有被保留下來的可能。如在臺灣與爪哇的比較裡，柯志明認為決定兩地農村生產關係的關鍵因素是落在當地社會既存的地權關係和社會經濟的結構上，其中臺灣農業經營是以家戶農場為特色，成為資本主義農場的主要部分，有著「半資本主義、半普羅」的特質。

黃樹民（1981:87-88；2013:17-23）則是強調這種家戶農場除了以家戶作為生產與消費單位外，還會以換工或共作的方式參與其他家戶的農作，這是不同

---

〔註3〕在人類學的研究裡，「家戶農場」的概念經常出現在鄉民社會的相關研究之中，大多與 A. V. Chayanov 的家戶經濟與自我剝削的概念有關。如受到 Chayanov 的影響，除 Wolf 將鄉民農場經濟定義為家戶經濟（1983[1966]:25）外，Marshell Sahlins 也在分析家戶生產模式的低度生產結構時，也提出一種「Chayanov 規則（Chayanov's rule）」，認為在自給自足的家戶經濟體系裡，家戶相對生產能力越強，家戶成員工作時間越短（2009[1972]:101），或者是如 E. Paul Durrenberger and Nicola Tannenbaum 所說的：「家戶成員的勞動密集程度直接與家戶成員裡勞動者/消費者之間的比率相關（2002:145）」。

於 Chayanov 所提出的家戶經濟。但黃樹民也認為家戶農場仍然是抗拒日本殖民帝國資本家企圖解體臺灣傳統農村生產直接剝削農民的有效工具，並且認為這種家戶式的精耕細作的生產方式，在總督府或國民政府局部引進現代工業生產成份之後，還能維持其主流地位。其中黃樹民再將日治時期之前的家戶農場稱之為「以地方本土知識（local or indigenous knowledge）為基礎的自然農法」；而日治時期之後的家戶農場則是稱之為「科學主義導向的精耕小農制」。

由此可知，不論是 Cohen 的自我調節、柯志明的連屬關係、黃樹民傳統與科學的知識區分，都指出家戶農場或小農經濟具有某種程度的扭轉國家政策，以及影響經濟政策的制定的力量，甚至於與現代工商業並存的組織特質，即配合政策方向的自我調節、滿足最大利潤的需求與形成科學主義導向的精耕小農制等。也就是說臺灣家戶農場的發展符合 Sahlins（2009[2003]:4）所提出的「實踐理性（practical rationality）」概念，可以在利潤最大化與社會形式之間找到平衡。因此，對於臺灣家戶農場的研究，我們必須充分了解其存在的社會、政治環境之後，才能得到充分的了解。

### 3. 國家政策與市場需求之間的關係

臺灣農業的發展一直以來大多被視為具有高度商業化的傾向，或者是農商並行發展的特性，特別是自十八、十九世紀以來，臺灣生產的稻米、蔗糖、茶與樟腦就已經大量外銷到中國大陸與其他地區（Mintz 1995:vxi；林滿紅 1997:i）。

只是這種看似農業高度商業化的發展實質上都是依循國家整體發展而形成，如日治時期為配合「農業臺灣、工業日本」的殖民政策，在農業發展上有為滿足出口需求將在來米轉種蓬萊米，以及為解決日本國內對砂糖貿易的嚴重入超，總督府就以發展糖業作為目標，當蔗糖與蓬萊米逐漸納入日本資本主義經濟體系之內，臺灣的農業生產開始大規模有系統地商品化，進而引發「米糖相剋」的問題（柯志明 1989:1、22、27-28）。

而在國民政府時期，基於大陸來臺軍民糧食的需求、土地改革的實行，以及外匯政策中以農產品出口補貼進口替代產業成長等要求，政府只能優先發展米糖，其中臺糖的出口銷售在大陸市場逐漸萎縮之後，以及對於外匯需求的迫切之下，將出口重點轉移至其他海外市場，因此只要國際糖市不佳必然會促成米作的大幅增加進而壓迫蔗作，形成再一次的「米糖相剋」（陳兆偉

1994:36）。這也就是臺糖公司為何自 1950 年起開始實行「斤糖斤米制〔註4〕」的主要原因。

由此可知，由於臺灣的自然環境適合稻米與蔗糖的種植，一直以來臺灣農民皆以稻米為必要的維生作物，而蔗糖則是南部地區主要的經濟作物，但在國家政策與市場需求之下，稻米也被商品化而形成另一種經濟作物。就此米糖關係從開港前的米、糖到開港後的茶、糖與樟腦，再到日治時期的米糖相剋，以及國民政府時期的斤糖斤米制，無一不是受國家政策與市場需求的影響，只是國家的介入雖是以保障農民收益為名，但實際上是在調控米農或蔗農對於作物的選擇，藉以滿足國家的糧食及農產品出口的政策。

## （三）當代臺灣農業型態的討論

在本書裡，對於當代臺灣農業型態的討論主要著重政府為突破傳統農村生產發展上的困境，以及提升作物價值與增加農民的收入，並且配合當代社會對於食物安全的要求，所積極推動的有機農業；以及迎合當代重視休閒娛樂的社會風氣，為增加農業總產值，結合二級產業與三級產業所推動的休閒農業。另外，還有開始反省在世界經濟體系及全球食物系統之內農民與農村的當代意義，進而描述與討論由消費者團體和非營利組織與團體發起的共同購買、綠色消費、農藝復興運動與從國外引進的社區支持型農業等類型的實施，及其如何影響當代農村的發展。

### 1. 有機農業的興起

一般來說，臺灣有機農業的興起，雖然說是政府為振興農業，於 1980 年代從國外引進的新興農法，但大部分對於有機農業的定義還是受到「健康意識」的影響，而這裡指的就是「人地健康」的思維。即從生產的角度出發，相對於以科學主義為導向的「慣行農業」，強調對於生態環境較為友善的永續農業或自然農法（D. Rigby and D. Caceres 2001:23）。

還有從消費者的角度出發，主要回應食物安全的恐慌，關注農業化學原

---

〔註4〕由於通貨膨脹的因素，臺糖公司為保障蔗農所得捨棄之前沿用的計價收買法，進而改採分糖制度，並且企圖透過收購餘糖，以阻止蔗農轉種稻米等替代作物，臺糖公司自 1950 年起實行斤糖斤米制，即二號白砂糖一斤牌價低於蓬萊白米臺北市一斤批發市價時，由政府補足其差額，如此一來蔗農的實質所得仍會因米價的變動而具有風險，斤糖斤米制使得農民賣出砂糖的價格得以與米價保持一定水準之上，提供了蔗農實質所得的保險，與日本時代的米糖比價辦法作用相同（王俊傑、古慧雯 2001:460-461、465）。

料使用對於人體健康的影響（Rigby and Caceres 2001:24；吳品賢、王志弘 2007:120）。如吳品賢與王志弘（2007:122-124）認為臺灣有機農產品消費的趨勢主要是因應：（1）農業發展困境，謀求朝精緻且有競爭力的農業轉型；（2）環保意識崛起；（3）有機食品盛行與飲食療法、自然療法或另類療法的出現，及其獲得特定醫學論述和治療效果見證支持的正當性有關；（4）有機或生機飲食也是資本主義市場推陳出新的時尚產品的動力。強調臺灣的有機飲食消費，涉及到官方農業政策、產業結構、環保意識、消費者權益、生活風格、身體保健、知識論述、風險觀念、時尚流行等層面。這無不反映有機農業的發展不論在生產或消費層面上也都受到知識結構的影響。

　　至於什麼是「有機農業」，或者是說作物如何成為是「有機的」，就此陳玠廷（2014）將臺灣有機農業型態的概念區分為草根有機、慣行有機農業與後有機運動等三種類型。其中草根有機就如謝順景（2010:3）與黃樹民（2013:17）所認為的，1895 年以前利用枯草製成堆肥施在田中栽培作物，以及在狹小耕地上維持高度生產力的農業生產就是一種自然農法。而慣行有機農業則是以通過法令規範驗證為目的，就像張瑋琦（2012:249）所提到的，像臺灣這類高度資本主義化的國家，往往容易形成一種慣行有機農業的發展，在施作上將化學肥料換成有機肥料，將農藥換成有機資材〔註5〕。而後有機運動就是相對於慣行有機農業，重新強調在有機農業生產過程人與環境土地的連結、生產者與消費者之間的關係，以及透過農業、食物所傳達的社會意義與價值，如由消費者團體和非營利組織與團體發起的共同購買、綠色消費、農藝復興運動與從國外引進的社區支持型農業等。

　　而水頭村有機農業的發展也是從配合政府政策所推動的慣行有機農業開始，為通過驗證除了使用有機資材，也會以「就地取材」與「人力施作」來取代化學肥料與農藥的施用，直到自然農法俱樂部成立之後，水頭村也開始受到後有機運動的影響。

〔註5〕 張瑋琦（2012:249）強調在臺灣這類高度資本主義化的國家裡，有機農業存在著矛盾的雙面性。有機農業原本乃是為了修正第一次綠色革命之後農業生產為因應大量生產、大量消費的市場邏輯，而走向規模化所導致的環境破壞、經濟利益分配不均等問題而提倡的，它強調同一單位面積作物的少量、多樣化種植，作物品項的在地性，及耕作方式儘量貼近生態系統。然而，隨著追求健康的消費風潮興起，現在的有機產品已成為市場追逐的商品，以及地方、農民與大企業競相投入的新興產業。在提升產量與利潤的目標下，現代有機農業與慣行農業的差異只不過在施作上將化學肥料換成有機肥料，將農藥換成有機資材罷了。

## 2. 休閒農業

臺灣在 1990 年參與 GATT 與 2002 年加入 WTO 以後，政府提倡農業精緻化與永續發展，為求傳統農業經營的轉型，提倡結合第二級產業與第三級產業特色的休閒農業就成為農業發展的一種選項。同時，由於都市人口密度高，生存空間及綠地減少、噪音空氣污染增加，所以居民嚮往鄉村生活。再加上近年國民所得增加，國人越來越注重生活品質與戶外休閒娛樂，以及休閒時間的增加和交通條件的改善，也是促進休閒農業興起的原因（陳昭郎 2012:41-43；蕭崑杉等 2009:2；段兆麟 2016:3-7）。

但對於臺灣休閒農業的研究，大多採用農業發展條例第三條第五款的定義，將休閒農業定義為「利用田園景觀、自然生態及環境資源，結合農林漁牧生產、農業經營活動、農村文化及農家生活，提供國民休閒，增進對農業及農村之體驗為目的之農業經營」。依據這個定義，大部分對於休閒農業的研究多偏重在農場經營的討論上，而且都是對於觀光客的問卷研究，集中在遊憩體驗方面，藉以提供休閒農業規劃經營者作為決策的參考依據。強調休閒農業是兼顧生產、生活與生態的農企業或觀光產業，因此具有經濟、教育、社會、環保、遊憩、醫療與文化等功能（陳昭郎 2006:272-275；段兆麟 2016:12-14）。

如此一來，這些研究大多以討論觀光客的休閒體驗為主，比較少涉及到觀光對於農村或鄉村社會的影響，即使少數對於經營者、居民，以及非營利組織的研究，也都是著重在休閒農業的形成與發展，仍未對於觀光客與居民之間的互動有所關注，較少擴及到在地觀點與文化脈絡的討論。

在這些研究裡唯一同時注意到觀光客與居民的研究，就是闕河嘉與蘇冠銘（2009:19）以旅遊勝地清境地區為例，認為鄉村地區正從專事農業生產的區域轉變為多功能消費的後現代空間。強調農村的經濟不再倚重農業生產，可以轉而朝向觀光發展的「鄉村」。也就是說「鄉村」已成為想像的集合體，其物質的真實性已被意象的再現所混淆。闕河嘉與蘇冠銘（2009:20、28）認為鄉村性（rurality）是被參與的行動者所定義的，一種「相互凝視」下的產物，觀光客、業者、媒體、居民都可以用自己的方式來形塑鄉村，體現各自的鄉村的意義。其中擺夷風情與歐洲風情的出現就代表著既有居民/新移民，以及觀光客/當地人之間的相互凝視，前者是在觀光客的凝視下，加上居民配合所產生的；後者則是第一批新移民傳遞給媒體的景象，藉觀光客與媒體的觀看影響後進業者的發展方向。此時鄉村地區所販賣的不是農產品，而是一種概念、一種

想像、一種象徵。

　　近年來除農村開始發展休閒農業外，另一個值得注意的現象是農村藝術化，即彩繪村、藝術村與裝置藝術的出現，這種農村藝術化伴隨著休閒農業的發展，以及受到當代科技發展的影響，特別是攝影與網路科技的發達〔註6〕。就如同 Urry 所提出的「凝視全球化」，一部分極端偏向觀光客的觀點，其相關內容多為現代電影動畫的題材，但與農村意象呈現極大的反差，如臺南市善化區的胡厝寮彩繪村；另一部分則是偏向在地觀點，其相關內容多為與傳統農村文化與農家生活，有如一座座活生生的文物館，就如同本書的田野地。

　　因此臺灣休閒農業的興起是一種離農之後再回農的發展，回農的除了農民之外，還有非農的觀光客。農村對他們而言，可能是一個逃離城市塵囂的世外桃源，或者是一間充滿故鄉回憶的博物館，甚至於與傳統農村印象極度反差的彩繪村，農村不再只是農村。這時的農村除了是農民生活的場域，也是觀光客眼中的旅遊勝地，它是用不同的象徵與想像所堆砌而成。

　　而鄰近新竹市的水頭村正好可以滿足目前城市居民這種嚮往大自然與鄉村生活的戶外休閒活動的需求，除了彩繪村的出現外，部分農場也定期舉辦一些農事體驗活動。此外，水頭村也還有一些將務農當作一種休閒活動的「假日農夫」或退休後「種健康」的農夫。由此可知，休閒農業也是一種農民面對新環境的適應策略。

### 3. 農藝復興運動的提出與社區支持型農業概念的引進

　　有別於政府為增加農民的收入，與提升農業品質與產值所推動的有機農業與休閒農業，來自消費者本身自覺的共同購買與綠色消費等運動，以及1980 年代以來所推動環境運動與農民運動，也形成一波臺灣農藝復興運動或新農運動，這些理念與運動的推廣也深深影響著當代臺灣農村的發展。

　　而「農藝復興」一詞最早是由蔡晏霖（2014:220、222）在〈以農作為方法：「以農為本」的抵抗政治〉一文中所提出的，她認為在臺灣雖然農業與工

---

〔註6〕如同 John Urry（2007[2001]:222-224, 241）所提到的：「攝影是一種由社會所建構出來的觀看與紀錄方式，……。並且強調沒有攝影就不會有今日的全球性觀光旅遊業。」，更以「凝視全球化」來說明「行動科技」（行動電話）所造成的「時空壓縮」或「距離之死」的現象，與經由網路的「虛擬旅行」，與透過電話、影片或電視的「想像旅行」。以及 Valene L. Smith（2001:109）認為對於後工業時代的觀光重要的因素包含著伴隨工時縮短與不斷改變的工作倫理的通訊技術與市場的精進。

業部門之間的流動頻繁、但農鄉價值卻長期受到貶抑，造成城鄉之間的認知距離比物理距離更難跨越，因此主張從土地運動切入振興臺灣農業與再生，企圖以「土地」為軸線，整合政治、文化、環境、農民與社區等運動，提出一種有別於新鄉村主義或新農村運動的「農藝復興」或「新農運動」的概念。也就是在農作的實踐上，強調小農技藝的再興，以友善環境的小規模生產者為手段，擺脫標準化的生產模式培植一種重新與自然對話的核心能力。具體而言，希望推動小農放棄以農藥與化學肥料「控制」自然的耕種方式，轉而成為自然的照顧者，一種多面向的再小農化（re-peasantization）的運動。

　　這種農藝復興也被蔡晏霖視為一種「農義復興」，有別於將「農」等同於「鄉村」的概念，她認為：

　　　　這是因為城鄉關係的相對位移正是臺灣新農運動的物質與社會基礎。一方面，實體交通與虛擬網路的發展允許人、物、資金與資訊在網路與實體空間進行更彈性的移動。另一方面，都會房價飆漲與勞動的彈性化趨勢，也使得北中南都會郊區的城鄉交界帶與臺南、宜蘭、嘉義、斗六、花蓮、臺東等城鎮產生以低房價吸引青壯人材移居的相對優勢，並連帶創造了附近農鄉與都會區之間更多的連結可能。在這些新城鄉交界帶，農村、城鎮、都市、區域都市、全球性都市之間的關係不再是層層包覆與隸屬的階層化附庸關係（農村＜城鎮＜都市＜區域都市＜全球性都市），而是高變動並充滿跳躍能動性。人、物、資金、與資訊在網路與實體空間的跨城鄉移動，同時是新農運動成形的重要條件與效應。（2014:221）

　　另外，蔡晏霖（2014:225）強調「農」不只是作物的生產，而是維持個人健康、環境生態、社群穩定、文化傳承與創新，以及國家糧食自足上的多元價值，經由生產資源的自主控制，形成一個與資本主義保持距離的生活或生產模式。

　　後來蔡晏霖（2016:30）也在〈農藝復興：臺灣農業新浪潮〉一文裡，再增加「農譯」的概念，強調農意識（義）的多元化來自異質行動者的多方轉譯，也就是在消費端的藝文工作者（農文藝）與生產端的友善小農（農技藝）的多重農「譯作」。她主張透過上游的「農（技）藝」復興，與下游的「農（文）藝」復興──21世紀的「農」才得以掙脫狹義的空間（農村）、人群（農民），與產業（農業）的三農框架，一方面在生產端重拾農與自然生態的連結，一方

面在消費端發展出農與社會人群更寬廣的連帶。

這樣的論述得到部分學者的認同，如李丁讚（2016:10-11）就在〈農業人文的誕生〉一文裡，將農藝復興定義為一個「重回土地」的過程。並以賴青松為例，認為過去十幾年青年從都市返鄉務農，開始把農業當成一種生活方式，而且強調「農藝復興」本質上乃是一股文化思潮，主要目的是重新建構農業的人文內涵，包含新的「人觀」、「社會觀」與「自然觀」，特別是在返鄉青年介入農業的生產與銷售後，他認為這樣的發展最大的意義並不在於提高農業的生產效率，也不同於一般的商業行銷。其最根本的意義在於從「文化」與「象徵」層面，徹底地翻轉農民、農村、農業的地位和意義，也嘗試透過各種實作，重新定義新時代的人文內涵，包括人與自我的關係、人與人的關係，以及人與自然的關係，進而賦予農民、農村、農業、土地一種新的價值與意義。

由於農藝復興著重在友善小農，以及農業在生產與消費之間的關係，如郭華仁（2014:8-9）就認為農藝復興是一種來自小農的草根革命，除了農村的生產外，還包括農產品的銷售與消費者的教育。目前臺灣的農藝復興在生產上多以有機農業、友善耕作、小農復耕與社區支持型農業（或稱之為社區協力農業）來實踐，而在消費端則是多以綠色消費與農民市集來實踐，其中又以社區支持型農業最受到民間團體的重視，因為社區支持型農業的推動是以一種重新建立社會連結的方式來進行的，依賴生產者與消費者之間相互信任與相互支持的關係，形成一種友善的城鄉關係（林樂昕 2015:7；鄧文嫦 2015:9），可以說是最符合臺灣農藝復興的發展。

所謂社區支持型農業的概念是從國外傳入的，這個概念始於 1960 年代的日本，一群婦女因為擔心過度使用殺蟲劑和過量進口食物而使當地食物的生產受到危害而出現。這個組織尋訪在地農人、協商合作模式，「提攜運動」（teikei movement）於是出現。這裡的「提攜」有「夥伴」和「合作」的意思，但根據日本成員的解釋，其中還有一層哲學意義，就是「讓食物上映著農人的臉」（food with the farmer's face on it）（Imhoff 1996:430；戴君玲 2010:3；Henderson、Van En 2011:31）。或者是德國在 1960 年代出現一些願意共同合作、以永續方式生產食物的消費者與農民，其中受到人智學（Anthroposophy）學者 Rudolf Steiner 的影響後，以生機互動農業（Bio-Dynamic Agriculture，簡稱為 BD 農法）的方式來進行耕種，並且以集體合作的精神來發展農業與社群（Imhoff 1996:430；戴君玲 2010:3）。

　　而社區支持型農業簡單地說就是一種社區居民直接向在地種植者購買食物的運動，也就是說社區支持型農業連結農民與他們所供應的消費者。北美社區支持型農業協會的創辦人 Robyn Van En 綜合其中的關係說道：「食物生產者＋食物消費者＋每年對彼此的承諾＝社區協力農業，以及許多沒有被說出的可能性」，強調「分擔支出以分享收穫（share the cost to share the harvest）」的觀念（Henderson、Van En 2011:22, 29, 37）。根據社區支持型農業發起及運作的方式，社區支持型農業大致上可以分為四類：1.由農民或贊助者所發起，會員對農場運作的影響有限；2.由股東或消費者所發起，會員共同聘雇農民來生產會員所需的；3.由多位農民合作來供應一個由贊助者所發起的社區支持型農業，這些農民形成一個合作社來運作；4.如果農民與消費者共同擁有生產工具，社區支持型農業就變成農民與消費者共同經營的合作社（Haldy 2004:177）。

　　由此可知，社區支持型農業的推動就是一種兼顧生產與消費的農藝復興，因為社區支持型農業從「社區」或「社群」這樣的小單位展開改變，發揮「提攜」互相照顧的夥伴精神，透過生產與消費間的正向支持與循環，建立城鄉友善連結，鼓勵更多友善小農、家庭農場、地方生產組合、歸農青年們為消費者生產健康食物、照顧土地，進一步維繫農業、農村、城鄉的活絡生機；消費者也能主動以「共同購買」集結有共識的消費力，支持小農生產體系，建構自給自足的微型經濟，成就共好的社會（果力文化 2015:22）。

　　這種農藝復興運動在 2012 年一群小農為推廣秀明自然農法，在水頭村租田成立自然農法俱樂部之後開始在水頭村發展，為水頭村加入新的農作型態。而社區支持型農業的概念也在這些小農的心中萌芽，企圖以這種合作的方式來解決他們銷售上的難題，這種新的種植方式一旦被採用之後，也深深影響水頭村現有的農作型態。

## 四、水頭村簡介

　　水頭村是竹東鎮許多傳統的客家聚落之一，村內以劉姓為大姓。在清領時期位於樹杞林隘墾區以東靠近內山的位置，是開墾內山的前哨站，再加上與賽夏族與泰雅族之間的互動頻繁，因此成為山區與平原交換物產的據點，主要是山產、茶葉、苧麻、黃藤、蓬草、薯莨、竹筍、香菇等的集散地，其中茶葉自清領時期以來一直都是水頭村重要的經濟作物。

　　雖然水頭村在自然環境上擁有優越的農業條件，除了因為位於上坪溪旁與地形關係，水頭村的雨量比起新竹平原來的多，而且也位於竹東臺地階地群之中的員崠子面上，這些河階的地形平坦，又多屬於肥沃沖積土。只是水頭村稻米種植上，一直都有灌溉的問題，直到昭和元年（西元 1926 年）竹東圳開鑿後才解決。

　　在人口方面，水頭村與臺灣其他農村一樣，在國民政府遷臺以後，由於政府陸續推動土地改革、「農業擴張」與「以農養工」等政策，從 1951 年到 1971 年這二十年間，農民生活不斷地改善，農業產量也不斷增加，這樣的發展直接反映在人口數量的持續增加上。相同的，水頭村在 1977 年以後人口數量就以每年負 3% 遞減，如表 1-1，也符合那時候臺灣農村普遍的離農現象。即使新竹科學園區在 1979 年成立，雖然竹東鎮成為園區的通勤區，但是水頭村比起其他村落距離園區更為偏遠，人口外流的情形仍然無法改善。

表 1-1　水頭村歷年人口數統計表（1947-2017）

| 年　代 | 1947 | 1952 | 1957 | 1962 | 1967 | 1972 | 1977 | 1982 |
|---|---|---|---|---|---|---|---|---|
| 人口數量 | 713 | 841 | 927 | 1047 | 1113 | 1021 | 904 | 733 |
| 備　註 | | | | | | | | |
| 年　代 | 1987 | 1992 | 1997 | 2002 | 2007 | 2012 | 2017 | |
| 人口數量 | 653 | 565 | 527 | 495 | 480 | 434 | 427 | |
| 備　註 | | | | | | | | |

資料來源：竹東鎮戶政事務所戶籍資料

　　這樣的離農現象使水頭村許多耕地面臨廢耕之情況，農家必須兼業甚至轉業來維持生計，但部分農民基於對於土地的感情，堅持利用水頭村低汙染，以及空氣、水質與土壤的良好品質等條件發展有機農業或休閒農業。

　　除了發展有機農業與休閒農業外，水頭村的自然環境在 2012 年也吸引一群外來的新農到水頭村租田成立自然農法俱樂部——秀明農法教育園區，推廣與發展秀明自然農法，打造屬於他們自己務農的烏托邦。還有 2015 年也有建商在水頭村推出社區型別墅建案，其中租用兩分半的農地，以 10 年為期，免費提供給住戶作為自耕的「開心農場」，抓住現代人崇尚自然的渴望與對於假日農夫的想像來行銷。而這個建案也順利在 2017 年完售，也算是水頭村在 1960 年代人口開始外移之後，僅有的少數人口移入。另外，在 2018 年與其他

幾個村落同時被農糧署北區分署指定為桃竹苗的有機聚落，重點輔導村落內部有機農業的實際發展。

此外，水頭村還有因為街道彩繪而被稱為隱藏版的彩虹社區，這些壁畫最初只是因為圍牆上有許多青苔，居民才決定上漆彩繪來美化，沒想到因此吸引大批的遊客來訪。

由此可知，水頭村近年來的農業發展，不論是有機農業的發展，還有休閒農場的成立，甚至於小農聚落的形成，皆與臺灣當代農業發展的趨勢相符。

圖 1-3　水頭村聚落位置與內部簡圖

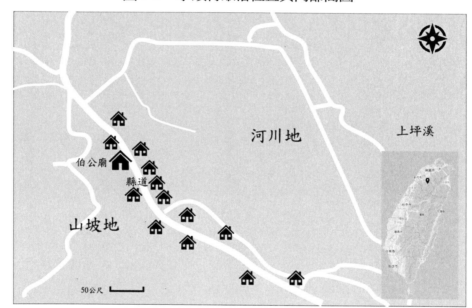

## 五、研究方法與分析框架

本書採取幾項研究方法，包含基礎資料調查、參與觀察、各種訪談等方式蒐集資料，並以攝影機、照相機、錄音器材與筆記輔助紀錄，以下分別加以說明，並且透過研究者本身進入田野的歷程詳細說明這些研究方法的運用。

（一）基礎資料的調查與蒐集：透過整理歷年來的戶籍資料，用以理解當地人口數量與年齡結構，以此作為本書的背景資料，釐清水頭村歷年來生態環境的變遷與人口結構的演變，以及產業結構的發展，進而確認彼此之間的關係，以及傳統農業如何轉變到當代新的農業型態。

（二）參與觀察：觀察農民或農場經營者的日常生活作息，包含每日與每

季的工作流程、農民之間的互動、農民與非農民之間的互動、農民與農會之間
的互動、農場經營者與觀光客之間的互動，甚至於農閒時的娛樂活動與社區重
大的活動，以及記錄觀光客參訪農場的行為表現，藉以建構當代農村與農業的
現況，以及辨別不同農業型態之間的差異。

　　（三）深度訪談：主要是針對實際從事耕作的農民與農場經營者，以及社
區發展協會成員進行訪談：1.訪問農民維持或轉作有機作物或其他作物的動
機，以及維持或轉作過程裡所發生的問題。2.訪問農場經營者如何從農民或非
農業相關工作者開始經營休閒農場，其所認為農業的意義為何，以及如何與消
費者互動，並從中發現問題來調整經營的方向。最後則是訪問社區發展協會成
員關於與如何建構他們心中的農村意象，以及過程中所遭遇的問題。透過這些
訪談的資料，進一步理解在地居民與農民對於農業的意義，與農民如何實際進
行生產與銷售，以及農民與非農民之間的關係。

　　（四）非結構性的訪談：就是與上述訪談對象之間平時的談話，以及對於
突發事件的想法的討論，這樣的一言一語都確實記錄在每日的田野筆記裡，甚
至於針對相關事件對報導人展開深度訪談，因為這種類型的資料可以補足或
完善上述參與觀察與深度訪談的資料。

　　至於報導人的選擇則是以社區居民與實際在水頭村從事農業的農民為
主，本書因涉及到不同農業型態的發展，各種型態之間不免會有資源上的糾
紛，再加上社區內部派系分明，這些都造成報導人之間人際關係的糾結。為保
護這些研究對象，以及顧及他們的權益，凡本書中所涉及報導人與組織，均採
用假名來呈現。

　　由於水頭村當代農業的多元發展，因此主要報導人的人數較多，其中包括
在地居民、社區發展協會的成員，以及產銷班成員、有機農場的農場主與外來
的自然小農等。本書將主要報導人以假名來指稱，在書裡假名主要分為兩類，
一種是居住於社區較久，或與社區關係較為緊密，分屬不同的劉姓宗族或姻親
關係，這個部分的假名以全名為主，並以第二個字來指稱不同的宗族，如四鄰
劉姓為劉信○，以及二鄰劉姓為劉松○。另一種則是自然農法俱樂部成員或學
員，大多沒有居住於社區之內，這個部分的假名是以暱稱為主，如阿榮、小華
等。讓讀者易於理解報導人的身分，以及其所具有的社會關係網絡。這些報導
人與農場的基本資料如附件二、附件三。

　　透過上述這些研究方法的運用，作者與報導人從陌生到熟識，彼此之間的

對話從語帶保留到無話不談，對於水頭村的既定印象也開始有重新的理解。即從一開始認為水頭村在地形的限制之下，是一個較為封閉且以劉姓為主的單姓村，再加上透過農會協助在 1997 年成立新竹縣唯一的有機米產銷班，以為此地各方面不論是在社會與文化，還是經濟上都具有較高的向心力的印象。但實際上水頭村是一個內部分化嚴重的村落，不僅在社會組織上由多個劉氏宗族所組成，並沒有強而有力的單一的宗族組織，甚至於同一宗族內部也是紛爭不斷，再加上里長與社區發展協會理事長之間的激烈競爭，導致水頭村內部派系分明。

在宗教信仰上，信仰中心的伯公廟管理組織運作相當薄弱，重大祭祀活動均採取爐主制，運作上容易受到派系影響，甚至於常有被擲筊選出的爐主放棄擔任該職。另外，在經濟上則是當地各自發展的農業組織與農場也一樣壁壘分明，未曾發展出合作的活動，也常因理念不合互相批評，流言蜚語滿天飛。

在這樣的背景條件之下，人類學者常用的參與觀察就必須作出適當調整。就是如何與各個農業組織與農場，以及社區裡各個派系保持適當距離，維繫那種似親非親的關係，取得該有的信任關係，又不至於被歸入某一個群體之中。要建立這樣的關係則是必須以循序漸進的方式在不同時期參與觀察各個群體的實際運作，並與個別成員經常接觸，而且向被觀察的報導人說明自身以水頭村目前整體的農業發展為主體的研究方向，明確告知與各個群體皆會進行訪談與觀察，並承諾對於訪談內容中涉及個人隱私或批評的部分確實保密，逐漸透過相處慢慢獲得報導人的信任。

雖然長期蹲點於水頭村，但在不同時期與不同的報導人之間互動就會有所差異，從一開始的有機米產銷班與有機農場丙，接著有機農場乙、成長家園〔註7〕附屬農場，最後才是自然農法俱樂部。這些階段並不是說完全只與設定的報導人互動，而是以設定的報導人為主要的訪談與觀察對象，但仍會與其他群體的報導人互動，甚至於在某些事件上也會試著了解不同群體的看法。因此，本書一開始先進行普遍的訪談以認識村落的全貌與重要歷史事件與轉變，同時也向所有的報導人說明本書的目的與內容。接著分別在不同時期參與觀察各個組織與農場關鍵報導人的日常生活作息與務農的流程，並透過閒談與進一步的深度訪談詳實記錄來自於報導人自身的種種描述。

---

〔註7〕此為假名，一間重殘養護的天主教養院為教育院童所成立的附屬小型教育機構。

　　雖然在這裡報導人與報導人之間存在著既定的歧見及相互的猜忌，但是每個人「以農維生」的核心價值是相同的。不管他們選擇哪一種的農業型態，以哪一種策略來適應環境的變化，唯一的目的就是「生存」，他們與生活在各地從事不同行業為生存奮鬥的人並沒有什麼不一樣。只是他們選擇的路不一樣而已，或許他們選擇的是又勞心又勞力的崎嶇小路，在他們的心中都將迎向屬於自己的康莊大道，而理解每個人心中那條的康莊大道也許就是人類學者責無旁貸的使命。

　　換言之，研究者所強調那種客觀的客位（etic）觀點，是建立在無數個以報導人為主的主位（emic）觀點之上的。就是在田野地裡研究者與其刻意保持客觀，倒不如一開始就順其自然地融入，透過沉浸其中，體會各個報導人的真實感受，同時透過不斷地對比、反思與辯證，再結合在地脈絡，藉以作出最貼近在地的詮釋。

　　這也說明人類學田野調查的可貴之處不只是在於第一手貼近真實資料的取得，還有所採取的研究方法所具有的反身性（reflexivity），即在與報導人互動的過程，就如同一面明鏡般，讓研究者在研究他者的同時，也重新檢視研究者自己的生活與價值，看著別人在披荊斬棘的時候，自己一樣也是在為自己想要的生活奮鬥著，不管是研究者，還是報導人，都是生活在這片土地上的人並沒有什麼不同，在理解別人的時候，也正在重新理解自己的一切。

　　本書在著重於當代農業型態的現況調查，因此將農村視為一種有機體來討論當代農民如何運用各種策略來適應環境的變化，一方面調查農民實際生產與銷售的方式，另一方面也說明這些新農村社會的外在環境。不僅探究返鄉與外來農民之間的關係，還要探究農民與農村中其他非農民之間的關係，甚至於與農村外其他非農民之間的關係，期待能以一種比較全面的視野來理解農村蛻變這個議題。

　　綜合研究題目以及相關理論文獻的回顧之後，本書蒐集的資料將以下圖的研究與分析架構進行資料的整理與分析。

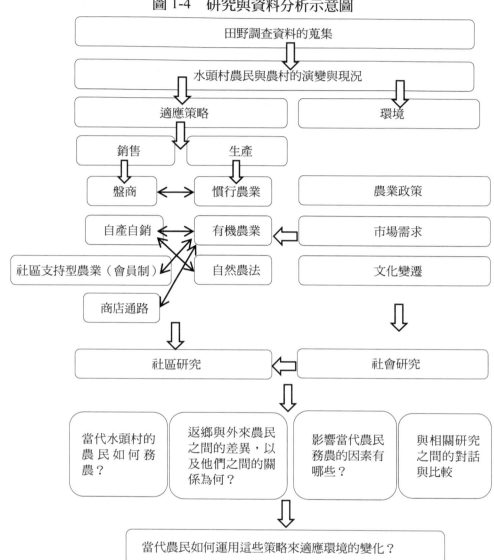

圖 1-4　研究與資料分析示意圖

## 六、內容安排

　　本書的內容安排主要分為三個部分：第一個部分是臺灣農業政策的發展
與田野地的概述，前者是描述 1940 年代以來臺灣農業政策的發展，如初期的
土地改革、工業化後的農地改革，與全球化後的多元發展，以及反全球化的在
地發展等，並且說明不同時期的農業政策對農村社會的影響。後者則是從在地
居民的歷史記憶中來重建水頭村自 1960 年代以來傳統農業的變遷，並且說明
田野地建構當代農業型態的特殊性。

　　第二個部分是水頭村當代農業型態的描述，主要是利用 2017-2018 年間在水頭村田野調查所收集到的資料與田野筆記所整理而成的，內容多為在地、返鄉與外來農民如何以不同的型態來務農與銷售作物。

　　第三個部分則是以水頭村為例，來討論當代的農民、農業與農村的問題，如當代農民的實際分類與意義，其中包含從離農到回農的過程裡，在地、返鄉與外來等三種不同的農民類型。並且以農義復興、生態農業與生活農業的發展，來建構當代水頭村農民對「農業」的詮釋。還有當代農村社會特性的討論，如農民與農地之間的關係、從規模經濟到以小農耕作的在地經濟體系的發展，以及強調農民與消費者之間直接的交換關係等。

# 第二章　臺灣農業政策的發展（1945-）

> ……臺灣農業與農村的發展表現一種高度的「政策導向」的性格。
>
> ——廖正宏、黃俊傑、蕭新煌 1986:47

　　這是 1980 年代學者分析自 1940 年代以來農業政策對於臺灣農村的影響所得到的結論，強調臺灣農業現代化的過程深受國家的政治及經濟政策的影響。本書既以農村為主體，探究當代農民適應環境的策略，就得先理解農民的行為是如何受到農業政策的影響，也就是說理解農民與農村的發展必須採取一種「鉅視」的觀點，必須從農業政策的發展開始，因此在討論水頭村農民與農村的現況之前，得先回顧臺灣重要農業政策的推行，以及這些政策所形成的時代背景。

　　本書依據 1940 年代以來臺灣農業發展過程上的重大事件或轉變，將臺灣農業政策的發展分為以下三個時期與四個發展：初期的土地改革政策（1945-1970）、工業化後第二階段的農業改革（1970-1992）、全球化後的多元發展（1993-）與反全球化的在地發展（1993-），以下就針對這些時期的農業政策，以及這些農業政策對於農民與農村的影響作說明與討論。

## 一、初期的土地改革（1945-1970）

　　對於初期土地改革的討論，大多集中在 1949 年的三七五減租、1951 年的公地放領與 1953 年的耕者有其田等的農業政策上，而這些政策的發展無不以提升當時農業的生產為目標。

　　以往對於這些政策形成的原因多分為「外因說」與「內因說」兩種，外因說將重點放在國共競爭與土地改革的論述上。一方面確保中共潛伏份子無法

在臺灣農村策動革命，以及與中共競奪中國領導權，要證明自身土地改革的路徑與成果較為優越；另一方面也受到美國的影響，如在 1948 年通過的援華法案，以及農復會的成立（瞿宛文 2015:27-28、31-33）。

而內因說則是將重點放在農村社會內部的壓力上，視土地改革為臺灣農村內部連續衝突過程之下所累積的結果。其假設土地改革的社會根源乃是來自於農村社會階級分化，及各階層民眾衝突的結果（徐世榮、蕭新煌 2001:89-90；劉志偉、柯志明 2002:109-110）。

但不論是外因說，還是內因說，兩者都說明當時國民政府體認了臺灣農村推行土地改革的急迫性。而這些土地改革除結束了傳統農村的業佃關係外，最直接的影響在於農村土地的產權個人化，以及對農業生產的影響，還有將自耕農變成臺灣農村社會的主力。也間接將農業剩餘的生產價值從農村轉移出去，使得「以農業培養工業」的政策得以實現（何欣潔 2015:177-178；瞿宛文 2015:42-43）。

這些土地改革似乎為當時的農村帶來復甦的景象，造成後十年之內的農業景氣相當不錯，而且農業人力資源外流數量並不多。再加上這段期間農民生活不斷在改善，農業產量也不斷增加，甚至於相關農業政策對於農民生活發生實質效果是最大的，如蓋「三七五新屋」與娶「三七五新婦」。當時「以農業為生活方式」這種價值觀念相當突顯，對農民而言，農業不只是生活的手段，更是生活的方式，也是生活的目的（廖正宏等 1986:349；黃俊傑 1990:66；廖正宏、黃俊傑 1992:35-37）。

在推行耕者有其田政策，協助佃農取得土地後，除導致農地零散化外，也造成農村土地產權的個人化，逐漸形成一種「有土斯有財」的觀念。再加上受到三七五減租的影響，有地出租的農民都擔心出租後會再被徵收，大多不願出租農地。因此，不論是在買賣，還是租借農地上，均較不易進行現代化的規模經營（蔡宏進 1997:30）。

1960 年代以後，政府持續不斷透過「隨賦徵購」、「肥料換穀」、「田賦徵實」、「以穀還貸」等實物換穀、稅租繳穀等政策來掌握稻米來源，壓低糧價穩定市場價格。並將低價取得的稻穀外銷，形成所謂的「穀賤傷農」的情形。而這種國家資本藉由農業生產擴張，將農業剩餘投注工業生產，就是所謂的「以農業培養工業」，這也說明這時期的農業政策為何會被稱為「壓榨式」或「擠壓式」的（廖正宏等 1986:2；蔡培慧 2009:51-52）。

　　姑且不論這些政策是否對於當時的農業發展有所幫助，但明顯的是已經造成農工不平衡的發展，促使工業產值超過農業產值，讓臺灣從農業社會轉型到工業社會。到了 1965 年以後，臺灣農業卻發生農村勞動力短缺、農業投資呈現不足、農業收益相對降低、農場經營面積過小，以及工商業與農業不能配合等問題（廖正宏等 1986:9-10）。

　　同時也產生一種農民對於農業與農村的疏離感，這種疏離感就如同陳中民（1977:93）在臺灣南部頂邨村的研究裡曾經提到過的：「職業結構上學歷較高者較少從事農業，而且女性有不嫁農夫，以及下一代避免從事農業的觀念。」，說明了此時的農村社會年輕一代對於農業活動的負面態度。與黃樹民（1981:143）在臺灣中部山林村的研究裡，利用村民結婚對象居住地的遠近，說明年輕一代不願意維持一種被認為是落後、過時與無意義的傳統地域認同。以及許多年輕的與教育程度高的人已經離開農村，尋求在城市裡工業方面的工作。也如同胡台麗（1978:95）所描述的，劉厝地區從一個以農業為主的社區轉變為一個以農業為輔的社區，此階段當地居民作了很現實的選擇，只有一些年老、轉業、兼業困難的人仍維持收益不高的農事，其餘都在謀求收益較高的工作。他們對農事操作的態度很明顯的由先前的熱衷轉為冷淡，許多人繼續耕種僅為了保存土地的所有權與價值。

　　在這個時期，農民對農地的認同日趨式微，代之而起的是視農地為商品的心態。務農對農民而言並不是「神聖的」祖業，而是現代社會中的一種謀生職業。農業不再是生活的目的，而是一種生活的手段（廖正宏、黃俊傑 1992:38、41-43）。

## 二、工業化後的農業改革（1970-1992）

　　有別於 1970 年代以前那種「壓榨式」的農業政策，政府為解決這些離農的問題，在 1972 年宣布「加速農村建設九大重要措施」、1973 年制訂《農業發展條例》、1974 年實施「稻米保證價格收購制度」、1979 年推動「提高農民所得加強農村建設方案」，以及 1982 年推動「加強基層建設提高農民所得方案」等農業政策。這些政策的擬定與實施可以視為自 1970 年代開始轉向一種「平衡」的發展，偏向補貼的農業政策，企圖提高農民所得與擴大農場規模，用以解決農業收益偏低與農地零散化的問題（廖正宏等 1986:319；沈杏怡等 2012）。

　　而「加速農村建設九大重要措施」分別為廢除肥料換穀制度、取消田賦附徵教育捐、放寬農貸條件、改革農產運銷制度、加速農村公共投資、加速推廣綜合技術栽培、倡導農業生產專業區、加強農業試驗研究與推廣工作，以及鼓勵農村地區設立工廠等（蔡宏進 1997:279-284）。

　　隔年制訂的《農業發展條例》就是以「加速農村現代化、促進農業生產、增加農民所得、提高農民生活水準」為目標，其中設置農業發展基金就是配合「加速農村建設九大重要措施」的執行。而「農業專業區」的設置則是鼓勵家庭農場改變經營模式來達成規模經濟的效益，以及建立市場機制，為商品化農作鋪路（蔡培慧 2009:52）。

　　為解決工業化與都市化所造成農業人力資源的流失，以及農地所有權與利用權之再分離，這些在土地改革後再度出現的新農地利用制度上的問題。政府以擴大農場經營規模作為農業政策的主軸，推動第二階段的農地改革（1979-1988），企圖重新調整農業結構，如 1979 年公告擴大家庭農場共同經營及委託經營要點，加強基層建設提高農民所得方案；1981 年擬定稻田轉作計畫（1981-1989）；1983 年培養核心農民與八萬農建大軍（1983-1985）；1984 年發展精緻農業（1984-8）；1987 年推動「農地利用綜合規劃計畫」。此時農地利用大致變成粗放利用與精緻利用並存的雙元性情形，在農業人力資源充裕、經營意願與能力較高與農地近，其精密利用的可能性較大；反之，更粗放利用（蔡宏進 1997:59、63、262-278）。

　　這個時期大致上分為兩個階段，分別對應初期的農業政策發展所造成「穀賤傷農」的問題，以及政府認為「小農缺乏競爭力無法提升 GDP」的假定上。前者以提高農民的所得為目的，企圖改善農民的實質生活，減少農村人口的外流；後者以擴大農場經營規模為目的，提高農業生產效益，因應農業人力資源不足的問題。

　　在這樣的發展之下，也衍生部分問題，如為提高農民所得，避免穀賤傷農，實施公糧收購的制度，即政府在 1974 年設置「糧食平準基金」所推動的「保證價格收購制度」。就是基於穩定糧食價格、保障農民收益，政府每年透過編列預算來收購稻農所耕種的稻米。但又為了解決糧食過剩，以及要加入國際組織的運作，政府在 1980 年代，開始推動休耕政策，透過休耕補助以降低稻米的生產面積。演變到後來，這種既支持稻業，又鼓勵休耕的雙軌制度，一來一往總共耗費國庫兩百億的預算，造成農業資源的浪費，對於農業實質發展並沒

有太大的幫助（李慧宜 2017:135、138）。

　　除推動休耕外，政府也鼓勵轉作高經濟價值作物，並逐步開放穀物進口，再加上種植多年生木本的果樹，栽種上較為省工省力，在農業人力資源嚴重缺乏的時代，農民栽種與經營果樹大致較能合適勝任，因此造成糧食作物的產量自 1970 年代以後明顯減少，於 1980 年代以後更是銳減，但水果、蔬菜及豬肉的產量則是逐漸增加（蔡宏進 1997:318、322）。只是這種經濟作物的轉作深受外在市場的影響，而政府搖擺不定的政策往往促使農民對於政府喪失信心，如 1970 年代的椰子進口，以及 1980 年代牛肉進口、牛蛙養殖等事件的發生（陳祥水 1995:63）。

　　為了減少農村人口的外流，政府配合工業發展從南到北設立許多鄉村工業區，這種看似復興農村的政策，本質上仍然是配合工業發展，這時期的鄉村工業化措施雖然有穩住鄉村人口外流的作用，但留在鄉村工廠工作的許多人力卻已從農村的農業部門轉移到工業部門。由於農業人口的流失，家庭農場缺乏人力可與他人換工，且因農業僱工價錢昂貴，較有充足勞力農家變為願意以計酬的僱工方式參與農業勞動，再加上農業機械化取代農業勞動，這些都造成傳統換工制度的消失。取而代之的是政府與農會曾協助農民組成許多與農業經營有關的組織與團體，如農事研究班，共同經營班及共同產銷班等，使留村留農的農民又經歷到另一種社會組織生活（蔡宏進 1997:260-261、341-343；吳音寧 2007:133、137）。

　　為提高農業收益的，以及擴大農場規模，政府也推動以農企業來取代過去的家庭農場，這類商業化農業大部分都是適地適種，並以資本主義企業方式來經營。只是這些農企業之所以能夠發展需要大量的資金投入、市場銷售管道的控制，以及大眾媒體的宣傳等，這樣的條件一般農民根本無法達到，因此這些農企業大部分由來自於都市的資本家所成立，在地農民只能從事出賣勞力生產的工作（黃應貴 2006:176-177）。

　　這種以農企業為目標來擴大農業經營規模的政策似乎成效不大，因為除了農村人口大量移入都市謀生外，大多農民認為務農收入不高沒有前途，以及缺乏貸款購地的興趣（黃俊傑 1990:185），即使有意願想承租土地來企業化耕作，也會遇到地主受到之前三七五減租條例的影響，對於簽約與租地給他人有所疑慮。而且如有意願與能力購買農地，通常也會受到「地皮炒作」等問題的影響（廖正宏、黃俊傑 1992:44），最後還是造成務農成本過高或無地可買的窘境。

　　在這個時期，第二階段的農業改革實際成效不大，一味滿足當時市場的需求，以及透過補助來提高農民所得，對於改善農村與農民生活的幫助不大。但值得注意的是政府與農會所推動的許多與農業經營有關的組織與團體，以及由稻作轉作其他經濟作物所形成的社會分化，如檳榔農中分化出檳榔師傅與中盤商（菁行）（童元昭 2001:106-107），都讓傳統農村的社會結構發生變化。

## 三、全球化後農業政策的多元發展（1993-）

　　在 1993 年關稅及貿易總協定（GATT）烏拉圭談判所簽署的〈農業協定〉確立農業自由化政策之後，臺灣也朝向農業自由化發展，農業在總體經濟目標下，成為交換與談判的籌碼（蔡培慧 2009:131）。其中為因應加入 WTO 後，大量低價的農產品進口的衝擊，所採取的對策影響了農業結構，多以縮減種植面積、改變產業型態、提升品質與產值，以及降低成本為策略，因而集中在有機農業、休閒農業、精緻農業，以及產銷班與農企業的持續推動。而在農民福利策略上，則多輔導農民轉業，以及補貼與救助農民的收入與損害（陳耀勳 2002；周妙芳、韓寶珠 2013）。

　　此時的政策發展已放棄計畫經濟的模式，而是以市場機制決定農業的發展與存續。如在總體經濟發展熱潮中，農業用地與非農用地，價差過距，引發農地炒作之風，再加上都市擴張，農民抗爭，就此政府在 1995 年推行農地釋出方案與 2000 年修正《農業發展條例》，放寬農地使用，打破自耕農才能擁有農地的限制，更加劇有心務農者無地可耕的局面（蔡培慧 2009:56）。

　　但也仍然延續前期的發展，一方面縮減種植的總面積，另一方面擴大規模，持續推動產銷班與農企業的建立。這樣完全表現出政府一貫認為「小農缺乏競爭力無法提升 GDP」的認知，並且企圖以集團化、規模化、企業化來解決臺灣耕地零碎、人力缺乏的問題，也在 2009 年推動「小地主大佃農」的政策，用以調整農業生產及勞動結構，擴大經營規模並培養年輕專業農民投入農業生產行列，促進農業轉型升級。除「小地主大佃農」的推動外，其他農業型態的發展，多以有機農業、休閒農業與精緻農業為目標，藉以提升臺灣農業對外的競爭力。

　　而臺灣的有機農業自 1986 年起，歷經籌備、試作、示範及推廣階段的發展，根據農委會農糧署統計，臺灣有機農業面積在 1996 年至 2017 年間，成長高達三十倍以上，並持續呈穩定擴增趨勢。其中陳玠廷（2014）將臺灣有機農業發展區分為 1996 年以前的「有機萌芽期」、1997-2006 年的「概念模糊期」，

與 2007 年迄今的「立法規範期」三個時期，分別以自 1996 年起，臺灣有機農業在省農林廳、農委會及農糧署等主管機關的推動下，陸續制訂了包括「有機栽培生產基準」、「有機農產品試辦要點」、「有機農產品驗證機構輔導要點」、「有機農產品驗證輔導小組設置要點」，開始建立臺灣有機農產品驗證體系，以及農委會於 2007 年起陸續制訂、公布「農產品生產及驗證管理法」、「有機農產品及有機農產加工驗證管理辦法」與「進口有機農產品及有機農產加工管理辦法」作為區分。

　　然而農委會有鑒於近年來有機農業面積成長趨緩，於 2017 年為推動友善環境農業，訂定有機及友善環境耕作補貼要點，以帶動有機農業持續成長，擴大農業對環境友善的效益，除透過驗證的有機農業外，也將友善環境耕作納入產業輔導管理，共享資源，逐步引導與有機接軌，開始進入積極推廣時期（黃仲杰 2016、2017）。

　　休閒農業的發展起於 1960 年代末期農業開始萎縮時，農政單位積極致力於改善農業結構，主張農業與觀光休閒結合，企圖利用農業資源吸引遊客前來遊憩消費享受田園之樂，並且促銷農產品。政府在 1982 年以臺北市木柵區觀光果園的發展經驗，開始執行「發展觀光農業示範計畫」，從 1982 年至 1989 年觀光農園的面積超過 1000 公頃。到 1989 年行政院農業委員會委託臺灣大學農業推廣系舉辦「發展休閒農業研討會」，建立共識並確定「休閒農業」名稱，並在隔年開始在農建計畫中增設「發展休閒農業計畫」，積極輔導休閒農業之發展（陳昭郎 2012:43-45）。

　　而自 1990 年代以後重要的相關政策，如 1995 年發布的農業政策白皮書裡，明示「依據地區農業特色及景觀資源，規劃發展休閒農業及娛樂漁業」，而且之後每四年的「跨世紀農業建設方案（1997-2001）」、「邁向 21 世紀農業新方案（2001-2004）」，還有在 2001 年加入 WTO 農業總體因應對策中提出「發展有潛力的精緻農業與休閒農業」，以及行政院農業委員會四年一期的中程施政計畫（2005-2016），都將休閒農業明確納入與推動的相關政策之中（段兆麟 2016:55-57）。

　　在推動休閒農業將近 30 多年後，臺灣休閒農業已走過創立期、成長期，而邁入發展期。大部分針對本國遊客做規劃設計，在市場上深受臺灣地狹人稠的限制，因為休閒農業是結合農業與服務業的農企業，一般從事傳統農業生產的農民轉型到服務業的經營中往往欠缺相關的經營理念與方法（陳昭郎

2012:231；段兆麟 2016:395）。也就是說休閒農業屬於一種一級、二級與三級產業的結合，或者被稱為六級產業化，不僅只是產業型態的轉變而已，而且也是一種新的農業型態，只能透過不斷嘗試與摸索來發展，整體上休閒農場僅有數量的增加，在品質上未有明顯的改善（段兆麟 2016:396）。

　　而休閒農業在經營型態上除休閒農業輔導管理辦法規範內合法經營的休閒農場外，其他一些不同經營型態的休閒農業類型，如觀光農場、教育農園、市民農園等，原本都是由農政單位輔導或補助設置，卻未含在休閒農業輔導管理辦法規範內，一直無法取得合法經營，急需加強輔導合法化（陳昭郎 2012:231）。再加上這些不同經營型態的休閒農業類型就連所屬的主管部門也不同，依循不同的法規，各有發展的方向，導致休閒農業在政策方向上是多頭馬車，造成資源過度分散，如此一來就無法有效整合（段兆麟 2016:397）。

　　因此在國內市場受限、農民經營意願與能力落差過大、多數休閒農業經營類型尚未合法化，以及政府資源無法有效協助與輔導農民轉型與發展休閒農業等問題的影響之下，臺灣休閒農業的發展看似興盛蓬勃卻是遲緩的，甚至於發展到最後，為提昇農業附加價值與增加農民所得為目的所發展的休閒農業，也由「以農業為主」轉變為「以服務業為主」，農民依舊陷入被剝削的窘境，無法協助農業實質的發展。

　　為與加入 WTO 以後大量外來低價的農產品來競爭，臺灣農業和全球許多小農國家一樣面臨新挑戰，以量制價的策略是無法與之抗衡的，唯有提升農產品的品質與產值，才能為現代農業找到出路。就此農委會於 2006 年開始推動「新農業運動」（2006-2008），促使現代農業從以糧食生產為主的傳統農業，發展為兼顧生產、生活、生態的「三生農業」，也就是包括生產糧食的一級產業，農產加工的二級產業，以及運銷、休閒、文化體驗的三級產業。其所推動的重要工作有：擴大推動農產品產銷履歷、發展有機農業、推動漂鳥計畫、推動農業經營企業化、創新研發科技產業化、推動稻米直接給付政策、推動休耕農地發展生質能源及景觀作物與推動農村新風貌建設等（蘇嘉全 2006）。

　　接著又在 2009 年推動「精緻農業健康卓越方案」，農委會體認到農業有許多無形的外部經濟效益，除可提升產品附加價值外，更具有守護國人健康、安定社會的功能，其價值無法用傳統 GDP 計算，認為精緻農業並不以 GDP 為導向，而是引導農業從作物的生產朝向生活產業發展，發揮農業的多元功能，成為現代化的綠色生態與服務業。

此時政府改以健康農業、卓越農業與樂活農業為主軸，其中健康農業的內容是「深化安全驗證，打造健康無毒島。」，主要推動吉園圃安全蔬果、CAS優良農產品、產銷履歷、有機農業，使農產品從農場到餐桌，透過驗證為安全把關；而樂活農業的目的是「重塑農村風情，打造樂活休閒島。」主要的工作是打造農業深度旅遊的新經營模式與開發農業深度旅遊新市場，以及選擇具有地方特色、高附加價值的農產品，透過新科技研發與新經營模式，輔導商品化並進而成為農業精品。

前兩者大多延續之前有機農業、休閒農業與地方特色產業輔導計畫（OTOP）的發展而訂定的，而卓越農業則是以「領先科技研發，打造卓越農科島。」為目的，利用臺灣農業科技研發優勢，結合優越地理條件，建立植物品種智財權保護制度，發展農業生技、蘭花、石斑魚、觀賞魚、種苗及種禽畜等產業，並且廣設「農業生物科技園區」（陳祈睿 2011）。

總體而言，這個時期受到全球化、自由化的影響，農業發展實際上是配合世界經濟體系那種利潤至上的全球食物系統（global food system），服膺於資本主義之下，農業所面對的問題層出不窮，也造成農業政策的多元發展。如「三生農業」與「精緻農業」的提出，在農業政策的擬定上，深受市場的影響，常以提升農民的收入，以及農業的品質與產值為目標，只是常常淪為政策口號，內容也大多重複，無法實際在農村形成任何新的農業型態。如雖然推動休閒農業已久，但是執行方式經過數次調整與變動，先補助休閒農場，再以休閒農業區取代，最後則是併入休閒農業園區計畫，有疊床架屋之嫌。而且有熱潮才有計畫，有計畫才有補助，使得地方輔導單位或經營者對突如其來的改變，難免有不知所措的感覺，對於現代農業與農民生活實質上並無太大的助益。（陳昭郎 2012:368）

## 四、反全球化的思潮之下的在地發展（1993-）

在 1993 年關稅及貿易總協定（GATT）烏拉圭回合談判裡，所簽署的〈農業協定〉確立農業自由化政策之後，各國相關農業政策的發展無不服膺於這個以追求利潤至上的全球食物系統。這種具有壟斷性的全球食物系統切斷了生產者與消費者之間的直接連結，開始農業工業化，以追求數量、速度與便利的思維來進行農業生產。

在這種外在環境的影響之下，農民成為所謂的「農場技術經理人」，他們與加工和分配的廠商簽訂垂直整合的合約而進行生產，開始單一作物大面

積的生產，最後落得「農民是批發賣出、零售買進（farmers sell wholesale and buy retail）。」的窘境。而全球食物系統所形成所謂的「相互依賴（interdependence）」，這裡的「相互」已經消失了，而剩下的關連可能只是剝削而已，當消費者的錢到達生產者手上，一塊錢只剩下寥寥數文錢，而農民生產的食物到達消費者餐桌上，卻也只剩乾燥無味的食物添加劑和令人不安的化學藥劑（Henderson、Van En 2011:51-54, 64）。

全球各地在波濤洶湧的全球化浪潮的席捲之下，也開始反思全球化的發展，如美國永續農業運動、「公民農業（civic agriculture）」與農民市集、義大利「慢食」運動、英國消費合作社運動、日本的提攜（teikei）運動等（Henderson、Van En 2011:64-66；蔡晏霖 2016:36）。臺灣也從 1980 年代開始，有所謂「草根革命」的發生，如有機農業的推動，與消費者團體如新環境主婦聯盟等的出現（郭華仁 2014:9），以及 2003 年以後以重回土地將農業視為一種生活方式的農藝復興，如賴青松的穀東俱樂部（李丁讚 2016:10）。還有 2009 年莫拉克颱風過後，由浩然基金會與臺灣農村陣線共同啟動的小農復耕計畫（陳芬瑜 2014:38），尋找另一種世界，或者是說另類社會實踐的可能性（黃淑德 2014:7；劉繼蕙 2016:4），也就是企圖重新連結農民與消費者之間的關係。

目前臺灣的農民、農作除了受政府的政策影響之外，還有由主張共同購買的消費者團體，以及推動環境運動與農民運動的非營利組織與團體所發起的另一種在地的農業型態。在生產上多以有機農業、友善耕作、小農復耕與社區支持型農業為主，而在消費上則是多以綠色消費與農民市集為主，其中又以社區支持型農業最受到這些民間團體的重視，因為社區支持型農業的推動是以一種重新建立社會連結的方式來進行的，依賴生產者與消費者之間相互信任與相互支持的關係，希望能形成一種友善的城鄉關係，讓農業可以永續經營與發展（林樂昕 2015:7；鄧文嫦 2015:9）

這些組織與團體雖然在農業發展方向上與政府相似，大多不再只以生產為主，逐漸擴展到生態與生活上，甚至於以生態或生活為主。但是它們大多仍與政府保持相當的距離，不主動配合政府推行的政策，也不爭取政府提供的經費與補助，主要是這些組織與團體不認同採取「單一作物大規模面積耕作」來追求「利潤的最大化」的農企業，而是主張以小農耕作的在地經濟體系為主體來發展，其中小農耕作多以家戶為單位，又稱之為「家庭農場最適規模」（蔡

培慧 2015:17），並且大多從事友善耕作或自然農法，自然與那種「一味變大」與「利潤至上」的農業政策格格不入。只是這幾年農委會為帶動有機農業持續成長，擴大農業對環境友善的效益，除透過驗證的有機農業外，也主動將這些這些組織與團體所從事的友善耕作與自然農法納入產業輔導管理，這種政策的實際成效如何仍有待時間來證明。

## 五、小結與討論

　　回顧臺灣農業政策的發展，見表 2-1，除一開始極力恢復農業生產外，在 1960 年代農民開始離農以後，政策發展方向不是提升農民的收入與農業品質和產值，就是擴大經營規模來降低務農成本。

　　不管是受到外在社會，還是社會內部的影響，政府主動或者是被動進行一系列的土地改革，這些政策都曾經協助當時佃農取得最重要的資本——田地，以及實質改善當時農民的生活，為當時的農村帶來復甦的景象，形成臺灣農業發展唯一的黃金時期。當時政府在遷臺後面對糧食匱乏的問題極力發展稻作，與壓榨或剝削農業的剩餘來發展工業，以及外匯政策中以農產品出口補貼進口替代產業成長等要求。雖然如此，部分學者卻發現當時農民對於這種壓榨式的農業政策頗有好感，這並不表示農民喜歡被壓榨，主要是因為農民生活不斷在改善，農業產量也不斷增加，使得當時的農民對政府的政策有高度的好感（廖正宏等 1986:319-325）。

　　只是好景不常，1970 年代以後工業產值超過農業產值，非農業的收入遠高於農業的收入後，即使政府後來推行很多以補貼為主的農業政策，致力於提高農民的所得與收入。並且以縮減種植面積與推動轉作，甚至於建立稻米保證價格收購制度，全面對於稻米生產進行控制。為了追求利潤，在政策上對於農民的生產全面介入，持續推動規模經濟，但推動的政策的再多，似乎也只是滿足當時市場的需求，透過補助來調整作物的種植，實質上對於農民生產與生活的改善都是無感的。因此，可以說 1980 年後的農業政策就是一些沒能形塑出新的「農村」面貌的急就章，再加上部分政策的相互矛盾，所以臺灣農村遲遲無法形成一種新的農業型態，來提高農民的所得，減少農村人口的外流，藉以改善日益嚴重的農村離農化現象。

　　在加入 WTO 之後，全球市場的影響加劇，為配合自由化的多元發展，政府政策無法也無力因應現代農業的問題，不是推動「小地主大佃農」政策，

提升經營規模與效益，就是提升農業的品質與產值，推廣不同的農業經營類型，並訂定相關法規，只是此時政府大多擬定政策發展的相關方向，缺乏實質的內容，常流於口號的宣導與介紹。如為了能夠順利擴大農場經營規模，各農民往往貸款購入高價農機具協助農作，且為了發揮農機具最大的效益，不得不承租蛙躍或不連續的農地來進行農作，造成農地使用效率不佳。以及隨著優良農地日漸減少，現有農地多半有人承租，因此若要額外承租合適農地已非易事，只能提高租金價格，也造成農民沉重的租金負擔。（張雅惠2014:127）

此時自發性的組織與團體在現代農業的發展裡也開始發展，農業不再只是依賴政府的政策與補助，相較於政府只在生產層面上的著力，民間團體則是試圖兼顧生產者與消費的連結來發展現代農業。

總之，臺灣農業政策的發展過程裡，從鼓勵生產到協助轉型，一直受到市場波動的影響，只是從一開始以國際市場為主，到現在除國際市場外，也不得不兼顧國內市場的需求，對於在地消費的重視。但政策方向還是以不影響其他產業發展的前提下，為補償工業化與全球化一再被犧牲的農民與農村，不斷透過補助來增加農民所得，以及為降低成本與增加農業競爭力，一直擴大農業經營的規模為主。

這些政策所推動的農業型態雖然也符合全球農業的時代潮流，從以生產為主，到現在包含生產、生態與生活的「三生農業」，以及一種所謂的六級產業的發展，只是這種發展往往不以生產為中心，容易失去農業本身的主體性，讓農業又一次成為其他產業的附屬，一樣無法獨立自主的發展，使得「農村再生」淪為空洞的口號，變成一種遙不可及的目標。

由此可知，面對當前全球化與自由化，現代農業政策對於農民與農村的實際效益比起之前也明顯降低許多。或者是說政府無法因應當前複雜的農業問題，因此無法訂定適合現代農業發展的具體政策，造成後來的相關政策多淪為口號，政策目標過於理想化，而且多有績效上的壓力，對於農民與農村並無太大的助益。另外，還有如何與民間團體共同合作發展現代農業。這些應該都是政府在未來訂定相關農業政策時，必須納入規劃與審慎評估的。

其中水頭村農業的發展一樣也受到這些農業政策的影響，如早期耕地的取得、配合政策轉作香蕉、柑橘與檳榔等高經濟價值的作物、成立產銷班發展有機農業，以及被農糧署北區分署指定為桃竹苗的有機聚落之一，甚至於

吸引實施秀明自然農法的小農到這裡成立自然農法俱樂部，這些種種的現象與後來的發展應該可以被視為是一種農民與農村對於外在環境的改變的適應。

表 2-1　1940 年代以來臺灣農業政策發展概況表

| 時　期 | 年　代 | 重要政策 | 政策方向 |
|---|---|---|---|
| 初期的土地改革 | 1945-1970 | 1946 年田賦徵實<br>1949 年三七五減租<br>1951 年公地放領<br>1950 年肥料換穀<br>1953 年耕者有其田<br>1954 年隨賦徵購 | 壓榨式 |
| 工業化後的農業改革 | 1970-1992 | 1971 年縮減稻作面積，推動轉作<br>1972 年加速農村建設九大重要措施<br>1973 年制訂《農業發展條例》<br>1973 年廢除肥料換穀<br>1974 年稻米保證價格收購制度<br>1979 年提高農民所得加強農村建設方案<br>1979 年擴大家庭農場共同經營及委託經營要點<br>1982 年加強基層建設提高農民所得方案<br>1983 年培養核心農民與八萬農建大軍（1983-1985）<br>1984 年第一期稻米生產及轉作計畫<br>1984 年發展精緻農業（1984-8）<br>1987 年推動「農地利用綜合規劃計畫」。<br>1990 年第二期稻米生產及轉作計畫<br>1990 年發展休閒農業計畫 | 補貼式 |
| 全球化後農業政策的多元發展 | 1993- | 1995 年農地釋出方案<br>1996 年有機栽培生產基準、有機農產品試辦要點、有機農產品驗證機構輔導要點、有機農產品驗證輔導小組設置要點<br>1997 年跨世紀農業建設方案（1997-2001）<br>2000 年修正《農業發展條例》<br>2001 年加入 WTO 農業總體因應對策<br>2001 年邁向 21 世紀農業新方案（2001-2004）<br>2005-2008 年農委會中程施政計畫<br>2006 年新農業運動（2006-2008） | 自由市場導向 |

| | | 2007 年農產品生產及驗證管理法、有機農產品及有機農產加工驗證管理辦法與進口有機農產品及有機農產加工管理辦法 2009-2012 年中程施政計畫<br>2009 年小地主大佃農<br>2009 年精緻農業健康卓越方案<br>2013-2016 年中程施政計畫<br>2017 年有機及友善環境耕作補貼要點<br>2017-2020 年中程施政計畫 | |

# 第三章　走入水頭

　　水頭村是一個在地形上相當封閉的農村，位於竹東臺地階地群之中的員崠子面，一邊倚靠著竹東臺地的山坡，另一邊則是望著上坪溪，以 122 縣道（南清公路）作為主要的對外通道。聚落分布在 122 縣道的兩旁，也是一個相當典型的集村，房舍與農地之間的區分相當明顯。走進農地映入眼簾的是，寶山第二水庫引水道左右兩邊那一整片的溫室與稻田，以及書有「有機米產銷班」幾個大字的倉庫，這些往往就被認為是水頭村目前農地利用的現況，即上坪溪與竹東圳之間的農地就是傳統水頭村賴以維生的耕作範圍。

　　這種先入為主的既定印象，直到與在地居民相識之後，才逐漸被打破，聽著他們回憶起孩提時期協助家裡務農的點點滴滴，如從前的山坡地除了種植茶樹以外，也曾經被開發成像雲南哈尼族那樣的梯田景觀，現在山中還留有早期蓄水灌溉的埤塘與水路。直到 1980 年代後，在政府輔導轉作與鼓勵休耕的政策之下，大部分已改種香蕉與柑橘，使得之前為引水灌溉梯田所建立的水利系統至此也已被荒廢。

　　如此一來，要理解水頭村自 1960 年代以來農業的變遷，就得從在地居民的歷史記憶中來重新拼湊。其中不只是涉及到此地農家土地的取得過程、還有是否與其他農村一樣受到工業化的影響逐漸走向離農與兼業，以及從竹東圳、寶山水庫與寶山第二水庫等水利工程的興建，甚至於在 2004 年艾利颱風侵襲臺灣時，重創水頭村農地等工程與事件對於水頭村農業發展的實際影響。

## 一、有土斯有財

　　「有土斯有財，無田不成富。」這是漢人農村社會對農地的一種價值觀，

也是農民將自己耕作的農地當作是一種資產的想法。這種觀念在水頭村似乎特別強烈，主要是在地居民一部分的農地幾乎都是在政府推行「耕者有其田」的土地政策之下取得的。另一部分則是搶佔濱臨上坪溪的河川地所取得的，如社區發展協會在 2017 年所提出的農村再生計畫裡原本預定作為露營區的土地，在經過地籍查詢之後，發現大多都被登記在四鄰劉姓的名下。而居住在四鄰的劉信義〔註1〕也親口證實現在四鄰劉姓居住的土地是他們家族所共同持份的，其中農地的部分則是早期在農地重劃之前先佔先贏的河川地。劉信義也提到他的曾祖父開墾這大部分的農地，農地範圍以有機農場乙現址作為分界，以南大約擁有七成的農地，以北大約也擁有一成的農地。但這些農地卻被劉信義的曾曾祖父分給劉信義的曾祖父與曾叔伯公，因此造成族內的紛爭不斷，甚至於到後來還以圍牆區分上下房，象徵上房的錢不會流向下房。

此外，就連這幾年也陸續不斷出現因為搶佔河川地所造成居民之間的糾紛，主要是這種河川地屬於國有，先佔先贏的是地上權，並沒有擁有土地的所有權，在權利轉移上無法可管，地上權往往被忽略，也容易被侵占，因此河川地在利用上的糾紛一直以來都沒有停止過。

只是水頭村除了耕作的農地是來自於土地改革，讓居民從佃農轉變為自耕農外，就連一、二、三與六鄰居民的住宅用地也是在 2014 年才跟一位蔡姓的大地主購入的，以市價一坪一萬多元購入的，這裡的居民分兩批購入，但仍有少部分居民沒有向地主購買。據報導人說是當時日本殖民政府強迫地主換地而來的，一說是地主被迫以新竹空軍基地的土地來交換水頭村這邊的土地，另一說則是地主被迫以總督府的土地來交換的。也就是說直到 2014 年大部分居民才正式合法取得住宅用地的所有權，在這之前土地上面任何的建物與改建都是一種違建，而這裡的居民常常因為個人私怨彼此之間匿名檢舉，因此部分報導人戲稱水頭村就是一個「鬼庄」，將居民比喻成一大群的鬼彼此互相抓過來又抓過去。

也就是說，不論是在農作或者是在居住上，土地一再被作為一種高價值的資產，水頭村居民無不受到這種「有土斯有財，無田不成富。」的影響。與其他農村相似，當居民藉由「耕者有其田」的土地政策從佃農變成自耕農的時候，也怕自己好不容易掙來的農地會像之前一樣最終被承租者所得，因此

---

〔註1〕從工業返鄉務農，曾為有機農場甲的農場主，後再轉服務業，現僅農忙時受雇協助務農。

大多不願出租農地，寧願荒廢也不願出租。不僅造成政府後來推動委託代耕與經營、共同經營，甚至於目前的「小地主大佃農」等政策的成效不佳，而且後來返土歸田的新農也無法順利承租農地來耕作。因此，在水頭村農地的取得一直都是務農者不得不克服的重要難題。

而且在土地繼承的問題上，到現在部分土地都還是共同持分的狀態，一直無法進行妥善地分割。繼承者為避免自己的繼承權利受到侵害，這幾年來常有原本長年在外居住的不在地地主，到老又回到水頭村將老屋重新改建，也有部分居民在田中央搶蓋農舍居住。這些行為看在其他居民的眼中無一不是先佔先贏爭奪祖產的作法，即使已在外地落地生根，但這裡的土地仍是他們相當在意的財富，每天守著自己的土地。這就符合當地「旱田無人耕，耕了有人爭」的諺語。如一位年過八十的老農被指說霸佔與兄弟共同持分的田地，一直在田地上從事耕作，被調侃說到死都不願放手。

如此一來，這裡雖是以劉姓為大姓，其中分為二鄰劉姓、三鄰劉姓與四鄰劉姓，但是由於繼承的關係，如三鄰老屋與四鄰田產的共同持分，每每造成宗族成員之間紛爭不斷，直接導致宗族內部的不和諧。大部分成員對於宗族也少有向心力，直接影響傳統宗族組織的社會功能。

由此可知，先人為生活努力開墾打拼，一點一滴所累積的祖產，希望對於後代子孫能夠有所助益。但當這些農地在當代社會被視為一種財產，不把它當作是務農所必需的資產，進而成為宗族成員彼此之間爭相奪取的目標時，宗族團結成員與促進成員間互助的功能逐漸消失，宗親開始形同陌路，甚至於老死不相往來，變成是血緣關係最親密的陌生人。宗族除共同掃墓外，沒有其他共同的宗族活動，更不用說宗族在農作上會起多大的作用。

這裡居民之間的相處除了常因為土地利用的關係顯得相當緊張之外，近年來也因為里長與社區發展協會理事長的選舉，村子裡派系分明。就連每年水頭村伯公廟例行的媽祖戲（春戲）、平安戲（冬戲），以及向三界爺祈福與還福等重要祭祀活動〔註2〕時，由於這些祭祀活動都採取爐主制，由本屆爐主擲筊

〔註2〕作為水頭村與鄰近村落聯庄的信仰中心伯公廟，每年大年初四舉辦媽祖戲（又稱之為春戲），由去年平安戲（又稱為冬戲）所擲筊選出的爐主，以及水頭村六鄰的六位首事，加上鄰近村落的二位首事來負責媽祖戲的所有事項，所謂的媽祖戲就是迎請鄰近聚落的媽祖（神像）、五穀大帝（神像）、其他村落的伯公（以金紙包裹香灰繫於線香之上）、觀世音菩薩（神像）、水頭伯公（香灰形式）、廠家內部供本的伯公（香灰形式）與三官大帝（香灰形式）到水頭村伯公廟來

選出下屆爐主，活動籌畫與協助人員常依據爐主的個人關係或所屬派系明顯有所區別，導致居民參與的程度也會有所差異，只是近年來在地居民參與情形也逐漸下降，甚至於有時被選中的爐主並無意願擔任，選擇放棄資格，只好改由里長承接。這種情形也發生在水頭村自 1971 年伯公廟改建以來核飯祭拜義民爺的傳統〔註3〕，也從最初每六戶一天，天天輪流核飯，到現在改為每初二、十六輪流核飯，平均三到四戶參與而已。這樣的發展無不反映出現今的水頭村不僅是血緣團體式微，就連地緣關係也不受重視。

## 二、人口外流與老化

　　依據水頭村歷年來人口數量的變化（圖3-1），在國民政府遷臺以後，由於出生率高，人口數量逐漸增加，到了 1960 年代達到鼎盛。細數那幾年的人口數量（如附錄一），從 1960 到 1972 年這十一年的總人口都保持千人以上，在 1972 年以後逐年下降，經過四十幾年，到 2017 年時人口數量減少至不到一半的 427 人。如以出生與死亡人數所構成的人口自然增加率來看，可以發現 2001 年以前水頭村人口的自然增加率大部分是正數值的，而 2001 年以後出生數與死亡數出現黃金交叉，自然增加率是呈現負數值的，可以說明水頭村在 2001 年以後開始進入少子化的時期。再以遷入與移出所構成的人口社會增加率來看，卻可以發現到在國民政府遷臺以來，水頭村的人口是不斷外流的，差別只是數量，以及遷入人數的多寡，特別是在 1968 年以後移出人數大部分超過遷入人數的十位數，特別是 1980 年一整年移出的人數是歷年最高的 79 人，比起遷入的 26 人，相差 53 人，但在近十年來移出人口已趨於緩和，移出人數大都在十位數以下。

---

　　看戲，結束後再擲筊選出平安戲的正副爐主與首事。而平安戲在流程與形式上與媽祖戲基本上都相同，最大的差異在於平安戲沒有迎請媽祖而已。另外，向三界爺祈福與還福則是在每年元宵節向三界爺祈福，當天在水頭村伯公廟拜殿上放置兩層拜桌，內容以甘蔗、篙錢來布置以三官座為中心的拜桌，擺上許多蜜餞與許多供品，聘請類似禮生或道士的「老師」，又或者是釋教誦經的「師父」，由爐主決定並不固定。不論那一種的形式都有誦唸水頭村所有家戶成員的姓名祈求未來一年的平安順利。到了農曆十月十五日則是舉行還福的儀式，基本上內容都一樣，唯一有差別的是，祈福那天下午七點有擲發財金的活動，而還福那天儀式的最後則是擲筊選出明年三界爺祈還福的正副爐主與首事。

〔註3〕據居民表示水頭村的「核飯」開始於 1971 年伯公廟改建以後，村子裡不平靜，而且事故不斷，於是請迎義民爺前來鎮壓，居民為感謝義民爺的協助，每天輪流準備飯菜以肩挑的方式到廟內祭拜義民爺。

　　從上述的統計資料，我們可以發現前期人口的增加是來自高出生率，以及遷入人數，也就是說除了反映出臺灣戰後出生潮外，高遷入人數也反映出政府在推動土地改革、「農業擴張」與「以農養工」的這段期間，不只是水頭村居民，似乎整個社會也都普遍認為務農是可以維生的，而且是有希望的。這與廖正宏等學者（1986:319-325）在光復後臺灣農業政策演變的分析裡，發現農民偏偏對補貼式的農業政策沒有好感，反而是對壓榨式的農業政策有好感，但這並不表示農民喜歡被壓榨，而不喜歡被保護或接受補貼，主要是因為對生活的期望會隨著客觀環境的改變而提升，而這段期間農民生活不斷在改善，農業產量也不斷增加。也就是說這些政策實際上明顯提升農民的生活，所以可以推論這段時間水頭村農業仍然持續發展中，這也是為什麼不管現在有無務農的報導人都可以細述孩提時期在田間協助各種農事的實際經驗，也在這段時間如何慢慢學會務農，因此不論是回鄉或退休務農，他們這一世代的比起其他青農而言，對於農事都是相當熟悉，而且容易上手的。

圖 3-1　水頭村人口數量變化走勢圖

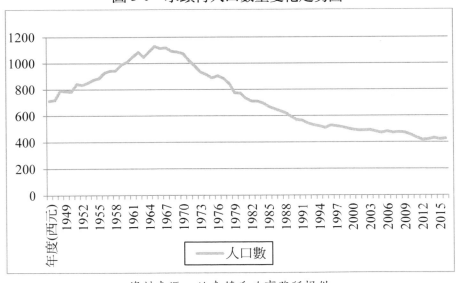

資料來源：竹東鎮戶政事務所提供

　　而水頭村從 1968 年以後人口大量移出，這種現象反映出非農業部門的就業機會增多，如竹東鎮在 1960 年代的經濟發展達到黃金時期，當時的中國石油公司、臺灣水泥公司、新竹玻璃廠成為竹東鎮的經濟命脈，服務業也隨之興盛，餐飲業與旅館業頗為興盛（呂玉瑕、王嵩山 2011:80）。其中水頭村在 1980 年那一年移出人數高居歷年之冠，這一年是新竹科學園區設立的

隔年，可以解釋為新竹科學園區的設立，使得竹東因地緣關係形成新竹地區的腹地，其中員山、頭重、二重、三重等里更因接近新竹市區，成為園區的通勤區（呂玉瑕、王嵩山 2011:78）。因此，不難理解水頭村居民大量遷出，並且移入其他較接近園區的各里與鎮上就業，這也就是現在不少不在地地主退休後，每天從現居的鎮上或新竹回到水頭村自己的田地上耕作，過著一種通勤式的農耕生活。

至於最近十年移出人口趨緩，應該是與連結新竹科學園區與竹東鎮的台68 線東西向快速公路在 1998 年完工啟用有關。其中直接與新竹科學園區連結的竹科交流道則是在 2002 年通車，這條快速公路縮短竹東鎮至新竹科學園區的通勤時間，進而擴大新竹科學園區的腹地，因此遷出水頭村的外在動機被減弱。

再加上近年來休閒觀光的風氣日盛，水頭村位於通往雪霸國家公園的 122縣道上，往五峰鄉的方向沿途還有觀霧風景區、清泉部落與張學良故居等景點，也鄰近北埔六塘石柿餅・落羽松，以及水頭村自 1990 年代開始推動有機農業，為當地營造出一種世外桃源的樂土形象。因此，建商也於 2015 年在水頭村推出少量戶數的社區建案，利用有機村落的名義，在社區附近承租兩分半的田地作為「開心農場」，以十年為期免費提供給住戶，讓住戶享受耕作的樂趣，迎合現代人回歸自然的渴望與假日農夫的想像，讓這個建案順利在 2017年完售。

只是正式移入的大約僅有五到六戶，剩下的有一部分是臺北人，僅週末假日入住，就是所謂的假日農夫。就有報導人說他是某次來這裡看落羽松後，準備上山到五峰鄉民宿，路過水頭村時，看到這裡的環境非常喜歡，他說反正他周末假日也常常來這邊度假，而且這裡的房價比臺北便宜，於是就購屋自住，作為周末假日度假與休閒之用，再加上還有農地可以耕種。也有一部分則是竹北人買來作投資用，目前大部分已經入住的社區居民購屋的原因也都是喜歡這裡大自然的景色。

雖然這個建案的高價讓在地居民感到有點詫異，但也有報導人說這就是現在水頭村的價值，也是他為何留在水頭村的原因，要的不是都市的便利與繁榮，也不是上班的方便，而是一種遠離塵囂的寧靜而已。

另外，也發現從 1997 年以來只要間隔四年的遷入人數都比較高，即1997、2001、2005、2009、2013、2017 年，這幾年的隔年都是選舉年，也符

合部分報導人所提到的，這裡的里長選舉激烈往往到了要選舉的時候，常有支持特定候選人的人口遷入，這是在觀察人口數量變化必須留意的，避免造成對於人口數量變化的解釋與誤解。

表 3-1　水頭村戰後人口年齡結構分布一覽表

| 年度（西元）　　年齡別 | 0-14 歲 | 15-64 歲 | 65 歲以上 | 備　　註 |
|---|---|---|---|---|
| 1946 | 44 | 52 | 4 | 戰後 |
| 1948 | 44 | 54 | 2 | |
| 1953 | 41 | 56 | 3 | |
| 1958 | 44 | 53 | 3 | |
| 1963 | 45 | 52 | 3 | |
| 1968 | 46 | 49 | 5 | |
| 1973-1997 | | 缺 | | |
| 1998 | 21 | 61 | 18 | 高齡社會 |
| 2001 | 24 | 55 | 21 | 超高齡社會 |
| 2002 | 21 | 56 | 23 | 65 歲以上比例超過 0-14 歲 |
| 2003 | 21 | 57 | 22 | |
| 2006 | 16 | 61 | 23 | |
| 2008 | 16 | 61 | 23 | |
| 2014 | 9 | 70 | 21 | |

單位：%，採小數點後一位四捨五入

資料來源：竹東鎮戶政事務所提供

　　如以水頭村歷年的人口年齡結構來看，從國民政府遷臺以後到現在扶養比〔註4〕大多維持在 40%，只是 2002 年以後幼年人口就開始低於老年人口，呈現少子化的人口發展。老年人口在 1998 年早已超過 14% 邁入高齡社會，並且在 2001 年也已經超過 20%，正式進入到超高齡社會，與臺灣社會高齡化時程相比明顯快速許多。即臺灣於 1993 年成為高齡化社會，在 2018 年轉為高齡社會，推估將於 2025 年邁入超高齡社會〔註5〕，無不說明水頭村在人口老化的現象上比起其他地區嚴重許多。

〔註4〕即 0-14 歲與 65 歲以上的人口比例相加幾乎都在 40% 以上。
〔註5〕〈高齡化時程〉資料來源：國家發展委員會網站（https://www.ndc.gov.tw/Content_List.aspx?n=695E69E28C6AC7F3）（2018.12.07）。

## 三、兼業為主的農戶

水頭村人口從 1960 年代以後就不斷地外流的現象，與竹東鎮的經濟發展密切相關。也就是說竹東鎮在戰後快速地工業化，主要是日治時代殖民政府在「殖產興業」的開發策略下，由於竹東是重要的山林資源集散中心，又有發展工業的資源與條件，便積極推動產業開發，從早期的林業、礦業到後來的水泥、玻璃及其他非金屬製造業。在國民政府遷臺以後，從殖民政府接管的林場產業、與中國石油公司、臺灣水泥公司、新竹玻璃廠就成為竹東鎮的經濟命脈，這四大產業的蓬勃發展使竹東鎮成為全臺三大鎮之一，就此 1960 年代可以說是竹東鎮經濟最繁榮的時期。

而 1945 年到 1971 年這段期間是竹東鎮四大產業發展的黃金時期，但在 1971 年到 1991 年這段期間，由於自然資源枯竭，以及政府的產業政策的影響，竹東的經濟逐漸走下坡，如臺灣水泥廠遷廠花蓮與中國石油工廠縮編改制，林場也在國內環保聲浪中開始逐年減產，再加上 1983 年竹東玻璃廠也因為資方財務問題關廠，至此對於竹東鎮經濟貢獻最大的四大產業都衰退了。所幸政府為加速傳統勞力密集工業轉型為技術密集工業，1973 年在新竹成立工業技術研究院，並於 1979 年 12 月成立科學工業園區，高科技廠商開始進駐設廠營運，正好提供竹東鎮民另一種就業機會。園區的繁榮帶動了電子及電力機械製造修配的發展，使竹東鎮的產業結構仍以第二級產業為主，大量通勤人口使竹東鎮成為居住地而不是工業中心（呂玉瑕、王嵩山 2011:141）。

竹東鎮的產業發展除了造成一部份水頭村居民人口外流外，也為一部份水頭村居民從戰後就提供許多農外的工作機會。從戰後林務局的林班、臺灣水泥廠與新竹玻璃廠，到 1970 年代以後的中央纖維玻璃公司、臺灣日光燈（旭光）公司、臺灣飛利浦電子公司竹北廠，以及新竹玻璃轉投資的碧悠電子等科技廠商。只是到了 1990 年代以後大量廠商西進到大陸，工作機會逐漸減少，再加上當時年齡已逾 60 歲的居民也都在退休之後回到田地耕作。如現在居住在二重埔每日來到水頭村，在其老丈人（現年 100 歲，現居於養老院。）的田地上自給自足式種植的陳泉水〔註6〕就說到：

> 以前竹東最大的工廠是碧悠、中央。碧悠電子二重埔出去頭重埔那
> 裏，中央纖維玻璃也是二重埔廠，還有旭光二重廠，蠻多人的，有很
> 多人，以前碧悠上班有一千多人，像我們新竹玻璃也是，這都是新玻

---

〔註6〕從工業轉農，退休後務農者。

的（指著旁邊的人），都是老前輩，我退伍也是在新玻上班。……實際講啦，以前大的工廠，現在都拆掉，像水泥廠、新玻、旭光、中央纖維玻璃，全部也拆掉了，都是跑大陸去了，以前是很有名〔註7〕。

雖然戰後水頭村居民就獲得許多農外的就業機會，但是他們對於田地的耕作還是持續的，正值青壯年的居民出外工作增加農外的收入，其父輩就仍然留在水頭村耕作，如高齡86歲的李江河〔註8〕就說到：「從15、16歲就開始種田，20多歲做林班，我爸爸還有在耕作，早期也是種稻米，以前沒東西好吃。〔註9〕」。高齡87歲的劉信春〔註10〕也說：

> 我以前要上班，在新竹玻璃廠上班，被資遣後到芎林那裡切割玻璃，什麼玻璃我都切過，沒有工作就回來種田了，我上班還是有耕作的，還沒有做有機米的時候要請人家做，打田、種田都要請人家來種，五分地至少要請4個人，一天60塊錢，有時候也會換工，早期換工很多，除草也換工，割稻也換工，因為我們天天都上班一個月只有兩天休息，但田還是要種，當時沒有辦法跟人家換工，所以只能花錢請人家幫忙做，自己回來種以後才加入產銷班〔註11〕。

另者，公務員退休後回到水頭村耕種的劉松柏〔註12〕就曾回憶起自己的父親每天從水泥廠下班以後，還要辛苦地到田裡工作，很少休息，到最後積勞成疾，讓他在國中的時候就失去了父親。由母親獨力支撐家庭扶養他們長大，所以後來退休以後就搬回水頭村照顧年邁的母親。也如同2002年從大陸工作回來，開始承接父親田地耕作，後來接任水頭村有機米產班班長的劉信全〔註13〕就曾經說到：「曾經務農過的6、50幾歲這一代人都是從小學就開始幫忙做農事的」。

由此可知，戰後竹東鎮比起其他地區的工商業化更加快速，水頭村居民獲得非農的就業機會相對較多，這裡的農業比起其他地區更快兼業化，因此水頭村地區出現很多不在地的地主與以兼業為主的農戶，在人力資源逐漸流失的狀況下持續耕作，避免田地的荒廢。再加上1971年政府推動轉作，縮減稻作

---

〔註7〕報導人陳泉水訪談逐字稿（2017.07.06）。
〔註8〕從林業轉農，現為有機米產銷班員。
〔註9〕報導人李江河訪談逐字稿（2017.07.06）。
〔註10〕從工轉農，現為有機米產銷班員。
〔註11〕報導人劉信春訪談逐字稿（2017.06.23）。
〔註12〕曾為公務人員，退休後返鄉自給式務農。
〔註13〕從工轉農，現為有機米產銷班的班長。

面積，大部分居民將山邊原本開闢用來種植水稻的梯田與茶園改種柑橘，甚至於連靠近河川地的水田也都改種柑橘。這樣的情形直到 1990 年代以後部分產業西進，以及部分居民已逾退休年齡以後，紛紛回到田地，利用他們從小協助家裡務農所習得的知識與經驗重新或專心務農，當時政府也企圖以有機農業來解決食安問題，這些退休的居民配合農會成立或加入有機米產銷班。

這也說明水頭村位於竹東鎮與新竹科學園區的邊緣，除了戰後四大產業的興起，以及 1970 年代以後許多高科技產業的進駐，充裕的非農就業機會，使得居民對於農業危機的感受和體認較不深刻，他們對農業的疏離感也較不顯著。因此，這裡戰後農民大多變成以兼業為主的農戶，而且在失業或退休後又再重新投入農業的生產，只是這些仍在農地上耕作的，不論是兼業還是全職大多僅限於有務農經驗的老農，而他們的下一代即使仍有田地幾乎都不下田耕作了。

## 四、水圳與水庫

來到水頭村常常聽到「水頭村是新竹科學園區的起源」，主要是水頭村位於竹東圳的取水口，而竹東圳帶來的水資源，不只是農業，也是科學園區的生命來源，如在水頭村經營田園餐廳的盧老闆[註14]就說到：

> 今天會有科學園區，也是因為水頭村水的關係，從原來的竹東圳，排水道，到發現了瓦斯。日本人在上邊，在上面開鑿石油井，一號井就爆發了，也讓日本聚焦到水頭村來，就知道這地底下有豐沛的石油與瓦斯，所以日本從天皇就開始著重水頭村這一塊，就在竹東、新竹市成立了石化的聚落，就是水頭村近代以來對於臺灣所做的貢獻[註15]。

以及水頭村社區發展協會義務導覽隊隊長的陳建全[註16]也說到：

> 政府為何在新竹設科學園區是因需要土地、大量的水源，以及技術支援，……。它的水源就是靠竹東圳，這三個條件合在一起就第一期第二期第三期擴到寶山鄉去，後面都是寶山鄉的[註17]。

而竹東圳最早由竹東二重埔地方人士林春秀、黃維生、黃棟臣等倡議而開

---

〔註14〕居住於竹東鎮上，水頭村田園餐廳的負責人。
〔註15〕報導人盧老闆訪談逐字稿（2017.07.05）。
〔註16〕從工轉農，為社區發展協會成員，主要負責導覽工作。
〔註17〕報導人陳建全訪談逐字稿（2017.08.01）。

築，聘請日本技師規劃設計，於 1926 年（昭和元年）動工興建，取水地點設在頭前溪上游主流—上坪溪南岸，利用早期日人興建發電廠的引水渠道作為導水路，這段圳路在水頭村現在被稱為電燈圳，也可能是清朝咸豐或同治年間所開闢的花草林圳。在施工期間曾因經費短缺而停頓，後由北埔地方人士出資協助繼續施工，歷時二年有餘，於 1928 年（昭和三年）完工通水。就是在這種共享水源的基礎上，地方人士為取得灌溉水源，排除萬難，穿山越嶺，共同合作開鑿水圳，特別是此圳路擁有十四個隧道，長達 21 公里，最後則是流入隆恩圳。完工開通後歸竹東水利組合管理，國民政府遷臺後改由新竹水利委員會（新竹農田水利會前身）管理，直到 1985 年寶山水庫完工，由於竹東圳成為寶山水庫的導水路，竹東圳改由新竹農田水利會及臺灣省自來水公司共同管理（陳板 1999:64；鄭森松 2005:48-9）。

　　而寶山水庫早在日治末期為農業灌溉就已著手規劃興建，後來因為戰爭全面爆發而被擱置。之後新竹縣政府在 1962 年想要興建寶山水庫提供穩定的灌溉水源來振興當地農業，曾請臺灣省水利局進行規劃，並且研究可行的實施方案。水利局也在 1965 年提出寶山水庫興建方案，但由於當地農民興趣缺缺，並且質疑實際的灌溉效益，於是再一次作罷。到了 1977 年以後，隨著新竹市區與近郊輕工業逐漸發展，造成人口激增，公共用水不敷使用，再加上中央核准於新竹市郊成立新竹科學工業園區之後，為供應科學工業園區的工業用水。因此，於 1980 年開始動工興建寶山水庫，1985 年完工落成，成為新竹科學工業園區的主要供水來源（黃兆慧 2002:80）。從這時候開始，竹東圳不只是提供灌溉用水外，也供應新竹科學工業園區的工業用水與地方的民生用水，這也就是作為寶山水庫導水路的竹東圳被認為是關係著竹東和科學園區的命脈的主要原因。

　　但隨著經濟的成長與產業升級，高科技產業一片欣欣向榮，新竹科學工業園區所需的水量，以及新竹地區大量移入人口的生活用水，已經遠遠超過寶山水庫的最大出水量，只要遇到連續乾旱，就會導致新竹地區發生缺水的危機，進而影響到整個國家經濟，因此為增進新竹地區水源的供應，經濟部水利署、臺灣自來水公司與新竹縣政府共同興建寶山第二水庫（黃兆慧 2002:83）。在 1987 年開始規劃，1997 年開始動工，至 2005 年正式完工[註18]。寶二水庫

---

〔註 18〕　〈寶二水庫簡介〉。資料來源：E 河川知識服務網名詞庫（https://e-river.wra.gov.tw/System/RiverNoun/DealData.aspx?s=5A8F999D57BF45E2&sm=9DFBFFB598924D48&index=3A4A76975B038742）（2018.11.30）。

仍利用上坪攔河堰取水，只是不再以竹東圳作為導水路，而是改以徵收田地興建獨立的引水道，以期直接供應寶二水庫蓄水，作為新竹科學工業園區的工業用水與新竹地區的生活用水。這樣的規劃水頭村首當其衝被徵收一部分的田地，從 2001 年開始徵收，由於地主認為徵收補償價格偏低，當時報導人劉正昌〔註19〕等三十餘人於公告時間內提出異議，並且集體至新竹縣政府陳情，那時候縣府行政室新聞課所發出的幾次新聞稿內寫到：

> 劉姓業主表示：水頭村地區都是屬良田，今天農民配合政府，但是徵收的價格太低，他認為吃虧很大，希望每平方公尺能調整到一千二百元來辦理，因為他們的土地都是祖先留下的，是屬無價之寶；水頭村業主有的提出說，水頭村地價可能有黑市價格，一甲二千多萬元，但當地政局長說要有案例才好辦理時，業主又說不出所以然來。水頭村業主表示：他們的土地自從寶一徵收開始，原有的大圳就被破壞，他們希望能修復改善，以防下大雨時，排水的問題所造成的災害〔註20〕。

> 竹東水頭村民眾不滿八等則的良田與寶山水庫二十等則的山坡地徵收價格相同，且沈砂池距離民宅太近，影響生命財產安全。……蘇議員、梁代表、水頭村長等人指出，水頭村良田種植的有機米聞名遠近，和山坡地的價值有天壤之別，齊頭式的徵收價格對業主不公平〔註21〕。

最後新竹縣地價評議委員一致同意里民陳述，由於該地段並無建地，最後決議，由原來的每平方公尺補助八百元，調整為一千元〔註22〕。

等到寶二水庫引水暨水源聯通工程完工，水頭村靠近上坪溪旁的田地就被引水道貫穿，部分地主的田地就因此分隔兩邊，且田地面積因為徵收大幅縮減，進而影響部分居民持續務農的意願。

---

〔註19〕有機米產銷班的第三任班長。

〔註20〕〈寶二水庫引水工程案內土地〉。資料來源：新竹縣政府地政處網站（https://land.hsinchu.gov.tw/news/?mode=data&id=40&parent_id=10005&type_id=10006）（2018.11.30）。

〔註21〕〈寶二水庫引水工程會勘〉。資料來源：新竹縣政府地政處網站（https://land.hsinchu.gov.tw/news/?mode=data&id=90&parent_id=10005&type_id=10006）（2018.11.30）。

〔註22〕〈寶二水庫引水工程用地徵收案部分地價調整〉。資料來源：新竹縣政府地政處網站（https://land.hsinchu.gov.tw/news/?mode=data&id=101&parent_id=10005&type_id=10006）（2018.11.30）。

圖 3-2 水頭村竹東圳與寶二水庫引水道位置圖

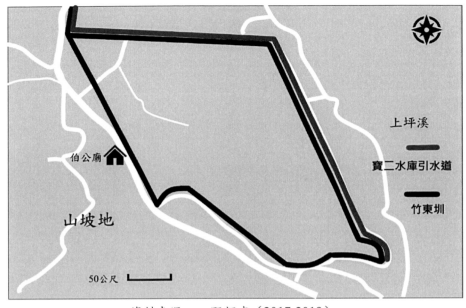

資料來源：田野調查（2017-2018）

　　這時一開始為灌溉農地而開鑿的竹東圳，以水源共享方式的支撐竹東圳所流經的農地。在成為寶山水庫的引水道，以及與寶二水庫引水道共同利用上坪攔河堰取水的同時，竹東圳的水源就不再是為農民共享，而是為農田水利會與自來水公司共管，不再只是提供灌溉之用而已，甚至於寶二水庫在規劃之初就已排除供應農業用水的功能，由經濟部水利署北區水資源局直接管轄。只要水情告急，上坪攔河堰常關閉竹東圳的閘門，將水引進寶二水庫，或者是關閉往二重埔與三重埔那邊的閘門，讓水直接流入寶山水庫，原本利用竹東圳灌溉的農地則是被迫領取由農委會與經濟部共同提供的休耕補助，也造成政府單位與農民之間的搶水糾紛，如有機米產銷班現任班長劉信全就回憶說：

　　水源很缺的時候，寶一水庫要取水，這邊農地會被管制，有一年被管制掉嘛，91 年被管制掉，那時候是鄭永金當縣長的時候，那時候事情也鬧蠻大的，它把水關掉，鄭永金帶這些農民去抗爭，最後好像把鎖頭搞壞掉〔註23〕。

　　而且就連 2017 年底的時候，由於久旱不雨，上坪攔河堰將往竹東圳的閘

〔註23〕報導人劉信全第二次訪談逐字稿（2017.6.16），以及相關報導：2002/03/05 自由時報電子網〈農民強開閘門「搶水」官方決「護水」〉（http://old.ltn.com.tw/2002/new/mar/5/today-c6.htm）（2018.12.3）。

門關閉，造成約三週的時間水頭村無水灌溉，種植蔬菜與雜糧的農民紛紛挑水或載水灌溉，引發在地農民的不滿，大多認為農田水利會以為第二期的稻作已經收割，進而將水引導到寶二水庫，用以滿足科學園區的用水，卻忽略田地上還有其他作物，只因為科學園區的產值遠遠高於田地上的產出。其中身兼水利會的小組長劉信全也解釋說，每年 12 月 1 日至 2 月 15 日這段時間的水權是屬於經濟部水資源局的，農田水利會是沒有權力干涉的，如果私自取水是違反水利法的，並以水頭村一個釣魚池為例，就是因為偷水被水資源局發現後移送警局，農田水利會建議水資源局只要告誡就好，但水資源局長卻堅持法辦。

而且如果在這段時間以外，水資源局進行斷水是需要補償農民的，但在這段時間之內水資源局是擁有絕對的水權，農民是完全無法爭取的。因此在 12 月 30 日記者來到水頭村採訪這次水資源局的斷水情形時，水資源局就直接解釋說：「新竹二期稻作已收割，一期稻作還沒開始，目前沒有停灌的問題，竹東圳現因臺灣新竹水利會例行歲修才封閉。〔註24〕」。幾經協調之後，水資源局允諾每週五放水一次，劉信全也提到其實在這段期間農委會有意先提出彈性休耕補助的政策，由農委會負擔一部分的休耕補助，只是經濟部卻不願意負擔另一部分的休耕補助，最後還是不了了之。

如此一來，水頭村農民所擁有的農地與耕作所需的水源，在臺灣完成工業化的發展之後，以及政府重工輕農的相關政策之下，就只能被當作達成工業化與都市化的犧牲品。即使推動有機農業來增加農業產值，仍不敵新竹市區與科學園區向外擴張的速度，農業一再地被犧牲，也加深水頭村在地居民的離農化，但不是說水頭村在地居民不再下田耕作，而是說他們不能再以農維生，此時務農只是一種休閒，或者是提供自家所需之蔬菜、食米的一種兼業而已。

## 五、風災過後

如同在寶二水庫引水暨水源聯通工程徵收田地的協調會裡，水頭村地主所說的：「他們的土地自從寶一徵收開始，原有的大圳就被破壞，他們希望能修復改善，以防下大雨時，排水的問題所造成的災害。〔註25〕」。其實由於臺灣典型氣候乾、溼季的變化大，不管是上游的上坪溪，還是頭前溪，沿溪低窪

---

〔註24〕相關報導：2017/12/30 自由時報〈竹東有機專業區農民抗議沒水可用〉
〔註25〕〈寶二水庫引水工程案內土地〉。資料來源：新竹縣政府地政處網站 https://land.hsinchu.gov.tw/news/?mode=data&id=40&parent_id=10005&type_id=10006（2018.11.30）。

之地一直以來都有水患的問題，特別是在颱風來臨之際，對於沿岸居民不論是田地還是民房都是很大的威脅，往往每次颱風帶來的豪雨對於水頭村都造成不少的損失，影響其農業的發展。

　　對於水頭村地區而言，近年來最嚴重的莫過於是 2004 年的艾利颱風侵襲臺灣時，雖然河川堤防防洪功能正常，但由於寶二水庫引水暨水源聯通工程為上坪攔河堰附近辦理中之沉沙池箱涵擋水設施及防汛應變措施未完備，引進洪水造成水患，因此造成住戶受困的重大災情。其中上坪攔河堰旁水頭村四鄰 24 號的民宅室內淹水 135 公分，甚至於遠在水頭村一鄰 55-26 號的有機米產銷班集貨場室內地坪淹水 2 公分〔註 26〕，可以說是重創整個水頭村。劉信全回憶起當時的情況說道：

> 寶二水庫興建的時候發生水災，打隧道的時候，納莉颱風（應為艾利颱風），民國 93 年很大颱風，納莉颱風，寶二水庫打隧道進上坪溪，上坪溪攔河堰打通了，隧道打通了，前面的閘門沒有做，颱風進來，水整個進來，整個水頭村都淹了，這邊全部都上水，田全部都上水，這邊還沒建，連蔬菜與設施全都壞掉了，拆的拆，整個蔬菜班就解散了，⋯⋯當時水資局極力搶修，三更半夜凌晨一點多，卡車來載消波塊，消波塊擋住，水還沒到天亮就消退了，那次政府賠掉四千多萬〔註 27〕。

　　而洪水帶來的淤泥覆蓋在主要農地上，這厚厚一層淤泥則是必須花上半年才能清理乾淨的。這一次的洪水氾濫讓水頭村的農地滿目瘡痍，也使得原本對於務農興趣缺缺的地主放棄繼續耕作的意願，以無償租賃或折抵租金的代價來換取農地淤泥的清理。如原本擁有 106 個溫室的有機農場甲（有機農場丙的前身）在其發展衰退的同時，又遭受到此次水患的雙重打擊，為了清理淤泥足足有半年的時間無法種植，整個營運停擺，農地復原以後也無法回到之前的規模。而那時候尚未擔任有機米產銷班班長的劉信全則是利用這個時候與地主進行協調，說好由他負責聘請挖掘機（怪手）來協助地主整地，整地之後地主將農地承租給他，以此可以先折抵三年的租金，三年過後才開始支付租金給地主，至此他擴大租到將近 5 公頃面積的農地來種植有機米。

---

〔註 26〕〈艾利颱風〉。資料來源：經濟部水利署水利緊急應變經驗學習中心 https://llc. wcdr.ntu.edu.tw/93-aere/#more-2142（2020.06.06）。

〔註 27〕報導人劉信全第一次訪談逐字稿（2017.05.12）。

經過這次風災帶來的水患，水頭村的農業型態發生部份的重整，大規模的溫室蔬菜種植轉變為小而美的有機農園或農場，有機米的種植面積則是逐漸擴大，也改變了水頭村自 1960 年代以來以兼業為主的農戶型態，兼業的農戶開始願意出租農地，大部分農地逐漸集中於部分專業農戶的手中。如此看來，這次風災帶來的水患也許是個危機，但從不同的方向來看或許對於水頭村而言也是另一個轉機。

## 六、小結與討論

水頭村與臺灣其他農村戰後的發展頗為相似，其農地的取得來自於國民政府遷臺後的土地改革，而且水頭村濱臨上坪溪，又有搶佔河川地的糾紛，再加上就連本身所居住的土地也是遲至近幾年來才向地主購入取得所有權，這裡的居民對於土地除了受到之前三七五減租條例的影響，對於簽約與租地給他人有所疑慮。除了即使無法耕種也不願意出租的情形之外，而且常有「先佔先贏」的觀念。因此，在水頭村不論是在地，還是不在地的地主，對於「有土斯有財、無田不成富」的觀念相較其他農村就來得強烈多了。

然而由於戰後竹東鎮四大產業的蓬勃發展，大量非農的就業機會吸引水頭村人口外流，造成水頭村比起其他農村人口外流與老化的情形除了發生較早以外，並且更加嚴重。也因此大部分戰後青壯年人口都採取兼業的方式來務農，即使在 1970 年代這四大產業沒落之後，也因為新竹科學工業園區的設立，吸引大量科技產業進駐。這種人口外流與以兼業為主的情形卻從未減緩，直到戰後那一批青壯年人口屆齡退休，以及部分產業開始西進大陸以後，人口才開始回流農村務農。或許是因為這一批戰後青壯年人口從小皆有務農的實際經驗，那種對農業的疏離感也較不顯著，對於土地的執著，再加上配合政府當時積極推動的有機農業，促使了這些回到農村的人口投入水頭村有機農業的發展。

這樣看似農業復興的發展仍在「輕農」的氛圍之下困難重重，早期先民胼手胝足在共享水源以利農業發展的基礎上所開鑿的竹東圳，從被臺灣自來水公司共管以後就也已經開始工業化與都市化。甚至於一條只為工業用水與生活用水的引水道在農地上劃過，良田被低價徵收，不論農地上的作物為何，一律一視同仁，只分農地與非農業用地，其中非農業用地的價格遠遠高於農地，原本該是農業生命泉源的水圳與水庫，此時此刻卻不斷地被強調為科學

園區的命脈，關係著全臺灣的經濟產值，以及深深影響著國家經濟的發展。

　　終於透過這一條為工業用水與生活用水的引水道所開鑿的涵洞，在一次颱風來襲之際，大量湧入的洪水無情地淹沒了水頭村大部分的農地，並且覆蓋了厚厚一層的淤泥，這些洪水與淤泥是否就此澆滅水頭村的農業復興，還是可以帶來滋養農業的肥沃土壤，似乎仍然需要時間來加以證明。

# 第四章　黃金稻浪

　　初到水頭村時，那時候沒有那棟有機米產銷班的集貨場，也沒有寶二水庫的引水道，這一片片黃澄澄的稻浪，讓我感動不已。

報導人張專員〔註1〕

## 一、稻浪再起

　　這一片片黃澄澄的稻浪，也許這是稻作農村的寫照，但不同的是這裡還有被稱為新竹科學園區命脈的竹東圳流貫其中，稻米一直都是水頭村這個地方的主要作物。也如同報導人張專員回憶起初到農會任職的時候所說的：「在民國80年11月來到水頭村，那時候沒有那棟有機米產銷班的集貨場，也沒有寶二水庫的引水道，這一片片黃澄澄的稻浪，讓我感動不已。」

　　而那時臺灣省農林廳已經開始編列經費推廣有機栽培，雖然水頭村稻田轉作橘園的頗多，報導人張專員為了推廣有機米，與李松木〔註2〕和劉正昌，由劉正昌開車一同前往花蓮富里自費參訪由簡明志成立的全國第一個有機米產銷班〔註3〕。

　　在參訪結束回來之後，他們與水頭村部分農民配合農會辦理有機米栽培試作，接受鎮公所對於有機肥料的補助與農林廳相關計畫的補助，以及桃園農改場對於水頭村水源和土壤的評估，與技術上的支援。於是新的稻浪又再順風

---

〔註1〕　農會推廣部人員。
〔註2〕　有機米產銷班的第二任班長。
〔註3〕　參考由曾淨萌等著行政院農業委員會花蓮區農改場出版的《有機米人物誌》〈全國第一班有機第一炮——簡明志〉一文的描述。

而起，在 1997 年成立有機米產銷班開始試種有機米到現在。

在農會的號召之下，一開始水頭村就有不少的人參加，其中之一就是劉松信的伯父，當時他身為農會小組長，配合農會成立竹東鎮有機米產銷班進行推廣，並擔任第一任的產銷班班長，當時明訂產銷班班公約如下：

1.班公約由班會訂定，各班員要確實遵守。

2.我們要遵守不用化學肥料及農藥。

3.我們要遵守班訂定有機肥料。

4.我們要遵守改良場指定品種播種。

5.我們要遵守互相支援勞力。

6.我們要遵守班規參加各種活動。

7.我們要遵守產品大家來推銷。

8.我們如違上列約定之一者經班會決議後願接受下列處分：

（1）初犯者：得予警告併科罰款新臺幣五仟元入帳班基金。

（2）再犯者：即予停止班員權益一年。

（3）連續犯則取消班員資格，永久除名。

9.班員遇有事故未克參加班會，事先電話向書記登記，並與班長取得連繫，但一年以三次請假為限。

10.班會開會後二十分鐘到達者，為遲到，罰鍰三佰元，無故不到者罰鍰五佰元，做為本班共同基金。

11.班員無故不參加班會三次以上者，視其無意願參加本班，取消班員資格。

12.新增班員需經班會出席人數二分之一以上班員同意。

只是這些班員加入有機米產銷班的動機，不外乎是可以接受與申請的補助或補貼的種類比較多，而且金額也較高。以及所生產的有機米的價格較一般市面上的米高出很多，可以帶來較高的收入。再加上此時政府積極推動「農地利用綜合規劃」計畫，輔導鄰近農民結合相同理念與興趣者組織共同經營班，建立由下而上的適地適作模式，以規模經濟來提高農地利用的效率。如此一來，田地比鄰就有共同耕作上的優勢，當時耕作總面積約有七、八公頃左右，其中以劉正昌與劉信忠〔註4〕的父親的耕地面積最大。

---

〔註4〕從工轉農，返鄉種植有機稻米自產自銷的產銷班班員第二代。

　　總之，此時的班員雖然曾經接受過有機農業相關的培訓與研習，但大多認為「有機」其實就是「不使用農藥」，對於有機農業的認識是比較粗淺的，最重要的是他們都認為轉作有機米是可以維生的。這也就是屬於吳東傑（2006:17）所謂的「外在誘導者」，即原來的耕作者，因接觸有機耕作，認為有其可行性及未來性，而採用有機的耕作方式。

## 二、空包彈

　　第一任班長經營兩年以後，由於他年事漸高，以及當時縣政府與農會共同補助的產銷班集貨場的興建出現問題，原本是計畫興建在由第一任班長與其弟共有的土地上，後來因故放棄，農會只好協調李松木來負責，由政府補助一半的經費，另一半的經費一開始是希望由班員集資，但是其他班員一聽到要出錢都不願意了，李松木只好撥出自己田地興建，而且再向農會與合作金庫貸款約三百多萬元，因此在 2001 年就改由李松木擔任第二任班長接手經營產銷班。

　　當時產銷班所謂的「共同作業」實際上還是各做各的，只是由於稻米品種的統一，再加上有機肥料的統一補助，因此還需班長以產銷班的名義統一購買秧苗與申請有機肥料，再依面積大小進行分配。

　　至於打田、插秧與收割則是由班員付費雇用當時從事農機代耕的劉正昌來做，如此一來，「換工」在有機米產銷班成立後就逐漸消失了。現任班長劉信全笑著說：「我們小時候都要幫忙割稻插秧，現在哪有小孩子幫忙，以前插秧割稻都是換工，現在誰換工啊，用機器，要算錢的」。

　　而烘穀、碾米與包裝的部份，則是依賴當時桃園縣新屋鄉有機米產銷班第二班兼營益能有機肥料廠的姜義能〔註5〕，後來覺得運送路途太遙遠，就轉到新竹縣新埔老永昌碾米廠。2002 年產銷班自己的集貨場興建完畢，以及開始購入烘穀、碾米與冷藏等設備之後就完全由產銷班獨立處理了。

　　至於在銷售方面上，一開始是向班員收購，再統一進行銷售，從最初的台梗九號由農會轉交溼穀給姜義能烘乾來做銷售，一直要等到試種越光米以後才開始有賺錢。如 2000 年第一期的越光米就是以溼穀一百台斤 2300 元向班員收購給姜義能，只是後來姜義能也由於越光米的價格過高造成其損失與

---

〔註5〕參考行政院農業委員會桃園區農改場民國 90 年 12 月出版的《農情月刊》第 28 期〈化腐朽為神奇姜義能的有機肥受肯定〉一文的描述。

滯銷，等到二期新穀收割時，一期的舊穀還有一萬多台斤沒有賣完，最後只能以一百台斤 930 元賣給橫山鄉的糧商。當時接手班長的李松木說他一下子就虧了很多錢，如表 4-1，如果以一百台斤 930 元賣出的話，一分四厘的田地支出需要 13560 元，而產量是 1050 台斤，收入也才 9765 元，足足虧了 3795元。他不禁抱怨農會在銷售上輔導不足〔註6〕，讓他是無所適從的，他坦白地說面對市場銷售那一塊他是無知的。雖然越光米好吃，但由於其產量偏低，如表 4-2，即使是以較高的收購價（一百台斤 2300 元）出售，五厘地的收入還是無法平衡收支，因此也就再改回栽種台梗九號。改種回台梗九號以後，雖然台梗九號口感佳，但它常受到二化螟蟲的影響，有時候整田都受到蟲害，三分田收割不到 600 斤，很多空包彈，產量不穩定。再加上這段時間產銷班對外苦無銷售通路，造成班員各自尋求通路自行銷售。整體而言，產銷班到2006 年之前的發展是白忙一場的，幾乎全無獲利的。

表 4-1　有機米產銷班 2000 年第二期作越光品種田間管理紀錄表

| 項　目 | 數　量 | 金　額<br>（新臺幣） | 備　註 |
|---|---|---|---|
| 有機肥料 | 33 包 | 5940 元 | 女王有機肥每包 2 公斤新臺幣 240 元，補助款每包 60 元，自己負責每包 180 元 |
| 苦茶粕 | 35 公斤 | 280 元 | 苦茶粕每公斤 15 元 |
| 打田工資 | 2 次 | 1700 元 | |
| 插秧工資 | | 1440 元 | 插秧每箱 30 元 |
| 秧苗 | 50 箱 | 2500 元 | 越光秧苗每箱包運費 50 元 |
| 收割工資 | | 1700 元 | |
| 支出金額 | | 13560 元 | |
| 收入金額 | | 9765 元 | 以一百台斤 930 元的收購價來計算 |
| 盈餘 | | 虧 3795 元 | |
| 田地面積 | 一分四厘地 | | 產量 1050 台斤 |

資料來源：報導人李松木提供

---

〔註6〕這樣的說法也見於其他班員，基本上都有一種「產銷班負責生產，而農會協助　　　銷售。」的思維存在。

表 4-2　有機米產銷班 2001 年第一期作越光品種田間管理紀錄表

| 項　目 | 數　量 | 金　額（新臺幣） | 備　註 |
|---|---|---|---|
| 有機肥料 | 10 包 | 2500 元 | 嘉新 5 號 |
| 有機肥料 | 3 包 | 720 元 | 財旺 |
| 苦茶粕 | 30 公斤 | 300 元 | 苦茶粕每公斤 10 元 |
| 打田工資 | 2 次 | 1200 元 | |
| 插秧工資 | | 900 元 | 插秧每箱 30 元 |
| 收割工資 | | 1200 元 | |
| 驅鳥資材 | | 1800 元 | 沖天炮 1000 元鳥綱 800 元合計 1800 元 |
| 支出金額 | | 8620 元 | |
| 收入金額 | | 7659 元 | 如以一百台斤最高 2300 元的收購價來計算 |
| 盈餘 | | 虧 961 元 | |
| 田地面積 | 五厘地 | | 產量 333 台斤 |

資料來源：報導人李松木提供

## 三、分蘗

　　面對產量與通路的雙重困境，現任班長劉信全說 2002 年他從大陸回來承接當時父親半休耕的田地，剛好是產銷班從越光米改種回台梗九號的時期。雖然說他覺得台梗九號二化螟蟲的病蟲害有逐漸改善，但產銷班也試著改種台梗二號和高雄 145 號，這兩個品種被害率與黑米粒很高，再加上他們的碾米設備沒有選米機，產品賣相較差，覺得不合適進行種植與生產。

　　後來桃園農業改良場在 2004 年為因應加入 WTO 國外農產品進口的衝擊選育出桃園三號的品種，隔年開始提供給農民栽種，以期提高農民的收入。桃園三號在品質與產量上皆優於台梗九號，除了抗病蟲害的效果不佳外，對於肥料的需求也不高〔註 7〕。因此，產銷班在農會的規劃與協助，想要與市場區隔，強調單一品種的保證，於是每五年由農會出資 10 萬多元向桃園農業改良場取得品質授權，自此以後開始桃園三號單一品種的栽種，並以灌溉水源的竹東圳，也是竹東鄉親心中的母親之河為品牌，以「竹東——母親之米」來行銷。

---

〔註 7〕參考行政院農業委員會桃園區農改場民國 93 年 3 月出版的《桃園區農業專訊》第 49 期〈水稻新品種「桃園三號」簡介〉一文的描述。

　　這段時間水頭村的有機稻農在通路上，多依賴農會，偶而也有些班員各自接觸的零散通路，無法統一共同進行銷售。如第二任班長李松木曾經接到新加坡超級市場每個月 420 公斤糙米的訂單，他只負責生產，其他出口的相關事項皆由對方處理，等對方收到貨後再匯款給他。但在劉信全接手班長以後，由於彼此並不熟識，缺乏互信，就不再將稻米出口到新加坡。直到 2006 年間透過農會的輔導，產銷班的有機米在國內里仁有機商店上架，產銷班才有比較穩定的共同通路，從上架至今十幾年的期間，產銷班開始有穩定的成長。

表 4-3　有機米產銷班 2016 年銷售紀錄表

| 時　間 | 農　會 | | 有機農場丙 | | 里　仁 | | 零　售 | |
|---|---|---|---|---|---|---|---|---|
| | 白米 | 糙米 | 白米 | 糙米 | 白米 | 糙米 | 白米 | 糙米 |
| 105.08 | 192 | 140 | 691 | | 160 | | 40 | |
| 105.09 | 100 | | 100 | 200 | 112 | | 60 | |
| 105.10 | 114 | 40 | 200 | | 288 | | 172 | 24 |
| 105.11 | 60 | 60 | | 380 | 256 | | | 15 |
| 105.12 | | 20 | 600 | 260 | 272 | | 106 | |
| 106.01 | 缺 | | | | | | | |
| 106.02 | 120 | 120 | 200 | | 344 | | 100 | |
| 106.3 | 缺 | | | | | | | |
| 106.04 | 220 | 80 | | 200 | 1340 | | 118 | 12 |
| 106.05 | 220 | 100 | 544 | | 1008 | | | |
| 106.06 | 571.2 | 100 | | | | | 20 | 16 |
| 總計 | 1597.2 | 660 | 2335 | 1040 | 3780 | | 616 | 67 |

資料來源：報導人劉信全提供　　　　　　　　　　　　　　單位：公斤

圖 4-1　有機米產銷班田地分布圖〔註8〕

資料來源：田野調查（2017-2018）

　　另外，由於老班員無力繼續耕種，以及第二代無人接班的情況之下，除部分班員是請劉信全代耕外，其他班員紛紛將田地承租出去或休耕。劉信全還記得在其接手擔任班長之前就開始承租田地來耕種，特別是 2004 年在艾莉颱風過後，部分受災的田地也委由劉信全統一請挖掘機（怪手）整地，並且以三年免租的方式給劉信全承租，那時候劉信全已經是班裡面耕種範圍最大的，甚至於開始向其他班員收購烘乾後的稻穀，而且也向農會貸款興建米廠，以及添購烘穀與碾米設備來應付收割與收購的稻穀。

　　當時的班長李松木已經沒有辦法應付班員收割下來濕穀的烘乾與碾製，且無法與班員合作共同拓展銷售通路，再加上年事已高，於是轉由劉正昌接手班長一職。然而劉正昌與班員發生嫌隙，認為班長這個工作吃力又不討好，因此一年過後在 2007 年就再改選由劉信全擔任班長的工作。

　　為方便加工作業，以及應付倉儲需求，劉信全也再購入耕耘機、插秧機與收割機等大型農機具，並向農會貸款興建冷藏室來儲存乾穀。自然而然，他也就取代原本劉正昌收費協助班員翻土、插秧與收割的工作，劉正昌因此退出產

────────────

〔註8〕　此圖標明的田地除已退出產銷班的劉正昌與劉信忠外，其他都是屬於有機米產銷班耕種的田地，不是由班長所承租，就是請班長代耕，再由班員自己進行田間管理的相關農事。

銷班，改以慣行種植台梗十一號的水稻，收成後直接賣給糧商。就此產銷班的世代逐漸從第一代到第二代，但它的經營運作方式也從各自分散到班長產銷一條龍的發展。

## 四、結穗！？

產銷班發展至今，實際上對內統一由班長代耕，對外也是由班長收購後再透過里仁有機商店、有機農場丙與農會等通路銷售，這樣的經營對於班長而言是有利可圖的。

以 2016 年的稻穀收穫量為例，收成約有 6 萬台斤的乾穀〔註9〕，2 萬台斤是向班員收購的，收購價格是一台斤 19 元，這一年收購班員乾穀的成本為38 萬元。還有承租田地約 4 甲，以每一分地租金 100 台斤的乾穀計算，總共付出的租金為 4400 台斤，再加上每期 2500 箱秧苗的費用約 5 萬元，以及肥料與苦茶粕的費用約 2 萬元〔註10〕，一年兩期的費用為 14 萬。

而賣出的價格是一台斤 28 元，即 100 台斤稻穀碾成 50 幾台斤（碾製率大約五成左右），出貨時是 2 公斤一包 200 元，50 台斤等於 30 公斤，30 公斤有 15 包，15 包可賣 3000 元，再扣掉出貨的資材與運費每 100 台斤 200 元，每 100 台斤的收入為 2800 元。

扣除給班員租金 4400 台斤後的淨收穫量 55600 台斤，如果全賣出可收入1556800 元，但是有機米市場不大，要全賣出機率微乎其微，約可賣出 27000台斤左右，所得收入約為 756000 元。再加上會將這一年剩餘的乾穀 28600 台斤以一台斤 16 元賣給糧商，再收入 457600 元，扣掉成本 52 萬元，故一年約有 693600 元的淨收入。只是還需要均攤先前購置的相關加工與倉儲設備的費用，總費用約為 350 萬元，其中碾米設備申請補助，但補助僅補助一半價格 50萬元，其他部分大多購入較便宜的二手農機具，這個部分是無法補助的，以十年攤平的話，大概每年要有 35 萬元的隱形成本，再加上每年約 9 萬元保養維護費用等相關成本算入。

〔註9〕 依據報導人劉信全自己統計資料 105 年第一期稻穀收穫量為 24559 公斤，班員拿回 2000 公斤，庫存 22559 公斤。第二期為 23400 公斤，班員拿回 2756 公斤，庫存 20644 公斤。兩期共有 43203 公斤，換算為 56965 台斤。

〔註10〕肥料的使用除了第一次打田的時候固定實施基肥外，第二次則是插秧後 60 天左右的追穗肥，第二次所追的穗肥是需視生長情形來調整用量，這方面的支出並不固定，僅能提供大約的使用量。

　　另外，還會有協助班員代耕的費用，打田與收割一分地皆 1200 元，插秧則是一盤 30 元，一分地約 40 盤，費用 1200 元，代耕範圍約兩甲三分地，總代耕收入約 11 萬元，兩期約 22 萬元。整體而言，班長前十年每年約有 473600 元左右的淨收入，之後的收入會高於前十年，但是也必須面臨後續農機具汰舊換新的支出。年度收支概算如下表 4-4。

表 4-4　2016 年有機米產銷班長劉信全稻作收支概算表

| 收入項目 | 金　額 | 支出項目 | 金　額 |
|---|---|---|---|
| 自行售出 | 756000 元 | 收購乾穀 | 380000 元 |
| 糧商收購 | 457600 元 | 秧苗費用 | 100000 元 |
| 代耕收入 | 220000 元 | 有機資材 | 40000 元 |
| | | 農機具購買成本 | 350000 元 |
| | | 農機具保養成本 | 90000 元 |
| 小計 | 1433600 元 | | 960000 元 |
| 盈餘 | | | 473600 元 |

資料來源：報導人劉信全提供　　　　　　　　　　耕地面積：四甲四分

　　反觀班員，除了無力耕種的老舊班員或第二代，從一開始以接受劉信全每期一分地 100 台斤稻穀的租金外，其他還有五名班員是付費請劉信全代耕，然後自己負責田間管理。

　　如林水源〔註11〕請劉信全代耕的四分多地，劉信全給他 2017 年第一期的代耕明細上列有打田二次 8400 元、收割 4200 元、秧苗與插秧費用 11900 元（每箱 68 元，有 175 箱）、肥料 5250 元（每包 150 元，有 35 包）、碾米 200 元，以及烘乾費 1531 元（每一台斤 1 元，總收穀重 1531 台斤），代耕費用與相關資材費用為 32281 元。

　　林水源說到假設一台斤賣 60 元，1531 台斤可賣到 91860 元，扣掉代耕費用後僅剩 60379 元，一年兩期的話也只有 12 萬元左右，一個月平均下來大概 1 萬元。他說：「還好只是兼業，自己還有從事 CNC 的車床工作，不然怎麼生活下去。」

　　就連專業務農的劉信福〔註12〕，也是產銷班裡唯二有生產履歷的班員，

〔註11〕為社區居民，從事製造業，曾任社區發展協會總幹事。
〔註12〕專業務農，有機米產銷班員。

在一次收成後失望地對我說：「做乞丐也比務農好，下輩子不要再當農夫了。」
而其他班員也說七折八扣以後根本賺不到什麼，只有賺到健康而已，特別是
在劉信全取消以稻穀折抵代耕費用之後，多出來的稻穀他們也無法自行處理，
因此慢慢產生將田地出租的想法。

表4-5　2017年第一期有機米產銷班班員林水源稻作收支概算表

| 收入項目 | 金　額 | 支出項目 | 金　額 |
|---|---|---|---|
| 自行售出 | 91860元 | 秧苗暨插秧費用 | 11900元 |
|  |  | 代耕費用 | 12600元 |
|  |  | 有機肥料費用 | 5250元 |
|  |  | 烘乾費用 | 1531元 |
|  |  | 碾米費用 | 200元 |
| 小計 | 91860元 |  | 31481元 |
| 盈餘 |  |  | 60379元 |

資料來源：報導人林水源提供　　　　　　　　　　　　　耕地面積：四分多

　　這種產銷集中到班長一人身上的情況，受到後來返鄉務農的第二代班員
的批評與不滿，甚至於退出產銷班，自行生產、驗證與銷售。如產銷班田地
面積最大（約有一甲地）的劉信忠在2012年父親過世之後依舊仍是租給劉信
全，但劉信忠失業回來後，打算收回田地自己耕種，希望可以賣個好價錢，
向劉信全索取包裝袋被拒。劉信全向劉信忠表示這些包裝袋是他自己出資買
的，是他自己的，劉信忠認為這是一個產銷班，班員享有的權利與義務應該
都一致，這些都是農會與農糧署補助的，質疑劉信全為什麼說都是劉信全自
己的這種說法，一怒之下退出產銷班，自己獨力耕種。

　　一開始先恢復為慣行耕種，後想再加入原本的臺灣財團法人國際美育自
然生態基金會（MOA）驗證，卻因為MOA在2014年遭停權，轉而自2015年
接受暐凱國際檢驗科技股份有限公司的三年轉型期的驗證。對於有機驗證，劉
信忠認為包含銷售流向的驗證程序過於複雜，並且質疑其驗證制度的公正性，
提到驗證公司稽核人員私下收錢的情形浮濫，甚至於私吞補助款項。

　　至於生產方面則是由前任班長劉正昌協助打田、插秧、收割與烘穀等農
事，但因為劉正昌的碾米設備過於老舊不堪使用，於是劉信忠興建鐵皮屋並且
自費以30萬元購入日本碾米機提高碾米的速度與品質。

在銷售方面，除了部分依賴在臺北經營茶行的堂兄協助銷售，以及小量網路銷售外，為了讓遊客看見並增加劉信忠自己生產有機米的自有品牌「有機耐米」的市場能見度，劉信忠租用位於縣道 122 旁的老屋作為他有機米的主要銷售據點，吸引往來觀光的散客成為以後訂購的主要顧客，也是劉信忠目前的主要通路。

檢視劉信忠退出產銷班後的經營模式，一樣在生產過程裡部分農事依賴代耕，降低在農機具上支出與維護的成本。而在銷售上則是依賴店面吸引散客，再以電話聯繫宅配，因為他沒有冷藏的倉儲設備，所以他的銷售策略是新米就照原價賣，上季的舊米就降價賣，如此一來就可以避免囤貨。在經營成本上，他每季收支如表 4-6 所示，全年總收入約 361100 元，平均每個月有三萬元的收入。

表4-6　2017 年水頭村有機米農夫劉信忠稻作收支概算表

| 收入項目 | 金　額 | 支出項目 | 金　額 |
|---|---|---|---|
| 自行售出 | 587500 元 | 秧苗費用 | 34000 元 |
| | | 代耕費用 | 52400 元 |
| | | 有機肥料費用 | 30000 元 |
| | | 烘乾費用 | 20000 元 |
| | | 碾米機成本 | 30000 元 |
| | | 店面租金 | 60000 元 |
| 小計 | 587500 元 | | 226400 元 |
| 盈餘 | | | 361100 元 |

資料來源：報導人劉信忠提供　　　　　　　　　　　　耕地面積：一甲

除了耕地面積過小的個別班員的收入過低外，其他的生產者如產銷班班長或後來退出產銷班獨立經營的個體戶似乎在收入上可以維生。但這種「以農維生」的可能性是建構在高單價的有機米的條件之下，只是這幾年來有機米市場逐漸飽和，過度競爭所造成的結果就是市場上開始進行價格戰。

如劉信全與張專員就指出由於產銷班過度依賴里仁這個通路，一旦遇到大廠進行降價促銷，就會影響產銷班的銷路。如著名品牌山水米的泉順食品公司在 2013 年底被爆出混摻越南米當國產米賣，遭行政院農委會農糧署撤銷廠商糧照後，為提升公司自身商譽與消費者信心，在市場上不定時進行降價促

銷。2016 年在里仁的通路上進行有機米的降價促銷，一包兩公斤裝的有機米零售價降至 180 元，與產銷班在里仁的零售價相差 100 元，造成市場過度集中，嚴重影響產銷班有機米的銷量，導致原本一個月在里仁的銷售金額有七、八萬元，那時候一下子掉到二、三萬元，銷售金額掉了兩、三倍之多，也造成滯銷的情形。

劉信全說雖然與里仁之間沒有制式的合約關係，但彼此有承諾一季約有 2000 包的白米會出貨給里仁，是一種相互信賴的關係，會特別留給里仁不敢賣給別人，怕沒貨賣給里仁，像產銷班這種小農產量比較少的通常就會比較依賴里仁的通路，但大廠的產量大與通路多，薄利多銷還是有賺的，他們這些小農就無法與大廠競爭。

其實這幾年來隨著里仁訂購的數量愈來愈少，劉信全也知道除了里仁以外，還要有其他自己的通路。因此，在這方面也透過農會積極接洽國內食品大廠桂格向產銷班採購，希望除了有自己的產品銷售外，也可以成為食品大廠的原料供應者，提供穩定通路，不會因為單一通路發生狀況而導致難以估計的損失，甚至於影響到產銷班的存廢，只是遲遲沒有結果。

而像劉信忠也提到他不想要再擴大耕種規模的原因之一，就是現在有機米都在削價競爭，有米也不見得一定賣得出去，他的定價也從原本一包兩公斤 270 元往下調，只希望賣完不要有剩餘就好，他說與其擴大規模他寧願將田地出租辦活動收現金，這樣不用做就有錢收，因此他也不排斥配合休耕領取補助。

另一個影響產銷班持續經營的原因就是可耕田地的逐漸減少，如劉信全所承租四甲多的田地，其中不少田地在未來將面臨第一代過世之後分產或爭產的繼承問題，是否可以再繼續承租都是未知。也如同班員中高齡 87 歲的劉信春，他現在所耕種五分多的田地就是他與另外兩兄弟共同持分的，之後據說已有十幾個後代子孫準備爭產進行田地的分割，未來水頭村部分的田地預期到將會面臨分割導致田地的更加破碎化，也將不利於往後的耕種。

## 五、何謂有機

從一開始產銷班成立之初的「不用化學肥料及農藥」，到後來 2007 年行政院農委會所制訂的「農產品生產及驗證管理法」中明訂經驗證者才得以有機名義販賣。產銷班的發展就如同吳東傑（2006:17）所描述的，從生產面來看，就

是原來的耕作者，因接觸有機耕作，認為有其可行性與未來性，而採用有機的耕作方式。

　　這個時候受到政策法規的影響，普遍對於「有機」的觀念似乎就是以有無符合中央主管機關訂定的「農產品生產及驗證管理法」、「有機農產品及有機農產加工驗證管理辦法」與「進口有機農產品及有機農產加工管理辦法」等法規，以及是否通過驗證為準。

　　一開始強調的「不用化學肥料及農藥」，許多班員認為就是恢復以前的耕作方式，認為有機跟以前的耕作方式一樣，而且以前的耕作方式比現在做有機更辛苦，沒有除草劑就是直接跪下去割草，割下的草就給耕牛吃，牛糞與畜養家畜的糞便就被當成天然的肥料，就這樣一步一步做起來，傳統上既沒有噴藥也沒有使用化學肥料，以前的做法其實就是標準有機的作法，因此也開始試著回歸自然的方式來製造所需的有機肥料。

　　如水頭村第一位社區發展協會理事長在其第二任期的最後一年，即 2007 年，在一位社區規畫師的協助之下，自製廚餘肥料，並且接受廚餘堆肥專家劉力學指導，在河川地上興建廚餘堆肥場，利用廚餘、稻殼與木屑製成液肥，以及有機米產銷班也前往三芝、石門交界劉力學的臨海農場觀摩廚餘堆肥的過程，進而以「廚餘田、環保米」為口號來推廣與銷售有機米〔註 13〕。

　　並在 2011 年於水頭村舉辦的「清淨家園全民複式動員教育訓練暨續優村里長觀摩宣導會」中獲得當時環保署長沈世宏的肯定，並且頒發獎金給水頭村社區，希望將這廚餘回收再利用成功經驗推廣到全國〔註 14〕。但後來也因為經營利潤不高，再加上風向轉變時廚餘發酵的臭味造成當地居民的困擾，以及液肥在種植水稻上濃度不好控制，往往由於灌溉而將液肥稀釋，實際施肥效果較種菜差，最後還是不了了之了。

　　其中李松木有提到劉力學也在這裡租田用廚餘堆肥而成的液肥來種稻，收成的稻穀由他協助幫忙烘穀、碾米與包裝，生產出一包 300 元高單價的有機米，在市場上卻是非常搶手，一直到持續 2016 年租地約滿，地主收回田地轉租給自然農法俱樂部為止。

　　受到這種將傳統耕作視為有機耕種的影響，當地農民也不斷嘗試用自然資材作為有機肥料來添加，就連後來回鄉繼承家業脫離產銷班自行耕種的劉

〔註 13〕相關報導：2009/12/25 客家新聞雜誌 156 集〈廚餘田・環保米〉。
〔註 14〕相關報導：2011/05/04 聯合報〈環保署長沈世宏陪世光孩子種愛的種子〉

信忠，只要巡田時發現部分水稻生長狀況不佳，就會利用磨細的糙米糠來追肥，藉以維持每年穩定的產量。

到現在有機米產銷班雖然是以慣行的方式來進行有機耕種，就是將化學肥料換成有機肥料，以及將農藥換成有機資材。但「有機」在實作上也有著多元的自我詮釋，並不僅僅只是接受標準作業程序而已，以及做有機就是「比較辛苦」、「花時間」與「收成少」等較為負面的說法。但也有不少積極正面的說法，如犧牲部分田地的產量、少施肥，以及以疏植取代密植換取通風等，這些作法皆可以減少病蟲害來增加產量，其中少施肥還可以減少稻熱病的發生，增加稻米的產量。

另外，少施肥也可以便稻株小棵一點，使稻株具有抗風的特性，在第一期收割前颱風來臨時減少水稻倒伏的情形，可以說是犧牲部分產量換取收穫的穩定性。還有不以噴藥來抑制病蟲害，而是以生態法則的循環方式來解決病蟲害的問題。

劉信全還記得 2002 年以前二化螟蟲很嚴重，他種的第一年還是很嚴重，第一期的稻作都是空包彈，那時候一分地才收成兩、三百斤而已，但是那一年過後，整個改變了，蟲害就沒有那麼嚴重了，他認為沒有噴藥鳥也會來吃害蟲，也與二重埔那邊做慣行的作比較，發現有噴藥比沒噴藥的二化螟蟲還嚴重，他強調病蟲害不用去管它，順其自然，產量比較穩定，不會大起大落。

整體而言，如同吳東傑所說的，有機米產銷班就是從慣行轉作有機，在當時的有機農業僅有政策毫無明確作法的那段摸索期，一腳踏進有機的農民只能配合政策開始從記憶或印象的深處去尋找可以達到「不用化學肥料及農藥」的耕作方式，自然而然就會從最熟悉的那個傳統農作的方式去摸索有機農業的可能性。

這時候「什麼是有機」的就是從生產開始，為符合「不用化學肥料及農藥」的這個原則，農民從以往農村傳統技術工法的「就地取材」與「人力施作」來取代化學肥料與農藥的施用，也就是重新以自然資材來替代過去慣行使用的化學資材，以期能夠通過有機驗證，強調一種順應自然的生產方法。

## 六、小結與討論

這裡以「黃金稻浪」為題開始論述，藉以表達 1990 年代後期水頭村的米農在經歷 1970 年代以來開始縮減稻作面積，推動轉作，以及 1980 年代推動共

同、委託及合作經營擴大農場規模（蔡培慧 2009:49、55）。再加上 1986 年行政院農業委員會開始推動有機農業，透過農會輔導開始以「產銷班」為名的流通合作，來與市場連結，期望能把日暮西山但最熟悉的稻穀加上有機的外衣賦予黃金般的價值，讓那黃澄澄的稻浪為米農帶來更高的收入，然而實際結果卻是未能盡如人意。

　　雖然一開始的補助較多，以及有機米價格較高，但是一般稻農由於缺乏生產工具與技術，造成產量與品質的不穩定，以及付費委託他人加工，增加了生產的成本，更重要的是沒有穩定的通路，除了與以往賣給糧商之外，多為產銷班班員各自建立的通路，有機米的價格往往取決於收購糧商，無法控制實際的成本與利潤，也就是說整體的經營模式與之前從事慣行的模式並無太大的差異。

　　後來在相關單位的補助與個人的投資之下，產銷班慢慢擁有屬於自己的生產與加工的工具，以及農改場的輔導與個人經驗的累積對於有機農業技術的精進，再加上農會協助品牌的建立與產品的銷售，並且在里仁建立穩定的通路，似乎讓產銷班看到一線曙光。但卻由於近年來有機米市場上削價競爭的情況嚴重，再加上多方的投入，有機米農紛紛降價求售，以往閃閃發金光的「有機」，不再那麼閃亮，讓米農逐步回到以往慣行的思維，過度強調產量，因為在價格下降的情況，唯有不斷提升產量才能夠以農維生，這樣的有機只能算是一種披著有機的慣行農業，其中的差別只是以有機資材來取代化學資材而已。

　　在產銷班發展的過程裡，可以發現班長所具有的企業家精神（entrepreneurship），其中最明顯的莫過於勇於投資這一部分。如第二任班長的李松木在相關單位一半的補助之下，除提供土地外，自身還貸款 300 多萬興建集貨場與相關設備投入生產，這樣的投資在當時的農業環境中風險相當大的，實在不得不佩服他的勇氣。以及第四任班長的劉信全，在還沒有接任班長之前就陸陸續續添購相關的農機具設備，雖然都以二手機器為主，但也投入將近 350 多萬〔註 15〕，甚至於擴大租地耕種的規模。當時有機市場已經比較成熟，而且也取得較為穩定的通路，擴大生產也許是一項增加利潤不錯的投資。

　　但是這種企業家精神卻也衍生出一種「家天下」的發展，即往個人發展的

〔註 15〕報導人劉信全曾提到：「機具設備倉儲投入的資金約 400 多萬元左右：耕耘機、翻土機與插秧機二手價約 160 萬、倉儲約 100 萬、碾米設備約 100 萬（農糧署 103 年有機米產銷經營輔導計畫補助）、烘穀機約 10 萬與吊掛設備約 20 萬。」初步估計所投入的資金約有 350 多萬元。

方向走，班長在生產過程裡獲得大部分的利潤，這也就是為何產銷班除了集貨場裡第二任班長所擁有的烘穀、碾米與冷藏等設備外，還有現任班長向農會貸款所添購的另一套設備，造成同一個產銷班擁有兩套生產工具與設備，這樣的發展有違產銷班共同經營的精神，因此造成後來部分班員無法忍受這樣的獨佔而退出產銷班。

但探究產銷班班員的權利義務後，其實會發現產銷班與班員之間的連繫是非常薄弱的，在義務上一開始尚有繳交班費，以一分地一年繳 300 元，後來由於繳交情形不佳，在劉信全接任班長之後也就已取消。雖然有「互相支援勞力」與「共同銷售」等要求，但這些義務已在農業機械化後都由劉信全一人獨攬，而其享有的權利上則僅是獲得相關單位在肥料與有機驗證上的種種補助，這些權利義務在班員世代更迭後，第二代將田地出租之後，更顯得模糊不清，再也無法繼續凝聚班員持續進行共同經營。

但是這樣的發展另一方面也不得不歸咎於政府自 1974 年以來所採取的補貼政策。如 1974 年設置糧食平準基金與實施稻米保價收購制度，以及十年後接著實施兩期各六年的「稻米生產及稻田轉作六年計劃」，改進稻米收購制度，實施稻田轉作實物補貼，每公頃補貼 1000 到 1500 公斤的稻穀，藉以挽救農業接踵而來的種種危機。

但這種政策多偏向補貼個人，以至於在推動產銷班運作的時候有點格格不入，因為產銷班是集合小農透過共同生產與銷售來與市場連結的，但是補貼的對象卻是個人的，而且只是部分負擔的補貼，特別是在農機具方面，如補助產銷班的廠房與農機具，通常最高也只是補助一半的費用，在產銷班的組織架構並未或無法健全之前，另一半的費用就由當時的班長以個人名義貸款或出資來補齊購買。如此一來，原本共同經營的運作卻因為個人資金的投注而開始混亂，產生了以部分補助取得的廠房與農機具到底是個人的還是產銷班的爭執，以及是班長的還是班員共同擁有的矛盾。

這樣的發展也導致產銷班內部的衝突與分裂，無法讓小農透過共同經營達到規模經濟的效益，相關單位的補助是產銷班成立的原因之一，但是經過實際運作之後，這種視為救命藥丸的補助反而成為壓垮產銷班的一根稻草，這也與廖正宏等（1986）在戰後臺灣農業政策演變的分析裡，對於農民對 1972 年以後的補貼式農業政策沒有好感的發現相符。

產銷班的成員可以依照其耕作面積區分為三類，分別是一甲以上、一甲左

右與一甲以下的耕作面積。其實產銷班裡耕作一甲田地以上的只有大量承租田地的劉信全而已，約有四甲多的田地，他的收成通過通路轉換成收入不僅能夠以農維生的，更是有利可圖的。

　　而耕作接近一甲田地的也只有後來退出產銷班獨自生產與銷售的劉信忠，他的收成通過通路轉換成收入應可滿足他與兒子的基本生活需求。至於其他班員大多耕作不到一甲田地，他們的收成透過班長收購轉換成收入往往僅與支出打平，老是面臨虧本的情形導致他們對於務農大多已是興致缺缺，或者僅是以兼業的方式來務農。

　　仔細來看，由於有機米價格較高，如果有穩定通路的話，一甲田地左右的收成是足以「以農維生」的，但是隨著價格的下降，原本耕作一甲田地的收入將不再滿足個人基本生活需求。換言之，有機米的高單價有助於提升土地扶養人口的比率，也會讓小農有足夠的生存空間。

　　總之，在水頭村部分老農選擇以有機米作為農業再生的途徑，農地大小、通路多寡與市場價格都影響他們是否能以農維生的關鍵因素。也影響到他們是否能夠擺脫以往慣行的生產思維，真正走向一個不只是在生產上，而是在生態上的「有機」。

# 第五章　溫室裡的有機

一開始那個時候有機跟溫室分不清楚，……

有機農場乙報導人陳秋蘭[註1]

有機大家也不知道怎麼做，政府開始做的時候是從溫室開始，避免蟲害就可以少噴一點農藥，這就是「準有機」了，……

有機農場丙報導人邱禮仁[註2]

## 一、從溫室到有機

在水頭村這個傳統的農村，1990 年代後期曾經出現上百棟的溫室在這片農地上，分布在現在有機農場乙與有機農場丙的位置往南延伸到經濟部水資源保護局上坪攔河堰機房的一整片農地上。就如同邱禮仁所說的，這些溫室設施內都是他們寄予厚望的有機菜苗，自然而然地就將溫室等同於有機，這樣的想法似乎是一個美麗的誤會，他們認為透過溫室設施可以減少病蟲害，就可以少噴一點農藥，符合所謂的「準有機」。

孰不知這種「準有機的栽培方式[註3]」在行政院農委會有機農產品生

[註1] 有機農場乙的農場主的妻子，現為蔬菜產銷班班長。
[註2] 從商轉農，現為有機農場丙的農場主。
[註3] 所謂的「準有機的栽培方式」是 1999 年行政院農委會公告實施「有機農產品生產基準」在肥培管理與病蟲害防治中針對果樹與茶樹開放部分化學肥料與農藥的栽培方式。由於「準有機」栽培方式未符合有機農業理念在 2003 年行政院農委會修正「農業發展條例」第二十七條第二項，賦予有機農產品相關管理法規法源依據，同年制訂「有機農產品生產規範——作物」規定已刪除相關條文。

產基準的規定是不適用於果樹與茶樹以外的作物，甚至於這種準有機的栽培方式在 2003 年就因為不符合有機農業理念而被刪除，但當時臺灣有機農業生產仍處於摸索期，有意從事有機農業的農民卻誤以這種「減少農藥的使用」的「準有機」作為進入有機農業的第一步。

那時候的水頭村瀰漫著一股希望以上述的有機農業再生的氛圍，不僅在稻作上成立有機米產銷班，而且在蔬菜栽培上也成立了有機蔬菜產銷班，開始以溫室設施從事有機蔬菜的栽培。另外，1994 年宋楚瑜就任省長之後開始補助農民搭建溫室設施幫助臺灣農業轉型〔註4〕，就在這樣的政策補助之下，在地或移入種植有機蔬菜的大部分農民都是先有溫室種植的經驗再行有機栽培的。

在成立有機蔬菜產銷班之前，水頭村早就配合行政院農委會於 1987 年所推動的「農地利用綜合規劃」的計畫，成立水頭村區段共同經營產銷班。當時水頭村幾乎所有的農民不分種植稻米還是蔬菜，或者是其他作物，均會加入這個區段共同經營產銷班。後因班長選舉的紛爭，劉信義的父親才在 1992 年又另組有機蔬菜產銷班，並於 1996 年成立農場。隔年 1997 年再由其長子劉信義接手經營，並且更名為「有機農場甲」。

而劉信義在 1993 年就已返鄉務農，經過觀察市場的發展，以及累積溫室與有機栽培的經驗之後，決定轉作有機種植，並且接受中華有機農業協會的相關輔導與取得有機農產品標章〔註5〕，接受補助逐步擴展規模。1998 年就達到 106 棟的溫室規模，溫室範圍幾乎已經接近水頭村田地的一半，面積約為 10 多公頃，當時所聘僱的工人最高達 20 人，採菜與包裝各 8 人，單月付出的薪資約 50 萬元，單日產量有 3000 包 300 公克裝的蔬菜，分兩車運輸配送。

在銷售通路上，初期交由地方盤商出貨，後因該盤商以「有機農場甲」的名義販售非農場生產的作物，雙方終止合作，改以市場攤位與批發為主。1998 年再與臺北盤商合作銷售，兩者在合作上發生嚴重的糾紛，導致臺北盤商扣押

〔註4〕 報導人柯國全與陳秋蘭訪問逐字稿（2017.10.21）。

〔註5〕 依據有機農場丙的沿革與報導人劉信義口述等資料皆明確指出 1997 年已經接受中華有機農業協會的驗證，但在 1997 年中華有機農業協會才剛成立而已，而且直到 2001 年農委會才授證「財團法人國際美育自然生態基金會」為第一家有機農產品驗證機構，當時有機農場品驗證工作仍由各區農業改良場來辦理，惟 1997 年有訂定「有機農產品標章試辦要點」（陳玠廷 2014:94），因此推測當時應該僅是接受中華有機農業協會的輔導與標章，尚未獲得驗證。

著一千多萬元的貨款不付，造成農場經營上的危機與損失〔註6〕。自此溫室規模就縮小為一半，大約 50 棟左右，通路也轉移至劉信義朋友的有機商店，之後試圖再與統一集團契作，卻因其父親反對而作罷。

而在 2000 年改由劉信義的弟弟接手經營，此時溫室規模已經再縮減至 36 棟，接著在 2004 年遭遇艾利颱風的侵襲，受到災損又縮減到 20 幾棟。原本劉信義的弟弟試圖以風災補助款恢復原有規模，卻在其他地方租地搭建溫室受騙，整體發展至此時完全停滯。之後劉信義的父親將剩餘的溫室與田地賣給唯一的女兒（劉春梅〔註7〕），由她和他女婿（邱禮仁）接手經營，並於 2008 年更名為「有機農場丙」至今。

而原本的有機蔬菜產銷班則由陳秋蘭擔任班長至今，她與先生（柯國全〔註8〕）在 1994 年一起移入水頭村共同成立有機農場乙，並且於 2017 年重組蔬菜產銷班。現在在水頭村所見的溫室就只剩有機農場乙與有機農場丙，以及後來成長家園附屬農場等 40 幾棟的溫室而已，如圖 5-1。

圖 5-1　水頭村溫室蔬菜栽培農場分布圖

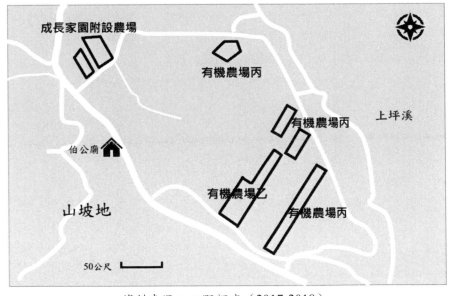

資料來源：田野調查（2017-2018）

---

〔註6〕多數村民提到這個事件，都會直接說是有機農場甲違反契作合約遭到盤商求償鉅額賠款，但劉信義本人則是說後期盤商以品質不佳為由加以為難，並且積欠高額貨款，造成經營困難，規模也就逐漸縮小。

〔註7〕有機農場丙的農場主的妻子。

〔註8〕由商從農，有機農場乙的農場主。

## 二、回歸「做良心」的傳統市場經營

在水頭村溫室有機蔬菜的栽培發展過程裡，除了大起大落的有機農場甲外，還有一個穩健踏實成長的有機農場乙。與在地發展的有機農場甲不同，經營有機農場乙的柯國全與陳秋蘭兩夫妻則是1994年從竹東鎮上移入水頭村租地從事溫室蔬菜的栽培〔註9〕。

柯國全本身原是彰化二水人，老家是種植水果起家，以龍眼、鳳梨與釋迦為主，他跟他兄弟離鄉背井來到竹東鎮開電器行，一賣就是三十年。至於為何轉作農業，他說：「有一次機會到朋友位於埔里的農場參觀，發現做有機農業的朋友都穿皮鞋，而且是半年一雙5、6000元La new的皮鞋。〔註10〕」讓他心生從事有機農業的想法。再加上當時大賣場如雨後春筍般地出現，分食電器產品銷售的市場，而且當時年紀也大了無法負荷搬運大型電器的繁重工作，於是他下定決心改行務農。

起初他的妻子陳秋蘭是持反對意見，認為務農是將錢丟進水裡，投資可能無法回收，因此不敢貿然全力投入，在開電器行的最後一年先在竹東鎮上租地搭建溫室試種小黃瓜與聖女小番茄，在這次試種之後，他們發現結果率高且收成佳，這一年的試種增加他們改行務農的信心。

接著就在芎林鄉五龍工業區再擴大溫室的規模，最後再整個移入水頭村集中種植栽培，也加入當時水頭村區段共同經營產銷班，溫室規模也從移入一開始的8棟，在農會與在地農民不看好，也沒有額外貸款的情況之下，發展到現在的30幾棟。

他們並不是一開始就直接切入有機栽培，而是採用介質包栽培，又稱為無土栽培，一種離地種植的栽培方式，將作物種植在倒放的塑膠籃子的介質包上，水分與肥料都是用滴灌的方式。這樣的栽培方式大概維持兩年左右，其中曾經加入吉園圃安全蔬果標章制度〔註11〕，雖然吉園圃強調安全用藥，但還是

〔註9〕 報導人柯國全與陳秋蘭對於實際移入水頭村的確切年代有點遺忘，僅表示移入隔年宋楚瑜當選省長，基於對農民的照顧，積極補助溫室設施協助農民轉型，而臺灣省省長選舉是在1994年底，並於該年年底就任，在政策上有實際作為應該是在1995年，再加上他們說到其向當時里長承租田地進行耕種，而該里長的兩個任期就是從1994年開始的，從1994到2002年（王萬山 2011:346）。

〔註10〕報導人柯國全與陳秋蘭訪問逐字稿（2017.10.21）。

〔註11〕行政院農委會自1993年起推廣「吉園圃安全蔬果標章」，並訂定管理作業規範，期透過農政單位輔導，教育農民安全用藥，申請審查並使用吉園圃標章行銷產品，形成市場區隔，以建立消費者信心，提升國產蔬果競爭力（謝敏驥 2011）。

害怕用藥危害到自己的身體健康，因此那時候就已經沒有使用農藥。

　　進入水頭村之後的一年多，有一次去農改場上課，當時臺灣財團法人國際美育自然生態基金會（MOA）正在招募會員，他們想報名申請，但是因為他們採取的那種離地種植的栽培方式不是屬於有機的栽培方式，而被 MOA 拒絕。於是他們回去就改回在地上種植，並且開始有機栽培，後來 1995 年則是接受臺灣寶島有機農會發展協會（FOA）的相關輔導與有機農產品驗證。

　　直到 2009 年開始在竹東中央市場擺攤以後，認為每張驗證標章都要花錢，但在傳統市場裡這張標章是沒用的，再加上認證單位查驗員私下常有不當的收賄行為，讓他們頗為困擾。於是就放棄有機驗證，將減少的有機驗證的費用出支，直接以價格回饋給顧客，與顧客之間建立信任的關係，以「做良心」來取代「做有機」。

　　在銷售方面，一開始就開放溫室採菜，大概在第二年就已經與臺北市農會合作，每週有兩到三台遊覽車的遊客，最多一週有五到六台遊覽車，當時種植以彩色甜椒為主，一整個溫室幾乎都是彩色甜椒。後來經過一段時間之後，他們就發現雖然開放採菜的獲利不錯，但是後面整理起來很費力，而且造成彩色甜椒的過多浪費。再加上彩色甜椒的生長期需要三、四個月，這段期間又要種菜又要招待，有點忙不過來，因此決定進入傳統市場賣菜以後，就不再開放採菜了。

　　有機農場乙在取得有機認證，以及規模逐漸擴大之後，便開始供菜給盤商批發。直到被盤商倒了好幾十萬以後，就不再給盤商批發改以市場銷售為主。在盤商批發的過程裡，深深受到市場價格波動箝制，如當季價格高，盤商要他們小小棵也收割，等到市場飽和價格低的時候，多出來的菜，盤商也不會收，要他們自己吸收。

　　最大的問題還是資金的控制不在自己手上，常常會有盤商捲款潛逃的事情發生，上次全水頭村的有機米與有機蔬菜都被同一個盤商倒，因此認為給盤商批發是又累又會被倒債，現金還是直接進入自己口袋最好，強調自產自銷才是農民唯一的生存之道。像他們現在在傳統市場的銷售就很穩定，但最初也是一直參與農產品展銷會，最多的時候除兩夫妻各一場外，他們的女兒也會再參與一場，努力將他們的農產品推銷出去，建立自己的客源與人脈，才能獲得相關的資源。這也就是他們鼓勵青年返鄉務農除了自產自銷外，還要加入產銷班的原因。

就整體發展而言，有機農場乙是以一種比較穩定踏實的步調來經營農場，利用生產所累積的利潤慢慢地擴大溫室的規模，降低農產品銷售上的壓力，即使陸續停止溫室採果，以及經由盤商的倒債之後，仍然可以回歸到生產者與消費者直接面對面的交易，以他們所謂「做良心」的傳統市場銷售，持續地經營農場下去。

## 三、立志做小的農夫 CEO

誰會想到一位以建置社區網路系統為主的科技公司的總經理，頂著人人稱羨的「科技新貴」名號，在 2002 年網路泡沫化後，在其四十出頭的時候，毅然決然回到他太太（劉春梅）的故鄉──水頭村開始務農，成為一位腳踏「食」地的有機農夫。

邱禮仁務農的動機來自於科技業沉重的經營與創新的壓力，在公司規模逐漸擴大的同時，身上就漸漸背負著不只是自己，還有許多員工家庭的生計，每一個決策都是相當重要的，特別是在產品的生命週期相當短暫的科技業裡，創新的知識與技術大約半年到一年就已過時而會被淘汰，也就是網路業界所謂的「本夢比」，在逐夢的過程裡，夢想越大，壓力也越大，有時候他自己覺得累了，開始問自己還可以撐多久呢？終於網路泡沫破了，他的夢也醒了，也開啟他務農之路。

至於為何選擇務農，他在各種場合都開玩笑地說：「因為我娶了村姑」，這句像是玩笑的話，卻是他選擇務農的重要關鍵。因為農業對他而言是一個相當陌生的領域，自己並沒有可以快速進入這個領域的技術與通路，但是由於他老婆是農家子弟的關係，讓他比較容易取得農地，也有了岳父的技術指導，很快地跨過從事農業的基本門檻。

另外，也同樣心疼與不捨身體不佳的岳父母，已經六十多歲還在田裡耕作，於是決定回來務農，並且可以陪伴在他們身邊。至於為何選擇有機農業，主要是當時傳統農業的發展已經是一片紅海，不斷地惡性削價競爭，在以農維生的前提之下，再加上岳父已從溫室栽培進入有機農業多年，選擇友善土地的有機農業似乎就是他務農的最佳選項。

在網路泡沫後，邱禮仁在著手結束自己創建的科技公司的同時，他的妻子劉春梅已先回到水頭村，陪伴著她的父母親在被艾利颱風摧毀殆盡的溫室裡耕種。邱禮仁回來後，以企業管理與系統整合的觀點來觀察，發現到他岳父生產與銷售上的一些問題。如市場觀察不足、過度依賴盤商銷售與沒有標

準化的生產管理等。他同時也發現有機農業是有機會的，認為它的變數是氣候條件，而氣候條件的影響是有限度的，強調只要生產管理得當，農民是能夠以有機農業維生的。

在這兩三年的時間裡，他已經陸續參加農委會園丁計畫、農試所農民農業專業訓練、桃園農業改良場有機農場經營管理研習，努力將他自己培養為一個專業的有機農夫，最後在 2008 年，他以 24 萬元再次出發，以農夫的身分中年創業，創辦擁有 12 棟溫室的有機農場丙。

一開始雖然他並不熟悉農業的知識與技術，也不知道市場在哪裡，只能從他自己熟悉的企業管理來檢視現有的環境與條件。首先他藉由市民農園的概念將農地出租以達到宣傳與推廣的目的，提高農場的可見度，但是他發現市民農園出租的價格過低，根本不足以支持他的農園持續發展下去。

於是為了與現有市場區隔，他出租有機溫室以提高租金，他出租 6 棟溫室，自己再耕種 6 棟溫室，至於出租與銷售的通路則是從親朋好友開始，也就是他所說的 2F（Family and Friend）概念，以半買半送的方式來告訴親朋好友他轉行做有機農業，在市場有限的情況之下，出租溫室也等於沒有生產成本地銷售完溫室內的所有作物，藉這些收入來維持經營的最低限度。

接著邱禮仁利用政府因應 2008 年全球金融海嘯所帶來的消費緊縮效應，於 2009 年所發放的振興經濟消費券時，推出用消費券 3600 元吃有機蔬菜一年的行銷活動。雖然這樣的促銷不會有利潤，但是可以支撐他們農園一年的營運，重點在於讓他們的會員人數增加到 150 個，達到農場可以持續生產的基本門檻。在這一年的配送裡，讓他們慢慢從生產與銷售上，找到可以支持農園發展的消費者。另外，這樣的促銷活動也吸引報章媒體的報導，達到意想不到的宣傳效果，省下一筆廣告費用的支出。

從一開始到現在，他在農場經營與管理上強調自己設計的「立志做小」，這一種創新的有機小農模式，有別於之前他經營科技公司，以及他的岳父一大片溫室栽培的那種規模經營，他在務農這條路上卻是選擇以家庭為核心的小農經營。成員除了他們夫妻倆以外，還有一位幫農大哥，他自己常戲稱為「2.5 人的小農家」，自己就是那只有一半效率的 0.5 人，他們三人撐起 1.2 公頃有機農地的生產與銷售，還能舉辦有機農業推廣課程與活動，以及發展地方特色產業等多元化的經營。

在實際生產中，由於規模小，成本也不大，可以有效控管成本與銷售，所

承受的風險也相對較小。而且為了充分運用有限的人力，他標準化每週作業的流程，除了日常的例行耕作外，週一採菜，週二包菜，週三送菜，週四種菜，週五播種與除草，週末彈性安排或辦活動。

他強調這種有機小農的模式是可以很優雅地務農的，如果規模擴大，就必須面對成本的增加，產出高，相對投入也高，務農自然就形成一種勞力過度密集的產業，這樣的務農是辛苦的，而且農民還是一樣被剝削的，一樣看不到未來的發展。只有透過這種有機小農模式的不斷複製、擴散，才可以由點到面來擴大有機栽種的面積，小農與小農之間較少有競爭的利害關係，彼此可以和諧共處，一同發展。

在銷售上他建立預購會員制，也將會員稱之為「穀東」。在 2010 年美國永續農業運動主席且長期在美國推動社區支持型農業運動的先驅伊莉莎白‧韓德森（Elizabeth Henderson）來臺至工業技術研究院演講時，他接觸了「社區支持型農業」的概念，並認為自己的經營模式與之相符。只是他認為那種模式不適用於臺灣，經過修正轉換成現在的會員制暨計畫性生產，目前約有 200 名會員，仍以相互承諾來支持，但強調對價關係的存在，繳多少錢可以拿到對等的產品。他的產品只分成大份與中份兩種，大份每週 6 台斤供應 8 週，中份每週 3 台斤供應 15 週，兩種價格都是 3600 元，強調比有機商店的便宜，皆由超商代收費用，其中由農場主導生產的時令蔬菜種類，會員不能挑品項，而且遭遇天災時，要共同承擔風險。

另外，他不想在量販店與超市這種連鎖通路上銷售的原因是：雖然銷售量大，但這種通路是價格取勝的，變相會壓低有機蔬菜的價格，容易被貼上「廉價」的標籤。他也不採取他較為熟悉的那種透過網路來建立通路的方式，他並不認為電子商務可以協助農民銷售，因為蔬菜有保鮮時間的限制，這種低單價的商品，如果再增加運費成本，就會降低農民的收入。而且網路訂單的可靠性差，常常造成許多實際經營上不必要的困擾。

因此，他強調有機蔬菜最佳的銷售方式是自行宅配，如此一來會員的數量就不能太多，而且所招募的會員也不能離農園太遠，大多以台 68 線東西向快速道路兩側為主，如竹東、新竹與竹北等，而且以社區與學校為主要配送點，藉以降低配送成本的支出，才能符合他所謂的有機小農的模式。

對於有機農場丙的規劃與定位，如報導人邱禮仁強調的：

> 有機農場丙，是一座有機農園，也結合了環境教育、有機農業推廣

與培訓、觀光（輕旅行與深度旅遊）、國際研習與交流，並兼具文化
與美學等多功能的休閒、體驗、教學示範型農園。

在這樣的規劃與定位之下，這幾年有機農場丙也是農委會農民學院登錄的見習農場之一。到目前為止總共培訓過三位見習農場主，時間分別為一年、三個月與兩年，結訓後有獨立在關西經營有機草莓園的，也有留下來協助農場經營的，直到 2018 年六月才離職。也陸續與相關的單位合作推廣有機農業，如 2017 年 11 月與明新科技大學合作推動小農創客計畫之快速農藥自主檢測工作坊，今年則是與財團法人農業科技研究院合作，以及配合勞動部勞動力發展桃竹苗分署的專業人才發展基地計畫開設友善農業耕作班。

除此之外，每年都固定舉辦插秧與收割，以及農產品加工等農事體驗的活動。並從 2011 年開始迄今連續八年發起「吃好米，做好事，送好鞋」活動，每賣出一箱有機米就捐一雙鞋子，希望消費者支持有機小農，有機小農幫助弱勢孩童，形成善的循環，來支持綠的永續，孩童長大有能力時，再回饋給其他弱勢者。

也曾連續四年（2013-2016）舉辦國際有機農村體驗營，以及 2014 年推動餐桌計畫舉辦了竹東稻田版、關西民宿版、湖口天主教堂版與五峰原住民部落版四場的「鄉間幸福好食光」整合新竹縣在地農漁牧產、食品、餐飲、文創等產業。這些活動都是他利用日本「六級產業化」的概念，所發展出的有機農業六級產業化，從一級的有機農業出發，結合二級的農產加工，配合三級的管理與行銷，做出六級化的新農業，將農場的價值極大化。

這幾年來邱禮仁也不斷受邀到大小機關與企業進行演講與授課，甚至於也受邀擔任大陸四川與山西等地區有機農業創業或示範園區的顧問。去年一年每個月大概有三分之二的時間都在大陸地區，農園生產的實際運作大多依賴幫農，以及幫農的兒子，也就是第三位的見習農場主李國生〔註12〕。邱禮仁自己也坦言在農業生產方面的收入僅勉強維持農園的經營而已，生產之外的其他收入才是農園主要收入來源，所以他回來的時間大多配合農園推廣與培訓的相關活動。

正因如此，其他的農民都戲稱他的主業是演講，副業才是務農。但也常因為部分活動的舉辦與鄰田發生糾紛，大多是前來參與活動的遊客私自進入鄰田破壞作物與田埂所導致的。在水頭村居民的眼中有機農場丙有點「獨善其

〔註12〕有機農場丙的實習農場主之一。

身」，但邱禮仁說他也很想把餅做大，他認為水頭村好有機農場丙也才會好，只是這裡的居民對於發展缺乏共識，也沒有人願意出面凝聚，雖然他是水頭村的女婿，卻又常常被視為外人，對於社區的活動不得其門而入，更無法提供相關的建議。

## 四、善與綠的萌芽

在第一次與邱禮仁見面的時候，他就直截了當地對我說他希望用「善」與「綠」的力量來點亮整個農村的發展，強調這是有機農場丙的核心價值與耕作方式，認為「善」不僅僅是一種耕種信念，更是一種生活信念；而「綠」不僅僅是一種耕作方式，更是一種生活方式。

他認為無論是推動有機還是友善農業，這些以「綠色」為號召的耕作方式，都必須以「善」為出發點，發自內心來友善環境，以及在這片土地上的人們，避免將「有機」或「友善」當作商品來炒作，只有將「善」與「綠」結合，善盡社會責任，才能翻轉現在農村的困境。也就是他為何連續以「善的循環」為名義招募「穀東」，透過穀東以每「穀」2500 元購買水頭村產銷班的有機米、有機農場丙的養生糙米麩與成長家園附屬農場的手工皂，送鞋到新竹縣尖石鄉方濟幼兒園、聖心幼稚園與大陸地區山西鄉寧縣官王廟鄉北村小學。

這種以有機來實踐善念的方式更落實在他近幾年持續推動的手心翻轉計畫上。這個計畫一開始就是輔導成長家園〔註13〕在水頭村成立的農場，而「手心翻轉」的概念，來自於 2010 年有機農場丙為成長家園那些特別的孩子規劃播種的體驗活動。因為看似簡單的播種動作對這群孩子卻是相當困難，只好請新竹市北區扶輪社的青年服務團來協助這群孩子。那時候這些孩子並不會播種，但也不能由青年服務團直接幫他們播種，於是就決定協助他們自己播種，把種子放在他們的手心上，再由他們自己完成翻轉的動作，讓種子落進泥土

〔註13〕成長家園附屬於天主教療養院，而這個天主教療養院是在 1990 年配合政府對於重殘養護機構的需求所創辦的，是臺灣第一所重殘養護機構。在養護的過程裡發現有些孩子是可以被教育的，但當時的環境只能求溫飽而已，之後隨著時代背景的轉變，療養院院長希望還有繼續教育這些孩子的機會，於是創辦成長家園，以小型社區的空間規劃來為這些孩子營造家庭式的居住環境，在這樣的規劃之下，服務對象以 29 名為上限，現在就收容 29 名孩子，其中有 20 名住宿，剩下日托的有 9 名，年齡大部分介在 18 到 30 歲之間，只有一位之前轉過來的，現在是 60 歲，這些孩子有 43%是中度身障程度的，剩下的57%是重度及極重度的身障程度。

裡。在這同時這些孩子的臉上立刻浮現驚喜，有一種「我也可以做到」的成就感。而手心翻轉的這個動作就象徵著他們從接受贈與和協助，到有能力獨立作業，甚至於還能夠協助其他需要幫助的人，也就是從被關懷者變成關懷者的轉變過程。

另外，當他們走進田間，原本擔心害怕的模樣漸漸露出笑容在田裡開心地玩耍著，那種親近自然、親近生命的療育作用，不言而喻。因此邱禮仁規劃出以園藝療育智能障礙者的情緒，同時也能複製有機農場丙的營運經驗來成立希望農場的手心翻轉計畫，希望培養這群特別的孩子自力更生的技能，能夠慢慢融入這個社會之中。

於是在 2014 年由有機農場丙與成長家園合作在今自然農法俱樂部旁租用土地成立附屬農場，進行五年的手心翻轉計畫。這段期間由邱禮仁一邊訓練師生有機農事技能和商業管理知識，一邊募款與找地，以及籌措溫室與相關設備。後於 2015 年在各方的支援之下，並且透過新竹矽谷扶輪社申請扶輪社全球獎助金計畫，募得新臺幣 165 萬元，資助成長家園的手心翻轉計畫，協助附屬農場建置 6 座溫室，以及灑水棚架與管線、蔬菜預冷、農產包裝與育苗室等設備。

而邱禮仁也陸續在兩岸持續推動手心翻轉計畫，分別有桃園市龍潭區美好基金會，以及在大陸的四川省邛崍市高何鎮特殊教育手心翻轉計畫和山西省臨汾市鄉寧縣雲丘山的精準扶貧手心翻轉計畫，這也就是去年一整年他待在有機農場丙的時間不到全年的三分之一的原因。

而這類型的農場經營最初的發展是新竹縣湖口鄉的一位村長無償提供土地與三合院給天主教療養院使用，當時院長就利用那裡成立農場來為孩子進行園藝治療。跟老師與教保員討論，協請三、四個老師採取輪班的方式與部分孩子直接住在那裡，這些田間的園藝種植對於孩子有療育的意外效果。

例如有僵直性脊椎炎的與有情緒障礙的情形都有明顯改善，甚至於需要精神藥物治療的孩子在經過醫生的評估之後也不再用藥。那時候只是單純做療育而已，並不追求產量與銷售，只是仍有香草與蔬菜的產出，香草用來做手工皂義賣，蔬菜除了自己食用外，還會提供給隱修院的修女與神父，盛產期過多的蔬菜就會到同是教會的天主堂義賣。

這樣情形一直延續到成長家園成立之後，邱禮仁在知道這些孩子有在之前農場務農的經驗，於是邀請他們來到有機農場丙體驗播種的活動，接著有機

農場丙第一年的「吃好米，做好事，送好鞋」活動也有送鞋到成長家園來。那時候何主任〔註14〕剛接任成長家園主任一職，知道邱禮仁是經營有機農園的，於是前往拜訪邱禮仁，向邱禮仁說明當時經營成長家園經營農場的想法，以及目前所遭遇到的困境。

由於之前農場那邊原本就是軍事用地，在不久將會被軍方收回，以及孩子往返的安全問題。再加上成長家園屬於小型機構，人事成本非常高，原生家庭的經濟條件不佳，而且以孩子來經營農場的成本又比起一般農場來得高，成長家園必須利用募款補足。因此，在與邱禮仁討論過後，就在水頭村先跟邱禮仁租地，再複製有機農場丙的經營模式，成立附屬農場，也一起共同討論手心翻轉計畫，認為不能讓孩子一直接受別人的幫助，這樣他們將會失去生命的價值，即使有那一點點的作為，也要給他們支持，讓他們過得更快樂更有尊嚴。

希望可以在種菜之外，透過行銷還有一些額外的收入，可以補足農場運作的支出。進而將手心翻轉的概念從農場延伸到孩子的教育上，強調手心翻轉不只是外在的翻轉，更是整個內心的翻轉。也試著讓他們透過班會的討論利用自己的獎勵金買鞋送鞋給其他需要的人，真正地從原本受贈者轉變為贈與者，對於他們的內心幫助很大。

後來由於要透過新竹矽谷扶輪社申請扶輪社全球獎助金計畫，而報導人邱禮仁本身就是新竹矽谷扶輪社的會員，為了利益迴避，成長家園在邱禮仁的介紹之下轉而向水頭村其他地主承租田地。接著在 2017 年為補足之前農場被收回之後，所造成產量上的損失，再向原本地主的哥哥承租附屬農場旁邊二分多的田地來進行耕種，以及之後農事體驗活動的場地。

在認養人的招募上，成長家園評估需要 100-120 位的認養人才能達到收支上的平衡。雖然說整體運作還是複製有機農場丙的模式，但是實際在配送上卻有一個很大的問題，就是有機農場丙配送的地點是以社區與學校為主，而成長家園的認養人卻是一家一戶分散的，這樣的情形造成他們必須挨家挨戶去配送，每個同仁往往都要送到下午三、四點，所以後來對於配送的範圍就有特別限定，避免距離過遠造成人事成本與油錢的增加。現在認養人的數量大概在 65-70 位之間，再加上配送到媽媽魚安心超市，以及週四固定到工研院義賣，這樣的銷售量才能到達可以正常營運的目標，每年大概能有 100 萬元的營業額。

---

〔註14〕為成長家園的主任。

但是在 2018 年三月中旬就不再配送到媽媽魚安心超市，之前會將蔬菜配送到媽媽魚安心超市，主要是媽媽魚安心超市想要透過跟成長家園的合作，一方面協助成長家園的行銷，一方面也可以提升媽媽魚安心超市的形象。但是由於成長家園在申請有機驗證的過程裡，受到相關法規的限制，即接受有機驗證的對象必須是農民，一般社福機構是無法驗證的，依照現行法規是無法接受設立農場來照顧孩子的模式來進行登記，除非修改章程將成長家園登記為有機農場，所以成長家園一直無法取得有機認證，只能暫時以無毒蔬菜的名義來進行銷售，到最後則是採取以個人名義登記，旁邊再標註成長家園的形式來申請認證。

再加上媽媽魚安心超市在有機蔬菜經營上轉變的影響，原本媽媽魚安心超市有機蔬菜的供應來源有自家的有機農場與成長家園，兩者都使用媽媽魚安心超市的包裝，並且接受媽媽魚安心超市的檢驗，但是成長家園在銷售量上比起媽媽魚安心超市自家農場的有機蔬菜較少，何主任認為這樣差別可能是成長家園尚未取得有機驗證所造成的。

之後由於成本上的考量，媽媽魚安心超市結束自家農場的營運，改引進兩家有機農場的蔬菜，並且要求成長家園改回自己的包裝，這樣的轉變造成成長家園標榜無毒蔬菜的銷量每下愈況，媽媽魚安心超市認為雖然在包裝上有特別標註是一群身心障礙的孩子所耕種的，但可能還是成長家園的知名度不夠，因此從 2018 年初以來蔬菜常常滯銷，後來就停止配送到媽媽魚安心超市，預計取得有機認證後才再重新上架。

由此可知，成長家園在經營上依然有通路不足的問題，雖然成長家園積極地從社區與學校尋找更多的認養人，但是認養數量的增加還是有限。其中發現蔬菜的認養在竹東鎮較不容易推動，因為在地居民多半自己有種菜，而且目前園區公司與學校單位大部分不是小家庭，就是不開伙以外食為主的家庭，每週認養的蔬菜數量對他們的負擔太大，常常吃不完，覺得有點浪費。

就此成長家園除持續推動蔬菜認養之外，也針對一些認同成長家園理念的外食族，推出慢飛天使的捐款活動。雖然一開始推動手心翻轉計畫的時候，邱禮仁對於捐款比較不能接受，認為認養蔬菜才是真正認同這群孩子，讓他們更有尊嚴的過生活，但是為了成長家園可以收支平衡永續經營下去，現在則是採取捐款與認養雙軌並行的方式來補收入之不足。另外，成長家園為了提高農產品價格與延長保存期限，開始往農產品加工這一方面發展，如香草、

辣椒與洛神加工製作成手工皂、辣椒醬與蜜餞，而且透過規劃食農教育、生命教育與體驗活動，希望透過收費來挹注自身的經費。

成長家園附屬農場成為手心翻轉計畫推動的第一個農場，就整體而言算是相當成功的。姑且不談成長家園作為社福機構本身過高的人事成本，身心翻轉計畫除了為成長家園提供穩定的收入外，也提供孩子從內心翻轉獲得尊嚴的管道，更為成長家園帶來了許多曝光的機會。只是透過相關媒體的報導，卻也造成一般大眾與認養人的誤解，認為成長家園透過身心翻轉計畫已經成功從接受捐助者翻轉，不再需要認養與捐款，導致原本的認養與捐款流失，使得成長家園在經營上發生困難，需要重新尋求另外的認養與捐款才能持續經營下去，這是始料未及的。

## 五、小結與討論

這些現在以溫室設施為主的有機農場，除了主要種植蔬菜，與之前有機米產銷班不同的是，這些農場大多不是在地居民所創立，其中與在地居民關係最密切的，只有水頭村女婿的邱禮仁，但他也常被視為外人。其他兩間農場都是外來農民或單位向在地居民租地來耕種所創立，創立的時間除了有機農場乙較久以外，有機農場丙與成長家園附屬農場大概都在十年之內而已。

其中這三間農場的發展與通路也都不盡相同，有機農場乙是從生產型農場開始，也有開放溫室採菜這樣的觀光體驗活動，並以盤商批發為主要的銷售通路。到後來卻完全單純以生產為主，放棄原本盤商批發的銷售通路，強調自產自銷回歸到傳統市場銷售。

而有機農場丙則是一間多功能的休閒、體驗、教學示範型農場。除了建立供需平衡的會員制，為農場維持穩定的基本收入外，以「六級產業化」的多元經營，舉辦各種食農教育、環保教育、有機農業的推廣與培訓，以及觀光休閒等活動。並且推動「偏鄉送好鞋」與手心翻轉計畫等慈善活動，為農園創造更多的利潤，也讓會員有機會透過這些活動對有機農場丙有更進一步的認識，藉以凝聚會員的向心力來穩定農場對外的銷售通路。

最後成立的成長家園附屬農場則是以「照顧與培養孩子自立」的理念為發想的，透過手心翻轉計畫的捐助建立農場的基礎規模，經營模式也與有機農場丙相似。只是在銷售上多依賴認養制度，也需要捐款來補足其運作上的較高的成本支出。如孩子需要專人的陪伴與指導，負擔較高的人事成本，以及這些孩

子在操作上並不像一般人，必須負擔較多的資材費用。在設立農場的理念，以及種種條件的限制之下，無法也不能以營利的目的來經營農場，只能希望在幫助孩子成長的同時，孩子也能透過農場來幫助自己與永續成長家園的發展。

有別於水頭村最初規模化的有機蔬菜種植，現在這些農場的發展趨勢大多走向家庭農場的模式。如有機農場乙從一開始透過資本的累積慢慢擴大，但後來在其生產壓力不大的情況之下，為了避免不必要的通路風險，夫妻倆回到傳統市場直接面對消費者，透過自產自銷來維持農場的經營。與有機農場乙不同，有機農場丙自始自終都是選擇以家庭為核心的小農經濟，認為這種小而美的規模所需要的產銷支持較容易獲得滿足。再加上个斷推動各種體驗與推廣活動，以及慈善活動，除了能增加有機農場丙的知名度，讓會員可以透過這些活動瞭解有機農場丙外，也能獲得生產以外的額外收入。

與前面兩間農場最大的不同是成長家園附屬農場本身就是一個社會福利機構，雖然它收容的孩子不多，也是以家庭社區的概念來規劃與運作。但是基於鼓勵這些孩子實際參與農作，讓他們可以接觸大自然，在身心方面獲得改善與進步的理由，而非汲汲於營利的目的，因此就無法以利潤最大化作為唯一的考量，並且要負擔較重的人事成本。再加上與消費者之間僅存在一種類似認養捐款的會員關係，變動起伏相對比較大，農場的經營相較之下就困難許多了。

總之，這些農場由於大多生產新鮮的有機蔬菜，除了搭建溫室設施來種植，避免這些蔬菜受到天候的侵害，維持穩定的產量外，對於銷售通路的依賴程度頗高，大多採用自產自銷的銷售模式，捨棄與盤商合作批發，追求穩定的通路。如每日傳統市場與顧客面對面的銷售，以及社區支持型農場的會員制與認養制，極力達到產銷之間的平衡。

# 第六章 自然小農的在地生根

我們想找一群人，種很多塊田。你（妳）願意成為其中的一員嗎？

自然農法俱樂部生產者培訓第三期招生簡章

## 一、從偶遇開始

　　這是設址於水頭村的自然農法俱樂部的招生簡章裡的一段話。自然農法俱樂部的秀明自然農法園區是寶二水庫引水道兩旁不同於稻田與溫室的另一番地景，它的成立來自於一個企業家與自然小農的偶遇，即科技公司創辦人王董〔註1〕與秀明自然農法農夫阿榮〔註2〕接連兩次在大屯溪自然農法教育農莊（現為幸福農莊），以及 2011 年在總統府前凱達格蘭大道上訴求土地正義的遊行時的偶遇。

　　王董當時認為臺灣目前的土地政策對於有心務農又沒有農地的人非常不合理，現行的土地政策造成務農所需要的土地成本太高，務農的收入根本無法維生，最後將會導致臺灣農業走上末路，因此想要提供一些資源給有心務農的年輕一代，如師資、農地與宿舍等，降低務農的門檻。這時剛好遇到阿榮，覺得阿榮是一個相當有理念的青農，認為值得贊助阿榮來推廣秀明自然農法，希望經由阿榮的號召鼓勵青年返鄉務農。

---

〔註1〕為臺灣某知名科技公司的創辦人暨董事、以及該科技公司教育基金會的董事，為長期贊助自然農法俱樂部成立基金會。他認為有農機具與現代科技的協助，務農應該是比以前來得容易，但卻發現現行的土地政策造成務農所需要的土地成本太高，務農的收入根本無法維生，最後將會導致臺灣農業走上末路，因此想要提供一些資源給有心務農的年輕一代，降低務農的門檻。

〔註2〕從服務業轉農，為自然農法俱樂部技術總監。

　　王董現在居住在新北市，老家則是在彰化，父親那一代務農，小時候協助農事，也養過牛，回憶起那時候務農的經驗，認為是相當辛苦的，即使冬天寒流來時，還要在田裡摘豌豆，但他最喜歡中間休息的時間，直接躺在田地上，四周都是稻田，在田中央看著雲朵飄過，對他來講那是一段非常幸福的時光。他認為現在務農有農機具，以及天氣預報的協助，應該會比以前好許多，不一定還要使用那些化學資材。

　　而阿榮原本是在臺北市從事廣告業，在 2007 年在大屯溪自然農法教育農莊開始接觸秀明自然農法之後，便辭去工作全心務農。2009 年在新竹縣租下三分地耕作，也開始四處演講推廣秀明自然農法，並且成立社團指導想要耕種的家庭，鼓勵父母可以利用假日課餘時間帶著孩子來田裡玩耍，親近大自然，了解食物來自於大地的概念。

　　自然農法俱樂部成立的開始是有人介紹田地給阿榮耕種，阿榮覺得人手不足，於是在網路上張貼一則「我想找一個人，種一塊田。」的徵人啟事。本來只要兩個，但是卻來了六個，阿榮心想既然這麼多人有心務農，就利用王董給他的贊助來支持這些人下鄉務農。於是開始釋放訊息找地，水頭村田園餐廳的盧老闆透過臉書聯繫阿榮，說可以協助他們在水頭村租地，後來經過阿榮與其他學員的討論，認為水頭村的自然環境適合務農，於是在水頭村以當時休耕補助一分地一年 9000 元的租金租下兩分多的田地，作為秀明自然農法生產者的培訓基地，後來就命名為「自然農法俱樂部」。

　　就如同草創時期所建置的自然農法俱樂部專屬網站裡所提到的：

　　　　源於日本的秀明自然農法，承續自岡田茂吉先生在 1935 年所倡導的無肥料栽培。經過六十年後，陳惠雯老師及黎旭瀛醫師將秀明自然農法引進臺灣，於淡水成立大屯溪自然農法教育農莊廣為宣傳，從此秀明自然農法開始在臺灣各處落地生根。其中一顆種子報導人阿榮來到新竹耕作及推廣，經過六年的紮根，慢慢理解臺灣農業的困境以及現代物慾文明的危機。在無農藥、無肥料精神的啟發下，體會到分享與合作才能創造改變，在王董的贊助、及田園餐廳盧老闆的協助下，從 2012 年 5 月開始招募夥伴，於竹東水頭村成立了自然農法俱樂部，希望能創造一個成功的農業模式，逐步影響頭前溪流域上下游的水果、水稻、蔬菜生產，讓在地的消費者不僅能夠獲得自然的飲食，也能重建一個純淨的故鄉。

其中強調「以秀明自然農法的精神，創造人類與萬物世代共享的豐饒淨土。」
的理念，並遵循以下的宗旨：

    1.從消費者教育開始，營造友善小農的環境。

    2.招募與培訓生產者，落實團隊化的專業生產與分工。

    3.整合生產與消費的力量，實現社區支持型農業。

    4.結合在地資源，共創富有在地農業特色的產業與文化。

    5.交流分享經驗，協助各區域發展秀明自然農法。

　　而「自然農法俱樂部」這個名稱的出現則是在 2012 年底，學員們在報導人阿榮擔任技術總監的帶領之下，每個學員均分這兩分的出地來耕作生產，開始有產量以後，試著在阿榮推廣秀明自然農法課程的課堂上去銷售。這時候為了未來的銷售，所有人都認為這個培訓基地應該有個對外的名稱，後來阿榮就提出「自然農法俱樂部」這個名稱，在大家的同意下一直沿用到現在。成員們希望秀明自然農法從這裡開始向外推廣，聚集很多秀明自然農法的小農，而「俱樂部」一詞的使用還有另外一層的意思，就是希望這裡的小農能有多樣化的發展，進而享受農耕的樂趣。

　　在自然農法俱樂部正式成立之後，王董為長期資助自然農法俱樂部成立了基金會，於 2013 年 1 月 28 日在教育部青年發展署登記立案，而立案註明業務內容如下：

    1.舉辦青年壯遊活動，協助青年自我探索。

    2.推廣自然農法，鼓勵青年參與實作。

    3.促進青年關心公共議題、積極參與公共事務。

    4.倡導社會企業理念，協助青年開創社會企業。

    5.宗旨任務相關活動之影音紀錄及出版。

　　希望透過成立基金會讓阿榮與這些學員們心裡可以比較安定，不用擔心往後的資助，王董跟他們說只要這裡還有一個人願意繼續務農，基金會就會繼續資助的。基本上王董願意資助的對象是青年與農民，至於優先選擇秀明自然農法做為其資助的對象，主要是他想要強調人和環境之間的和諧，認同岡田茂吉這種不使用農藥也不使用肥料的自然農法，但他本身並不是神慈秀明會的信徒。他認為以秀明自然農法來務農維生是相當嚴苛的，特別是在一開始的時候，所以資助的對象是不限於只用秀明自然農法的，他強調如果能以秀明自然農法維生的話，再以其他自然農法來務農維生就易如反掌了。

　　基金會對於俱樂部的資助內容包括培訓課程所需的講師費、相關耕種計畫的補助、購入農機具提供學員們使用、提供田地或地租，與提供宿舍或房租。除了在水頭村租屋外，王董還在竹東鎮購入兩間公寓分別作為男女學員的宿舍，以及全額補助每年參訪國內同樣實行秀明自然農法的農場，甚至於還有部分補助到日本秀明自然農法的聖地──黃島的海外參訪。

　　但是王董對於俱樂部的運作採取完全開放的態度，把俱樂部發展的方向交給技術總監阿榮與 2014 年底擔任基金會行政總監的阿美〔註3〕來規劃，王董自己笑著說他也是自然農法管理，這樣才是自然農法俱樂部。希望他們從這種自主的環境中去成長，認為這是一種甜蜜的負擔，並用「被蟲叮咬過，但沒爛掉的水果必定是有滋味又好吃的水果」來比喻。這樣態度也影響王董與學員之間不熱絡的互動上，也造成歷屆學員對於王董比較陌生，王董深怕過多的互動會影響到阿榮的想法。

　　因此，王董跟阿榮與阿美兩人會面的時間就從以前比較頻繁的一個月一次到現在半年一次，俱樂部大部分的發展與運作就由俱樂部的技術總監阿榮與基金會的行政總監阿美全權負責，再定期向王董報告。他們三人形成支撐自然農法俱樂部的技術─行政─資金的鐵三角。

## 二、在地生根

　　在阿榮所招募的六位學員裡，其中包括現在擔任基金會行政總監阿美，以及唯一在水頭村購地耕作的阿好〔註4〕與還在水頭村租地種植薑黃的阿松〔註5〕。在預計兩年的培訓裡，一開始由阿榮指導農耕技術，所有學員在二分的田地上劃分出各自的耕地來種植蔬菜，除週一摘菜與理菜、週二早上輪流送菜與晚上開會、週三共同工作日、週五試吃之外，工作時間可以自行調配，每天幾乎都是上午七點下田耕作，遇假日還得輪流排班照顧。

　　成立半年之後有較為穩定的產出，才開始建立會員制來配送蔬菜。配合這樣的分產共銷，也建立一套會計系統，記錄統計每個學員的產量與銷量，公開彼此的收入，用以相互觀摩。而且當時除了在田地耕作與送貨之外，還要建置網站，並發行電子報，也就是後來俱樂部臉書上〈節氣報報〉的固定貼文，以及經營讀書會等。

---

〔註3〕從工轉農，自然農法俱樂部第一期成員與獨立農場 f 的農場主。
〔註4〕從商轉農，自然農法俱樂部第一期成員與獨立農場 c 的農場主。
〔註5〕從服務業轉農，自然農法俱樂部第一期成員。

在這段期間也陸續向陳姓地主的親屬承租與原來耕地比鄰約四分多的田地，以及隔寶二水庫引水道相對兩分多的共同水稻田，擴大了耕作的面積。在2013與2014這兩年租地的情形比較困難，除了陳姓家族以外，較少其他在地地主願意將田地出租給他們耕作。但最近一、兩年來卻有不少地主主動釋出訊息願意將田地出租給他們，甚至於是無償提供給他們耕作。

這樣的發展可能跟近年來政府不斷下調休耕補助有關，由原本一年一分地兩季的9000元，轉變為一年鼓勵一季耕作一季休耕的4500元，甚至於開始研議取消休耕補助，而此時俱樂部還是以一年一分地9000元的租金價格來承租田地，對於無力耕作的老農而言，是相當具有吸引力的。

而阿美認為除了高價地租吸引地主出租田地給他們外，他們應該已經獲得地主的認同，特別是當阿好在水頭村購地之後，許多在地地主與居民都知道他們並非只是玩票性質，而是有心耕作的，到現在俱樂部已經承租約兩甲多的田地，其中也包含阿好自費購入的，以及阿美以私人名義承租的田地。

而此時學員陸續有人退出也有人加入，新招募的學員有一些是跟最初學員一樣是兩年期，但是後來在2014年3月以後改為招募一年期的學員，持續到現在。開始招募新學員的原因主要是為符合當時成立基金會的其中一項宗旨「推廣自然農法」，並且補足退出的人力來維持穩定的銷售。而從兩年一期改為一年一期的原因，原本設定兩年是認為務農需要更多的時間來培訓，一年的時間不夠，但是後來發現這個門檻過高，招生不易，因此調整為一年一期，如果時間不夠的話，再向基金會申請展延，以三年為限。

第一批學員在兩年到期的時候，大部分選擇離開，這些離開的學員大多認為以目前秀明自然農法在臺灣，甚至於在水頭村的發展，是無法以農維生，不論在產量上，還是在通路上，都是如此。如同也是第一批學員的阿美所說的，當時他們為了滿足會員制，除了在生產上有產量的壓力外，還有面對會員挑剔與打交道的壓力，而且當時分產共銷的模式，有時還必須依據會員需求在生產上做出調整與讓步。再加上每位學員都來自四面八方，在務農這條路上各自承受大大小小彼此不同的壓力，等到這些壓力到達極限無法承受的時候，自然會讓小小的摩擦加劇成為衝突，由於後期學員之間的衝突不斷，進而也給了他們離開俱樂部的理由。

這樣的衝突明顯反映在阿松與阿榮之間對於實際務農在觀念上的不同。阿榮一如初衷地強調土地正義，並且積極參與各種公共議題的討論，甚至於抗

爭，如加入苗栗大埔事件的抗爭，但是阿松則是認為務農還是要將大部分時間花在農田上，行有餘力才去參與這些公共議題的討論。

後來阿松留在水頭村自行耕作時，原本想要自付租金續住宿舍時，就被俱樂部以觀念不正確，怕影響其他後進學員為由加以拒絕。以及學員之間常以產量多寡來評斷從事農作的努力程度，進而引發一些不必要的紛爭。

這一批學員最後只剩下阿美一人，俱樂部也於 2014 年 9 月招募第二期學員。到年底由於王董無法兼顧基金會與俱樂部的相關事務，於是出資聘請阿美擔任基金會行政總監，代表基金會統籌處理水頭村這邊的所有事務。

從第二期學員的招募開始，俱樂部就採取每年一月與七月兩期的招募，一直到 2017 年 7 月為止所招募的期數與招募人數如表 6-1：

表 6-1　自然農法俱樂部各期期數的年代時間與人數一覽表

| 期　　數 | 年代時間 | 人　　數 |
|---|---|---|
| 第一期 | 2012.08 | 3 男 3 女 |
| | 2013.03 | 2 男 1 女 |
| | 2013.09 | 2 男 1 女 |
| | 2014.03 | 1 男 |
| 第二期 | 2014.09 | 2 男 2 女 |
| 第三期 | 2015.01 | 4 男 1 女 |
| 第四期 | 2015.07 | 4 男 2 女 |
| 第五期 | 2016.01 | 2 男 2 女 |
| 第六期 | 2016.07 | 5 男 2 女 |
| 第七期 | 2017.01 | 2 男 2 女 |
| 第八期 | 2017.07 | 2 男 2 女 |

資料來源：自然農法俱樂部行政總監報導人阿美提供

2018 年因為重新擬定俱樂部培訓方向與內容細節，決定停招一次。現今皆由阿美負責學員招募的事宜，包含招生簡章的擬定，以及學員的面談。一開始對於學員的篩選，她比較傾向推廣的態度，想要給有心務農的人機會，即使報名的人面對以務農維生的生活仍然猶豫不決，不是那麼明確，抱著嘗試的態度，她認為只要不是單純想要自給自足的，以及種有機給自己吃的，她都會給他們一個機會。

　　只是這幾年來她發現招募進來的學員很少是有決心全心投入的，反而是有一種依賴基金會補助逃離自己原本的工作與生活的避世態度，遲遲無法成功建立自己的生產與銷售，甚至於與其他成員發生糾紛，造成俱樂部運作上的困擾。為避免浪費資源，以及破壞原有團隊的氣氛，她的招生態度轉為寧缺勿濫，盡量不收只想逃避現實，不是真心想以務農維生的人。

　　在這五年期間培訓的方式與內容也不斷修正與調節，整體上都有為期一個月的試用期，在試用期裡原則上都是週一到週六每天由專人指導基本的農機具操作，以及帶領參與農事。前一到三期主要是由技術總監阿榮指導，第四期以後由小華〔註6〕指導。

　　通過試用期有心留下來務農者就成為學員或實習生，接下來為共同學習階段，學習課程有由阿榮授課的秀明自然農法一階與二階課程和水稻耕作課程、基本農機具操作與使用、基礎種植技能、田間管理與田間觀察，以及戶外教學實習與參訪。另外，除了共同學習外，每位學員視意願還可以擁有約 30 坪的自主種植區域，並且接受每週一次阿榮的田間觀察與指導。

　　而基金會為減輕初期農作的經濟負擔，並且協助畢業學員可以在三年內漸進式的獨立自主，所以基金會在三年內持續提供學員土地、宿舍、公用資材與參訪補助。因此在培訓結束前兩個月，學員若有心繼續留在水頭村務農維生的話，可以提出包含種植規劃、成本分析、預期產量收入與銷售規劃的農業生產計畫向基金會申請三年的展延，經過技術總監阿榮田間觀察，以及行政總監阿美的計畫審核，最後報請王董共同討論來決定是否通過展延三年的申請。每季生產結束後學員須提出檢討報告與阿榮檢討改進，而且每年最後一個月須總結當年種植結果報告，並提出下個年度的修正改進方案，經審核評估後，才能持續獲得基金會全額的補助。

　　回顧這五年來的培訓課程，俱樂部在培訓自然農法生產者以農維生的目的上，曾有幾次較為重大的變革。如阿榮將重心轉回到他原本在芎林經營的農場，一開始為推動俱樂部的成立與運作，阿榮在竹東鎮上租屋居住以方便指導學員，以及與學員共同照顧管理水頭村的田地，造成他較疏於照顧原本的田地，引發那邊地主的不悅，他認為那個地點接近傳統市場，作為據點會有助於往後的銷售。再加上地主對他長期以來的支持，他不想讓地主失望，於是搬回芎林，之後就開始每週過來水頭村田間觀察。

〔註6〕自然農法俱樂部第三期成員與獨立農場 a 的農場主。

　　這樣的模式持續了一段時間，阿榮認為第一期的狀況最成熟，在生產上是有邁向經濟自立的可能性，只是二年一到部分學員離開之後，無法穩定供應蔬菜，會員配送的制度就不得不取消了，改以集貨站的方式來銷售，透過臉書銷售每季生產的作物，配送到固定的集貨站，如竹北綠禾塘與保險本舖、新竹市滋養小舖與 bigreeny 料理，讓顧客自行取貨，即生產什麼賣什麼。

　　阿榮認為後來的學員在會員制取消之後，缺乏生產壓力，感覺在農事上較為散漫。有時候阿榮會有一種錯覺，就是基金會提供宿舍讓學員們過著與世無爭的生活，強調這樣有違基金會資助的初衷，而且浪費基金會提供的資源。於是他利用每週的田間觀察在生產上對他們施加壓力，但是這樣容易造成與學員在相處上的氣氛不佳，他也自認由於無法固定留駐水頭村觀察學員實際的操作，僅憑種植結果來判斷似乎也不夠公正。

　　再加上他發現這樣的模式摸索期過長，無法培訓出真正以農維生的學員，因此就開始調整指導學員的方式，改由在水頭村展延的資深學員來帶領資淺的學員。這樣可以一方面使資淺學員可以學習到在地的農事知識與技術，另一面又能使資深學員在無農藥無肥料這種高人力需求的種植裡，透過互助獲得需要的人力，認為這是一舉兩得的作法。

　　接著就由曾在日本與澳洲的農場打工換宿，且農事技術與經驗豐富的第三期學員小華擔任助教來指導新進的學員。那時候剛好有一位地主主動釋出三分多的田地，詢問俱樂部有無意願承租，於是就由俱樂部承租下來供給小華成立農場帶領新進學員，統一管理與分配田地，以及所有農事安排，也開始引入農耕機具耕種，希望新進學員可以透過貼身學習加速達成以農維生的目標，此時俱樂部開始進入獨立農場時期。

　　後來獲得展延的學員皆需要成立農場，朝著獨立自主的經營發展，到目前有小華的獨立農場 a、小蘭〔註7〕的獨立農場 b、阿好〔註8〕的獨立農場 c、小梅〔註9〕的獨立農場 d、小玲〔註10〕的獨立農場 e 與阿美的獨立農場 f 等。

　　這樣的作法只持續一屆而已，因為阿榮認為小華在某些方面不適合帶領新進學員。再加上成立獨立農場以後，各個獨立農場都有人力需求，而且也可以讓學員參與不同農場的經營與運作。於是再調整為先由小華負責指導基礎

〔註7〕　自然農法俱樂部第五期成員與獨立農場 b 的農場主。
〔註8〕　從商轉農，自然農法俱樂部第一期成員與獨立農場 c 的農場主。
〔註9〕　從服務業轉農，自然農法俱樂部第三期成員與獨立農場 d 的農場主。
〔註10〕自然農法俱樂部第六期成員與獨立農場 e 的農場主。

農事課程與農機具的使用，實際操作則是到各個獨立農場去見習，工作時間與內容由農場主人決定並與學員協調，讓學員可以依據自身的興趣與需求去學習與種植。

　　獨立農場成立之後，阿美與阿榮原本希望資深學員所建立的獨立農場可以成為成功的案例來鼓勵後進的學員。他們認為如果沒有一個成功的小農是真正以農維生的話，是無法去說服別人以秀明自然農法來務農的，可是後來發現每個小農都有自己的想法，這是他們所無法掌握的。再加上他們沒有在水頭村長期落腳的打算，感覺可能隨時都會走，想法跟阿美與阿榮不同，所以不太容易建立以秀明農法米耕種維生的經營模式。

圖 6-1　自然農法俱樂部田地分布圖

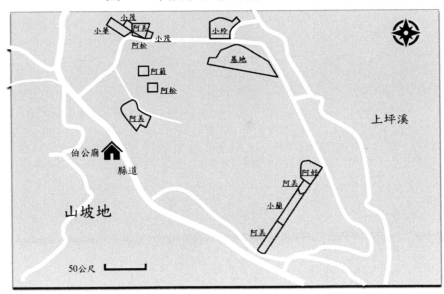

資料來源：田野調查（2017-2018）

　　於是在 2017 年底就決議在水頭村這邊由阿美也成立一個獨立農場來主導水頭村這邊的運作，並且由她全權負責一切的發展，以及阿榮在原本那邊的農場，兩邊全力投入生產，期望能有穩定的收入，作為成功的案例。也試著讓兩邊可以有一些良性的互動與刺激，希望水頭村的學員們可以好好珍惜基金會所提供的資源來專心務農。到目前為止這樣的發展就是現在俱樂部發展的主要方向，將水頭村規劃成為主要的生產基地，而原本那邊的農場由於位於頭前溪下游，深怕水質不佳會影響農作物的品質，可以規劃為教育推廣的基地，並成為俱樂部的通路之一。

　　這些年俱樂部的運作與轉變大都是由阿榮、阿美與王董三人會談過後作出決策，基本上所有俱樂部與基金會的相關事務都由阿美一人獨力負責處理，包含招募成員的面談、農機具的採購、宿舍的管理、跟地主之間田地的租賃，以及其他各項經費的支出等等。再加上為建構一個以農維生的成功農場，阿美開始在水頭村努力經營自己的獨立農場 f，甚至於再以私人名義租下約七分的田地，大量種植紅蘿蔔與萵苣來供應正在進行葛森療法的癌症病患（多被稱之為葛友〔註11〕）。

　　然而在這種決策過程不夠公開的情況之下，舊有學員往往都是被動被告知制度的調整。因為未能參與制度調整的討論，所以對於這些制度的調整產生部分的質疑，特別是在阿美將重心移回自身農場之後，部分學員憂慮會有公私不分的情形出現，甚至於也有學員認為阿美是既得利益者。

　　於是就有一些不滿的情緒與質疑開始浮上檯面。例如當阿美在 line 群組裡公告從今年一月份開始，原本每月都會公告各農場透過共同平台銷售的收入細目，改為不公開公告，造成群組內部一片譁然，也引發資深成員與阿美的先生之間的筆戰。而部分資深學員則認為此舉已經破壞俱樂部自創立以來的制度，失去讓成員了解彼此耕作的成果，並且相互交流學習的機會。阿美的先生則回應不公開的原因是避免大家的誤會，而且他們兩夫妻是真心想靠務農維生的，他也規劃未來會辭去工作專心務農，阿美則是回應她只是單純很著急想要穩定提供紅蘿蔔與萵苣給葛友而已。到此部分資深學員認為不管供貨給葛友是否可以提供小農或獨立農場穩定的收入，但至少也會讓基金會對於俱樂部的資助更顯得很有意義。

　　另外，部分學員也開始質疑基金會只資助全職農夫的規定，俱樂部學員不能是半農半 X〔註12〕，只是阿榮除了務農以外，還有演講與授課的其他收入。而阿美除了先生還在工作外，她也是基金會的員工，支領基金會的薪水，讓人覺得是一種制度兩種標準。在這些的疑慮之下，部分資深成員逐漸對基金會感到灰心，離最初想要恢復傳統農村換工互助的耕作模式越來越遠，一起共同努

〔註11〕葛友指的是以葛森療法來治療癌症的病患。依據報導人阿美的描述：「這些以葛森療法來治療癌症的病患必須持續不間斷飲用由新鮮的紅蘿蔔與萵苣所打成的綠色蔬菜汁，才能得到葛森療法預期的療效，所以這些葛友就到處尋找可以全年長期供應新鮮的紅蘿蔔與萵苣的農友或農場。」（田野筆記，121 頁。）。

〔註12〕「半農半 X」用以指稱除務農之外，還農外的收入的農民，也就是所謂「兼業農」或「兼職農夫」。

力的目標幾乎快要消失了，直言不願再介入俱樂部的運作。也有部分資深學員選擇離開，另外尋找田地或加入其他小農團體繼續務農。

## 三、效法自然

　　進入水頭村以後，看到一棟棟溫室，跟一間寫著「水頭村有機米」的高大倉庫。另外最引人注意的莫過於一大片看似雜草叢生的田地，旁邊還豎立著標示「自然農法俱樂部—秀明自然農法園區」的招牌，呼應著俱樂部當初設立的理念與宗旨，俱樂部就是由基金會贊助之生產者培訓團體，在農作上完全遵循秀明自然農法實施綱要〔註13〕來操作。一開始就明確將秀明自然農法定義為：

　　　　秀明自然農法是由岡田茂吉先生所提倡的農法，講求自然尊重、尊重土地、愛護土地，除自然堆肥以外，不施加任何不純淨物質，使土壤潔淨，強化土壤本身的栽培法。

　　以及其特徵為：

　　1.對待土壤的思維

　　秀明自然農法講求潔淨的土壤具有生產足夠的蔬菜及作物，供養人類及家畜的能力。依據這樣的思維，本農法即為了發揮土壤原本的力量，致力使土壤潔淨。禁止使用農藥、化學肥料及動物的排泄物等製成的堆肥，因為這些資材將污染土壤，有損土壤原有的能力。而過去曾經投入被禁止使用的資材，可能被污染的土地，其原有力量低弱，在轉換秀明自然農法時，務必盡力使土壤潔淨。土壤的潔淨方法有以下二種。

　　（1）客土：所謂的客土為在旱田或水田中投入不含農藥、化學肥料等實施綱要中被禁止使用的資材的土壤。

　　（2）歸還天地：殘存肥料的蓄積層在土壤表面至其下 30 公分處。秀明自然農法中，要分解這些殘存的肥料，可以將土壤翻出，使之風化，稱之為歸還天地。

　　2.對待自然堆肥的思維

　　秀明自然農法所提的自然堆肥施用是為了提高土壤的保溫性及保

〔註13〕資料來源：秀明自然農法協會（http://sites.google.com/site/urfarm/Home），秀明自然農法實施綱要下載點（http://sites.google.com/site/urfarm/guidelines）（2018.09.07）。

水性，不使土壤硬化為其目的，並不是用來肥沃土壤。在這個觀點之下，依需要投入自然堆肥。秀明自然農法的自然堆肥是利用不含被禁止使用的資材的地方所生的植物為原料製成的堆肥。旱作的地方不可使用稻桿等水田而來的自然堆肥〔註14〕。而水田稻作的地方亦勿投入稻桿以外的堆肥。

3.自家採種

秀明自然農法不只講求土壤中不使用被禁止使用的資材，也認為殘存於種子中的被禁止使用的資材，也有重大的影響。所以秀明自然農法要求以自家採種為原則，而且認為由該土地、該氣候、該風土上取得的種子，才能適應該土地生長。因此，若手上無秀明自然農法的自家採種種子，可以向其他的秀明自然農法實施者索取，但避免種子取得地與自家耕作地相距太遠，最好向鄰近的實施者索取。

4.連續耕作

秀明自然農法講求連續耕作，認為連續耕作越久，土地越適合該蔬菜及作物生長。〔註15〕

　　這也就是為什麼一般都以「無農藥、無肥料、自家採種、連續耕作」來解釋秀明自然農法，並以之與其他自然農法作區隔。而且在栽培上強調「適地適種」，對於轉作的條件，以及園區區分與鄰田污染，甚至於輸送、篩選、調整、洗淨、儲藏等管理程序都有嚴格的規定，甚至於阿榮於2018年1月1日也在臉書公告俱樂部生產及標示準則。如此一來，秀明自然農法比起其他自然農法而言，初學者實際進入的門檻也相對比較高。

　　來到水頭村接受培訓的學員或留下耕種的小農，也都依循著實施綱要來耕作，但也各自對於實施綱要裡的原理原則有不同的理解與解釋。如熟悉生機互動農法與樸門農法的小華就在自然農法俱樂部臉書所發表節氣報報的《俱樂部為什麼這麼做》系列文章〈為什麼我們不用肥料〉〔註16〕中強調大

〔註14〕依據秀明自然農法實施綱要裡面所載明的，秀明自然農法只接受草、落葉、自然界存在的植物及以前述者為材料的堆肥，以及前作物收割後的植株、莖葉、殘株及前述者為材料的堆肥而已。

〔註15〕資料來源：秀明自然農法協會（http://sites.google.com/site/urfarm/Home），秀明自然農法實施綱要下載點（http://sites.google.com/site/urfarm/guidelines）（2018.09.07）。

〔註16〕資料來源：自然農法俱樂部臉書〈為什麼我們不用肥料〉（2018.09.17）。

部分有機農業用的肥料,成分非常複雜,並不符合我們認知的那麼天然與安全,並且引用《明日的農場》一書,說明有機農業使用有機肥只會成為慣行農業的附庸,被利用來處理其他產業的廢棄物而已。也提到施肥容易造成作物的虛胖,反而是未施肥作物的營養價較高,因此強調不施肥的做法就是為了體現「生態」、「永續」與「自給自足內循環」的價值,更可以生產出營養價值極高的食物。

而且小華也曾經試著以生態學與「將農場視為一個自給自足的有機體」的生機互動農法(BD農法)來解釋,認為一切外來的物質都像是藥物一般,而現在的慣行農業與有機農業都把藥當飯吃,用這樣的比喻向我說明俱樂部這種無農藥與無肥料的做法在生態上的原理。

而阿好也說到秀明自然農法主張乾溼田不能混作,這跟一般農友的概念是不太一樣的。因為一般農友認為乾濕田的蟲害不同,乾溼田輪作可以減少蟲害,但是秀明自然農法認為這樣會破壞微生物的生態,影響對於土地與作物有益的微生物,反而不利於恢復地力與作物生長。

而大多數學員都認為秀明自然農法就是以前老農的傳統耕作模式,透過不施藥不施肥這種自然耕作模式來恢復土地肥力,讓土地回到最原始的狀態。這樣一來,土地上的收成自然就會增加,就能吸引更多青年回到農村務農。而且在農事上也都以「順應自然、尊重生命」的精神來進行生產,如利用花生本身不選土質容易栽種的特性,再加上根系間有根瘤菌共生,有利地力的恢復,以此幫助下一期作物的生長。

還有避免水田稻作秧苗受到福壽螺的危害,利用福壽螺無法離水活動的生物特性,以走溝或踩溝的方式,將秧苗與福壽螺隔開,減少秧苗的損失。以及利用以覆草維持土壤中的水分,甚至於禁止大型農機具進入田地,讓田地因為重壓而形成不透水層,導致土壤結構的破壞等。

但是學員在實際操作上也會遭遇到一些窒礙難行的問題,仍然需要作出部分調整與修正的。如無法取得足夠的雜草來進行覆蓋,以及多年生作物留種時間相對較長。如此一來,學員想要短期之內以農維生的困難性就會增加。

這些調整與修正在俱樂部「適地適種」的原則上是被允許的。正如阿榮所說的,他是以比較自由的方式來帶學員耕作,很少用一個口令一個動作那種SOP的方式,只要他願意尊重土地,有熱忱願意花時間去做,可以自己找到方法,因為也許他在原本那邊的農場可以這樣做,但是在水頭村也許就不行。

　　這也是為何俱樂部會在 2018 年 6 月 1 日起由秀明自然農法協會生產者會員改為一般會員的部份原因，在此俱樂部聲明雖然仍認同秀明的精神，但在管理方式上會略作調整，未來俱樂部農產品將不宣稱為秀明。俱樂部新版生產及標示準則如下，重大修改有四點，分別為：

1. 將「水田草葉不得使用於旱田」、「禁止使用粗糠」調整為「避免將不易分解的草葉及粗糠埋入土中」。不再以水旱田作物區分，而改以是否能夠分解來區分，也就是說稻桿可用於旱田覆蓋、自家的粗糠在不翻土的時候可以回歸水田，但粗糠仍不得使用於旱田。

2. 將「禁止水旱輪作」調整為「季節連續耕作」，每年同一季節讓土地維持在同樣的狀態，也就是說允許水田冬季種蔬菜、一期水田二期旱田，但仍禁止一年水田、一年旱田。

3. 自家採種也允許例外，如果樹可使用外購苗，但三年內需標示為轉型期。

4. 準則由技術總監不定期召集相關人員檢討與修改，準則疑義由技術總監解釋。

　　這樣的改變主要突顯協會近年來缺乏查實生產會員是否遵照秀明自然農法實施綱要來進行耕作的實際作為，導致常有掛羊頭賣狗肉的情形發生，往往造成消費者對於秀明自然農法有所疑慮。再加上信徒與非信徒之間的差異，在臺灣很多從事秀明自然農法的生產者都是先認識秀明自然農法再認識神慈秀明會的，與日本當地不同，故非信徒的生產會員較重視生產方面的需求，但協會本身卻在生產上缺乏適當的協助，造成非信徒的生產會員紛紛出走。

　　在這樣的環境之下，阿美與阿榮決定堅持生產標示上必須註記作物的所有履歷，誠實的直接面對消費者。因此，退出秀明自然農法協會的生產者會員，改以自然農法俱樂部的名義，持續秉持秀明自然農法的精神，希望走出自己的誠實標示的另一條路。

　　而小華也在《俱樂部為什麼這麼做》系列文章裡對於公佈俱樂部自身的施行綱要作出解釋，認為秀明自然農法是在神慈秀明會的宗教背景之下所制定的，其規範是否合乎「現實」與「科學」的疑問時常出現在大部分非信徒的學員與小農的心中。因此在充分考量現實與科學的理由之後，重新修正秀明自然農法的部分施行綱要作為俱樂部的施行綱要。希望改善「自然農法」一詞被濫用的情形，如同小華所提到的：「比起『自然農法』，我更喜歡強調我們的農產

品是『無農藥、無肥料』。」，也強調施行「自然農法」所追求的是「生態」、「永續」與「自給自足內循環」等價值〔註17〕。

## 四、小農維生

　　自然農法俱樂部自 2012 年成立至今，總共招募 29 位男性學員與 18 位女性學員。不斷有人進來也有人離開，現在還留在水頭村耕作想要以農維生成立獨立農場的有六位，其中一位是在苧林，其餘五位都是在水頭村，還有一位是第一期的學員退出俱樂部後仍在水頭村租地耕作至今。另外，還有第八期學員四位，其中兩位因申請展延未過已於今年七月底離開俱樂部，目前經由俱樂部培訓過後仍在水頭村持續耕作的有八位。

　　與俱樂部關係較佳的水頭村田園餐廳的盧老闆，透過每次與新學員之間的接觸，他認為來到水頭村加入俱樂部的學員大多為生意失敗尋求二度就業的人，或者是對於現職或生活不滿，想要親近大自然過自己想要的生活的人。

　　雖是如此，務農畢竟不是一件輕鬆的事，沒有一定的決心與努力，是無法真正全職務農的，再加上每個人本身務農的條件都不相同。因此，就需要進一步了解這些學員各自選擇以秀明自然農法來務農維生的動機。接著將以這些實施秀明自然農法的小農為主體，描述他們加入俱樂部的動機與實際務農的情形，來呈現水頭村小農的發展與現況。

　　首先將以最早加入俱樂部與來到水頭村最久，就是俱樂部元老，也是第一期學員中僅存的三人，即阿美、阿好與阿松。其中常聽水頭村在地居民說起有一對來自臺南的夫妻帶著兩個孩子在田裡工作，那就是阿美與她的先生。

　　阿美（67 年次）現為基金會的行政總監，也是俱樂部獨立農場 f 的農場主，畢業於資訊工程研究所。在加入俱樂部之前，曾任職於威盛電子與鴻海科技集團，擔任軟體工程師，在工作將近 10 年後，她跟其他同事不一樣，不想留在科技業裡升遷，她戲稱就是在鴻海太操了。於是與同是科技業的另一半討論過後，毅然決然加入了俱樂部，開始了務農的生涯。

　　由於培訓期間的懷孕生子，無法下田耕作，報導人阿美就利用她的專長負起俱樂部網站建置的工作，而到兩年培訓結束後，也是第一期唯一留下來的學員。並在 2014 年底被王董聘請擔任基金會的行政總監負責基金會在行政文書方面的工作，作為基金會與俱樂部之間溝通的管道。

〔註17〕資料來源：自然農法俱樂部臉書貼文〈拖過大暑的小暑報報〉（2018.09.17）。

　　原本規劃阿美是不需要下田工作的，但她自己也種植 30 坪的田地自用，之後增加到 100 坪，由她跟先生一起共同耕作，這就是往往清晨在水頭村常常看到一對夫妻在田裡工作的畫面。她的先生則是在清晨耕作之後再去園區上班，他非常嫻熟農機具的操作，以及具備相關的農業知識，甚至於可以協助其他俱樂部學員翻土與整田等農事。

　　後來阿美以私人名義再租下三分地，逐漸擴大耕作面積，以符合俱樂部提倡獨立農場的方針，並且以成為水頭村獨立農場的成功案例為目標。再加上去年年中已與葛友之間建立穩定的銷售通路，開始以紅蘿蔔與萵苣供應給葛友。除了原本三分地種植部分自用的作物外，也再租下大約七分地專作紅蘿蔔與萵苣。但是由於紅蘿蔔與萵苣屬於冬季作物，因此她們的整體策略為後半年以紅蘿蔔與萵苣為重心，透過冷藏穩定供貨給葛友，前半年則是以洛神與玉米，以及其他作物為主。

　　她們夫妻倆已有在兩、三年之後轉為全職務農的計畫。現階段就一人先投入生產，另一人在現實社會打拼提供穩定的收入，讓他們可以不脫現實又能夠繼續朝務農的夢想邁進。希望等到農場基礎穩定以後，阿美的先生再離職全心以務農維生。以目前的狀況而言，雖然收入相對穩定一點，但是葛友算是小眾市場，需求並不穩定，大多透過葛友之間的口耳相傳。如果發生什麼狀況，或者有其他價格較低的供貨來源，通路就可能被中斷，只能花費更多的心思來經營與葛友之間的關係。

　　阿好（58 年次）也是第一期的學員，為俱樂部獨立農場 c 的農場主。本身是臺北人，育有一女。在女兒國小畢業後，對於績效與年終獎金的不滿，讓她心生離開當時就職的外商公司的想法，計畫在自家頂樓種菜，除了有菜可吃外，還可以降低屋內的溫度。後來參加阿榮的課程，知道阿榮在水頭村的培訓計畫，於是在一開始的時候就加入了俱樂部。

　　由於阿好本身也是客家人，所以俱樂部剛成立的時候，幾乎都是由她來與在地的地主與居民簽約與溝通。即使是現在阿美與地主簽約時，也都會由阿好陪同，俱樂部學員都戲稱她是俱樂部的公關組組長，而俱樂部前兩年的文書工作都是由她負責的，甚至於租地的合約也都是她所擬定的。

　　等到兩年培訓結束的時候，她因為那個時候剛好是她的女兒國三升高中的那一年，她想先陪女兒考完高中，於是離開水頭村回到臺北。兩年之後想要買地耕種，先在橫山購田受騙，而與地主打官司。後來因緣巧合剛好水頭村這

邊有田要賣，而且她對於這裡環境熟悉，再加上之前俱樂部的夥伴也都還在這裡，於是購入土地耕作，也在下公館購屋居住。

　　為了償還買田購屋的貸款，阿好的先生只能留在臺北繼續工作清償貸款。在其買田之後，常被鄰田的老農取笑她是錢太多花不完，才會異想天開買田耕作。她強調她不喜歡半吊子的作法，既然決心要耕作，就應該盡力去做。因此，才會執意買田購屋。而且她認為實施秀明自然農法需要長年恢復地力，如果只是租地的話，往往在地力恢復差不多的時候，容易被地主或第二代要回自行耕種，有點徒勞無功，讓別人坐享其成的感覺，也才決心買田自耕。她是目前俱樂部裡唯一一位買田自耕的小農。

　　目前兩分多的田地上，大概分為三個區塊。前面兩塊較為完整各自用來種植稻米的水田與種植蔬菜的菜園，另一塊則是採取小規模多樣化的種植。最近開始設置四個蜂箱用來養蜂，其主要目的是協助作物的授粉，藉以增加作物的產量。

　　較為固定的作物僅有那一分用來種稻的水田，其他則有洛神、地瓜、南瓜、紅蘿蔔與白蘿蔔等作物。只是她作物的產量都偏低，就連稻米也是一樣，產量僅供自給自足與分送親友而已，並無法對外銷售。如要出售的話，價格也可能高出有機米一倍，其他朋友欲向她購米，她都介紹他們給劉信忠，讓他們向劉信忠購買有機米，她認為她實際看到劉信忠是如何種植的。因此，她可以安心介紹給她的朋友購買食用。

　　為了改善產量不佳的問題，以及原本菜園那一塊田地的地勢低窪較易淹水，她認為這一塊應該適合改種水稻。於是在 2017 年底開始將兩塊田地的作物互換，因為她不會使用中耕機之類的重型農機具，於是以田地上的洛神收成跟阿松換工，請他協助在新的菜園上作畦。也付費請小茂協助她在新的水田上翻土與整田，之前也常請阿美的先生協助翻土與整田。

　　總之，也許阿好看似比起其他俱樂部的學員較無經濟上的沈重壓力，但她同樣想方設法用各種方式來提升作物的產量，也不斷嘗試各種作物的種植，尋求較適合的作物，真心地想要務農維生的。

　　阿松（60 年次）也是第一期的學員，與阿美、阿好不同的是他在結訓之後完全退出俱樂部，自力持續在水頭村耕作的。他小時候跟著父母從嘉義來到臺北，從求學到創業都在臺北，原本是專科電機系畢業的，學生時代加入救國團開始帶活動。之後就以救國團帶活動的經驗與能力來經營旅行社，在李登輝

與陳水扁連續兩任總統「戒急用忍」的政策之下，大陸旅行團進不來，他的旅行社就倒了。

那時候陳水扁總統推動新農業運動，他參加農委會辦理的園丁計畫，等到訓練課程結束，他踏入農田開始務農，這時候馬英九總統執政，改推「小地主大佃農」來提升經營規模與效益。阿松強調「小地主大佃農」就是不管小農的生死，一心扶植有規模的農企業，他認為在就業上經歷兩個總統，總共 16 年的時間都跟錯人，直言政府是無法依靠的，什麼都要自己做起來。

在園丁計畫訓練結束後，他輾轉到了一家曾經獲得模範農民殊榮的有機農場重新學習。從 2009 年開始，被聘僱了一年之後，自己就出來在新屋做了兩年半，但是自己沒有資金蓋溫室，只能以露天的方式進行有機的種植，就這樣做了兩年，可以借的錢都借了，認為資金對於務農來說是很重要的，沒有資金不管你多會做多會賣，都還是無法持續務農下去的。本來是想要離農了，後來知道這裡有人要組俱樂部，就主動過來參與，在基金會提供的宿舍、地租與農機具之下，他的農耕成本大大降低，他認為這是他在務農這條路上的一個轉折點。

回憶起當初，他提到俱樂部有三個目標，第一是實施秀明自然農法，第二是以種植蔬菜為主，第三是要做銷售的動作，培養一個真正全職的農夫。他記得那時候他們還開玩笑說要將秀明自然農法發揚光大，並且創造歷史，要拳打慣行腳踢有機，讓這邊成為自然農的聖地，取代淡水幸福農莊。

只是不到兩年，原本六個走了兩個，雖然仍有招募新學員，但兩年培訓結束後，他發現這些目標都沒辦法達成，自認最會耕作的人也無法生產出可以支付地租與房租的蔬菜數量。他認為秀明自然農法在臺灣種植最多的就是稻作與果樹，到現在還沒有一個是靠種植蔬菜活下來的，他認為「無肥料、無農藥、自家留種」是很嚴苛的，嚴苛到新農必須有一筆資金運用才能夠依靠秀明自然農法存活下去。

他認為做秀明的人都過度理想化，很多都是文藝青年，要務農應該要把很多時間花在農田上，把田照顧好了，再去參與那些公共議題的討論。而不是一週花在田間的時間沒有超過 10 個小時，收成不佳就說自己是用自然農法。自己沒有善盡田間管理的責任，只是一直以自然農法的產量少為藉口，強調種植出來的作物最有能量，藉以提高作物的價格，這樣是不對的。他強調只要專心全力去照顧，即使無肥料無農藥，一樣可以做得很好。

　　他就在兩年結訓後離開俱樂部，但仍然選擇留在水頭村務農，原本說可以自付房租繼續住在宿舍。後來俱樂部卻以他的觀念不正確，怕他會影響後進學員，要求他搬離，害他短時間又要找房子也要找耕作的田地。基金會唯一提供的就是農機具可以借他使用，他說他只就佔這一點便宜而已。但他很自豪地說他用事實來證明，他可以不依靠基金會的資源活下來了，而且還可以慢慢償還之前向朋友借的錢。

　　他目前在水頭村租下大概五分的田地來耕種，他在離開俱樂部後深知種植蔬菜是無法維生的。為了持續務農，他在這裡嘗試過多種的作物，最後就以薑黃作為主要作物。在他之前水頭村這邊沒有人是大規模種植薑黃的，他不擔心產量的問題，他說一株薑黃一年大概可以採收一斤，甚至於最高可到兩斤半。產量一高，他開始有「產後憂鬱症」了，因為新鮮薑黃每年僅僅只能銷售幾百斤左右，但是他一分地就一年的產出接近 3000 斤，剩下的只能做初級加工磨成薑黃粉。如果送加工廠又增加生產成本，他只能夠一批一批慢慢做，再利用銷售的利潤來購買機器。而且以玻璃瓶裝薑黃粉在常溫通風的環境之下可以存放三到六個月，可以延長產品的期限，現在已經有廠商願意協助他將薑黃粉二級加工為薑黃麵了。他等到薑黃的產量與銷售穩定之後，他也開始種植同樣也是可以加工的洛神。

　　由於已經退出俱樂部，無法使用「秀明」兩字。他便以自然農法自稱，在臉書上即時描述田間農事的狀況，用以作為另類的一種生產履歷，而且為吸引不熟識的消費者。他不得已也送驗取得檢驗報告，強調農藥與重金屬零檢出，這兩樣商品的檢驗費用也要 3 萬元，他說這些都是需要精算收入與生產成本的。

　　除此之外，他也成為臺灣優作有限公司的契作農，這家公司是他的朋友所成立的，一樣都是救國團的夥伴。之前快要活不下的時候就曾跟他借錢，他的朋友說就用契作的方式來還款，他壓低價格給他的朋友，這樣他也會有一點點資金可以運用。以他的經驗來說，如果沒有資金要務農，要先做出部份務農的成果，再以這些成果來跟別人談契作，先取得部份資金。這種如何跟別人簽約與議價的能力，都是自然農法俱樂部成員所缺乏的，務農除了要種得出來，還要能賣得掉，不能一直「等、靠、要」（等政策、要經費與靠補助），小農也有他的優勢，就是俗語說的：「我們船小好調頭，他們大象不會跳舞」，他這一切的作法與努力都圍繞著一個目的，就是「持續務農」。

他對於政府的相關政策都不感興趣，他覺得這些往往看得到卻吃不到，他不願把心思花在那種地方。唯一想要的就是加入產銷班，因為加入產銷班才可以申請農機具與加工機具的補助，他認為銷售方面是要靠自己經營的，但政府應該要負責改善農民的生產條件。

對他而言，加工機具是他務農所必需的，如乾燥機與真空包裝機等，可以讓他延長產品的販售時間，減少立即銷售的壓力，也可以充份運用格外品〔註18〕。另外，藉由產銷班可以徵選或加入一些官方特定的銷售通路配合行銷，如新竹良品、農村好物與十大伴手禮等，但他也抱怨某些通路審查還要求小農提供加工場所的執照，認為小農就是小規模生產與加工，基本上加工執照的取得對小農而言是不可能，也是不可行的。

他細算去年一整年下來的收入，身上還有 1 萬多元，但是已經支付了一年的地租與房租各 2 萬多元與 3 萬 6 千元，他購入切割機、烘乾機與攪拌器也花費 6 萬多元，其中還有日常生活所需的油錢 9 千元、水費 1 千元、電費 2 千元與電話費 1 萬 2 千元，這些加總約 16 萬元，還不包括自己其他零花無法計算的費用，他認為以目前的狀況來養活自己是沒有問題的。

小華（72 年次）是俱樂部第三期的學員，現為俱樂部的助教，為後進學員授課，也在周末假日開設半農班，目前是俱樂部獨立農場 a 的農場主。他畢業於生命科學系，選修森林組，在學期間就對一門「植物生態生理」的課程很有興趣，用人的生理反應來比喻植物的生態，而生態生理學就是著重在這種身體反應在生態上的意義。之後就讀海洋生物科技研究所期間，待在微生物的實驗室裡，也學習到一些微生物的相關知識，這些學理知識有助於他後來理解秀明自然農法，以及他用來授課講述這些植物與環境之間的關係。

他對於自然農法的興趣則是來自於當兵時在中山室看到《這一生，至少要當一次傻瓜——木村阿公的奇蹟蘋果》，以及受到與打工換宿有關的《棄業日記》的影響，加入世界有機農場機會組織（World Wide Opportunities on Orgtanic Farms）到日本打工換宿。在日本他去了四個農場，在第二個農場的時候他就決定要做農夫，回到臺灣以後很想學習生機互動農業，也想要進一步學習。於是又到澳洲打工換宿，原本計畫是兩年，但他想要趕快將自己的務農想法實現，而且很想家，最後提前在 2014 年 12 月結束打工換宿回到臺灣。

---

〔註18〕「格外品」是指在市場規格以外的產品，品質無虞，但賣相不佳，不是太大就是太小，大部分農友多以加工的方式來處理。

回到臺灣以後，他一直想要找地耕作，但他發現新農要找到一塊田地耕作很不容易，曾有人說：「農村出租土地就好像在嫁女兒一樣」，他認為這是相當貼切的說法。其實農村居民是相當珍惜土地的，對於外地人來搶土地是恐懼的，很像是三七五減租與耕者有其田的那個時候，地主租地給你根本不會想跟你簽約。相對的，在國外如果地主把地租給你，使用權就是你的，你不要做太過分的事情就好了，在臺灣不一樣，地主會一直盯著你看。

後來他一直找不到土地耕作，剛好得知花蓮樸門部落邱奕儒老師的團體正在招募成員來成立農場。他之前曾經聽過樸門農法（permaculture）〔註19〕，雖然沒有接觸，但也對樸門農法有興趣，主要是因為樸門農法強調的是設計方法，而不是說它就是一定要怎麼做，它強調的是一些跟大自然協作的工具與方法，他認為樸門農法是可以學的，也可以協助他實現他想做的。

他想要加入這個計畫，原本預計 2015 年年初開始，但在開始之前要先申請到政府的多元就業計畫，只是既定的時程一直拖到三月，他只好放棄這個機會，結果看到俱樂部在招生，有種一拍即合的感覺。因此，就在 2014 年底就過來水頭村這邊，也就是在第三期培訓課程尚未開始之前，他就已經來到水頭村了。接著在培訓課程裡，他以本身的專業知識，再加上兩年在農場打工換宿的經驗，常在課堂上跟其他學員分享，之後就成為俱樂部的助教，開始教學。

他也接受王董的委託與補助，在水頭村執行試種竹筍的計畫，並於 2017年初開辦假日半農班，推廣秀明自然農法的精神與原則，教導農地與種植規劃，以及耕種技術細節，並從耕作中學習如何選擇好食物。他認為半農班的培

〔註19〕樸門（Permaculture）是 permanent（永恒的）與 agriculture（農業）及 culture（文化）之縮寫。由澳洲塔斯瑪尼亞大學教授比爾墨利森（Bill Mollison）於 1970 年代所創。他經年在大自然中深度觀察自然系統的運作，但目睹週遭環境不斷遭受破壞而心痛不已。他選擇的方式不是上街頭抗議，而是創造了一個積極正向的解決方法。他認為，如果沒有讓大部份人體驗到自然運作法則如何照顧每一眾生，如果人們沒有學習到以順應自然法則來設計自己的生活，那麼光靠街頭運動是無法建立人類永續生存發展的社會。透過大自然的深度觀察，比爾墨利森有許多重大的領悟。例如，相對於不斷產生污染及垃圾的現代社會，自然系統中沒有一樣東西是廢物，萬物皆有用，每個過程的廢棄物都是下個過程的原料；森林系統不需施肥、灌溉，森林中各組成份子相互合作，就能滋養眾多生命，若是能將自然森林中各要素重新設計成可食用的，那就可以營造能自我維持的「食物森林」。於是他將種種大自然中領悟到的自然模式應用在如何設計與創造永續的農業與生活。（https://hualien-permaculture.blogspot.com/p/blog-page_15.html）（2018.09.13）。

訓是重要的，因為半農班的學員大多有能力購田自作，即使無法繼續耕作，在培訓之後對於友善土地的概念也有利於未來田地的利用，並可以協助有心耕種的小農，他又再次強調田地取得對於小農耕作的重要性。

只是後來在俱樂部裡跟學員發生一些糾紛，他認為如果他還在基金會擔任幹部，會造成基金會運作上的不便，他希望這個團體可以繼續發展，所以選擇保持一點距離回到農友關係，不然他在俱樂部都會被人用放大鏡檢視，這樣很難做事，心情也會變得很糟糕。

他於 2017 年底與小玫〔註20〕結婚，他太太畢業於城鄉所，現在從事建築規劃的工作，算是兼職務農，夫妻倆共同經營獨立農場a，現在耕作大約三分半的田地，主要種植蔬菜，以及花生與地瓜等雜糧作物。2017 年初也曾經接手俱樂部兩分半的水稻田，那年暑假獨立農場 a 也曾舉辦過水稻收割與花生採收的體驗活動，後者是需付費（每人 250 元）參加的，在活動裡他們除了推銷花生、洛神蜜餞與果醬、薑黃粉、蘿蔔乾，以及秋葵等當季作物外，也向參與者宣導與解說什麼是秀明自然農法。如在採收花生的過程裡，透過尋找單棵植株上最多花生的比賽，強調「留種」的觀念。當時小玫曾向我表示以秀明自然農法來耕作是無法以務農維生的，但是卻可以灌輸下一代正確對待土地的概念。

雖然他們這時尚未達到以務農維生作為目標，但是 2018 年初小玫懷孕以後，其他學員或小農都覺得小華的態度變得較為積極。不僅在田作上，而且在臉書貼文上也是如此，甚至於向阿美提出將田地重劃大家一起來供貨給葛友的想法，但不被阿美所接受。在作物的銷售上，由於他們的產量不多，而且訂價比一般市場高，銷售對象先以自己朋友為主，也較少在臉書公開販售的訊息，僅僅只是私下詢問朋友而已。但為解決蔬菜有時大量生產而滯銷的問題，也成立 line 群組，希望透過 line 群組即時分享蔬菜的產出情形來協助銷售。

小梅與小華同為第三期的學員，也是唯一接受基金會補助的非水頭村地區學員，目前是俱樂部獨立農場 d 的農場主。在加入俱樂部之前，十幾年來都在老家臺南市北區自己父親經營的米糕店幫忙，由於家傳的米糕店兄弟都不願意承接，再加上她的父親雙腳開刀，於是就決定結束家傳的米糕店。

在結束營業之後，她面臨中年失業的問題。在求職的過程之中，她發現就業市場對於年齡相當歧視，年紀 40 歲以上的人求職相當困難。她只好加入派遣

〔註20〕報導人小華的妻子，接案工作，以兼業方式務農。

人力公司，被派任到麻豆的一家電子公司，但是做不到三個月就被迫離職。主要是她揭發在公司員工手上的傷口，因為原料毒性的關係遲遲無法癒合。因此，就被流放各課之間，要她自行離職，最後竟直接要求人力公司將她調離公司。

接著她在求職小報《小兵立大功》上發現臺南某家有機農場正在招募田間工作人員，在陰錯陽差之下，被瓜果組組長錄取了。就這樣開始她大約兩年的務農工作，這段期間逐漸發現公司體制內部那種「混好撐久」的僵化與潛規則、為求升遷而挑工作的問題，以及理論與實務之間的差異。任職期間又經歷公司經營不善，遭投資公司接管，進行內部調整，剛好讓她有更多的空間可以直接參與觀察作物的生長情形，進而對於種植方式實際做出修正與改變。如草莓種植的病蟲害與套裝做法，她認為這些經驗對於之後在俱樂部的務農有許多的幫助。

在這段與有機農業接觸的過程裡，她從有機肥料的使用狀況與有機耕作面積的大小來檢討有機肥料的來源，也發現許多業界不能說的潛規則。就此她自己開始利用種子法則〔註21〕來反思有機農業的發展，強調務農應該具有的良心與知識，以及注意土地本身代謝的能力。在一次付費參加八田綠色農場自然農法課程的時候，開始接觸俱樂部，於是在 2014 年底連原本有機農場的年終都沒領就離職。在隔年年初就北上水頭村等待那一期的培訓課程，在十月糯米採種以後，原本已計畫留在水頭村種植地瓜。

後來阿榮邀請她與小華過去苳林協助管理農場，離開水頭村來到苳林才發現她不被俱樂部與基金會視為是培訓之後的二年展延，無法獲得基金會的補助。對此她覺得太不合理，就直接向阿榮與阿美反映，因此基金會以個案處理，她的獨立農場 d 就成為水頭村以外唯一受基金會資助的獨立農場，持續接受地租與每個月 2000 元的房屋補助。但到去年她原本的積蓄已用盡，就連去年底扣掉補助之後的房租 3000 元也繳不出來，家裡都認為她被騙了，計畫年底先借住關西朋友家。她說也有朋友免費提供田地給她耕種，只是她想要看到自己努力的成果後再離開。她原本認為俱樂部是一個以實施秀明自然農法為目標而建立的團體，但後來卻變更為以單打獨鬥的獨立農場為主體的發展，這是讓她無法理解的。

〔註21〕種子法則就是一種強調「種瓜得瓜、種豆得豆」的因果法則，簡單來說就是「種什麼因就會得什麼果」。而這裡報導人要強調的是有機農業過度使用有機肥料來增加產量的畸形現象。

　　在種植上她是依據個人喜好選擇以糯米為主要作物，在俱樂部培訓期間，她承接之前第一期成員退出後的水稻田，品種購買自竹東鎮的中央市場，收成後請李松木碾米時，被李松木告知她的糯米已經混入香米的品種，原本想將糯米輾成七分來銷售，但李松木認為以秀明自然農法種出來的米相當珍貴，建議她碾成糙米即可，這樣竟造成她的糯米口感極佳，供不應求銷售一空。

　　來到芎林以後，大約租了四分地來耕種。除了租屋處旁的半分田留作育種用外，還有巷子旁的兩塊地，以及距離租屋處較遠的一處長條狀的田地，後面這一塊田地地勢低窪，而且泥作田埂有裂縫，她只能以類似水梯田的方式來種植。後半段的田地一開始整地時發現此區土壤顏色過深，土質似乎有受到汙染，因此想說先種水丁香養地順便改善水質與土壤〔註22〕。

　　2017 年第一期的糯米產量約有 300 公斤，已可以達到基本生活的支出，只是收割時因為一些人事之間的紛爭，造成她無法取得農機具的支援，導致二期育苗的延誤。只能將巷子旁邊田地上的再生稻移植至那長條狀的田地上，那兩塊地在二期將交還基金會，主要是基金會認為她在長條狀後半段的田地上種植水丁香養地應是無力耕種這些田地，要求部分田地歸還給基金會，讓與其他人耕作。另外，一期的意外狀況也造成她在二期無法整理後半段的田地。但值得一提的是，她意外發現那些移植的再生稻在她來不及翻土整田的田裡，卻有不錯的產量，她認為這應該是她 2017 年唯一的收穫吧！

　　在銷售上，她的通路除了自身的朋友圈外，就是以竹北的一間咖啡店為中心，有一群愛喝咖啡的女性朋友，她向老闆購入咖啡喝，也會免費提供一些自己小量種植的蔬菜，這些朋友則是提供一些生活必需品給她，如禦寒衣物等，那裡就成為她的通路之一。其他的則是以臉書為主，她會將自己農作的歷程放上臉書，吸引一些志工的協助，也有客戶會透過臉書跟她訂購，她一開始從亂槍打鳥的銷售模式，到後來逐漸鎖定可以長期訂購的客戶，像一些在地的餐廳都有針對她的糯米做出特定的菜色，希望可以維持穩定的銷售通路。

　　對於體驗活動，曾經配合鄉代請託辦理鄉裡農事體驗活動，由於公家經費核銷等待時間較久，造成經營上的困難。因此，後來她除了寶山鄉華德福學校的食農教育，讓學童與農民一同工作的教學活動外，她已不再接其他農事體驗

---

〔註22〕對於水丁香的去污淨化功能可參考〈濕地植物去污淨化功能與選種建議〉（賴明洲等 2004:44-51）一文的描述。

活動。另外，她受到日本木戶將之先生稻掛方式〔註23〕的影響，一再強調以稻掛配合田間景色是她認為最美的農作畫面，但她說這也是配合多雨的氣候，透過稻掛較容易曬乾稻穀，也有利於她自己獨立作業。

　　小蘭是俱樂部第五期學員之一，為俱樂部獨立農場 b 的農場主。畢業於大學服裝系，她說她並不習慣設計行業那種的生活作息，想要轉換環境，所以在畢業後就參加農委會的漂鳥計畫，結訓後又到紐約修習園藝課程，回臺灣後又加入農民學院到有機農場實習。結束這一連串的課程與實習之後，來到臺東孩子的書屋，幫助偏鄉弱勢小孩的教育問題，同時也協助當地社區發展有機農業，希望這些家長能有穩定的工作與收入，可以幫助這些弱勢孩子的家庭。後來在《上下游 News&Markets》網站上（www.newsmarket.com.tw）看到俱樂部的招生訊息，於 2016 年初來到這裡，在這之前對於其他自然農法有些許的認識，但對於秀明自然農法是完全陌生的。

　　在種植上，她把基地那邊不到 100 坪的地區分為三塊，各自種植紅蘿蔔、薑與樹豆。後來成立獨立農場的時候，基金會向劉信忠在新竹經營早餐店的堂嫂租下約兩分多地，其中靠近阿好田地的 100 坪由阿美自己保留種植水稻，剩下的田地皆由小蘭種植。她說這一塊 2017 年才租到的田地，在別人眼裡雜草叢生，已經廢耕了十年，要重新開墾需要費很大的心力，但對她而言這是一個非常理想的田地，因為它的可能性更大，不會被拘束，可以依照田地的狀態來進行耕種。例如玉米田旁邊那一塊的田地，她就用來做類似樸門農法的種植方式，就是配合季節自成一體多作物的生態種植模式，一種食物森林，以樹豆為主要作物。再往上的那一塊田地則與其他水田形成一個水循環，她認為用作水田種植稻米是非常適合的。

　　至於作物選擇上，依據之前曾在臺東種植紅蘿蔔的經驗，就在這裡試種紅蘿蔔。剛好遇到葛友來到這裡，所以也提供過葛友紅蘿蔔，只是她也提到葛友這條通路並不穩定的，因為他們都是各自尋找紅蘿蔔與萵苣的來源，現在提供的三、四個葛友都是之前已經康復的葛友介紹的，每個人對於價錢與品質（裂果與大小）都不盡相同，隨時都有變數。

　　再加上紅蘿蔔與萵苣都是屬於秋冬季節的作物，生長時需要低溫，因為

---

〔註23〕　木戶將之先生為日本著名的種稻達人，除實施秀明自然農法來進行旱田育苗外，最明顯的特徵是直接在田裡將稻穀吊掛日曬，與一般曬穀方式不同完成後，認為這樣的做法有助尚未成熟的稻穀成熟，藉以增加產量。

葛森療法是歐洲傳進來的，所以都是以低溫生長的作物為主，像她所種植的紅蘿蔔已出完貨了，春夏季節她也不會再種植了。但是報導人阿美可能會嘗試再種種看，如果不行，葛友就會另尋貨源。而其他種植的作物則是以之前學員試種過的，比較適合這個地區的作物，如洛神、秋葵與薑黃等，而且大部分都是自家留種的作物。

在銷售上除紅蘿蔔出貨給葛友外，也是透過阿美經營的網絡平台來統一銷售，主要產品為樹豆與自己加工的薑黃粉，其加工用的是向阿松商借而來的熱風式烘乾機，透過加工使她可以持續在這個平台有產品銷售，不像其他小農多是當季收成的作物。她認為小農的銷售與一般不同，所培養的客戶不只是對於作物有需求，而且還要與生產者有共同的信念，才能長久下去。也就是除了食用與營養成分的考量外，還要認同小農的作法。因此，小農不只是在生產上要琢磨，在銷售上更要建立真正認同自己的穩定客群，才長久經營下去，所以她認為小農除了專心種植之外，也要在銷售上花心思，有點像是半農半 X 的農夫，而不是全職農夫。

她已於 2018 年底離開這裡前往宜蘭務農，除了想要就近照顧家人，也想多一點時間來思考自己在務農以外的其他面向。而且宜蘭僅有半年適合耕種的氣候類型符合她未來半農半 X 的規劃，她也不滿意目前俱樂部模糊不清的方向與制度。如決策討論上的不透明，以及獨立農場之間如何在人力上相互支援的問題，再加上她半農半 X 的未來規劃與俱樂部所要求的全職農夫互相牴觸。

小玲（77 年次）是俱樂部第六期學員之一，為俱樂部獨立農場 e 的農場主。她於 2016 年七月來到這裡，之前日文系畢業後，曾經從事過文職工作，以及在餐廳工作過，也曾到過日本打工，自認為不能適應都市生活，比較喜歡農村的生活。在網路上獲知俱樂部招募學員就報名參加，那一期只剩她一人留在水頭村，其他學員各自找田地務農或加入其他農場工作，她的家裡沒有反對，尊重她的意願，認為說不要餓死就好，她自己覺得反正也沒跟家裡拿錢，目前她僅依靠基金會補助房租與地租，認為自己不像別人喜歡買包包與衣服，生活節省一點就過得去。

小玲從去年二期開始承接俱樂部兩分半的水稻田，主要作物是水稻，並由大家共同協助她進行耕作。如先前由阿美與小茂〔註24〕協助翻土、泥漿化

〔註24〕從服務業轉農，為自然農法俱樂部第八期成員。

與整平田地，而那一期的秧苗就是由阿榮在苳林協助她培育的高雄 145 號品種，再運送過來由大家協助以插秧機來進行插秧，插秧後再由小玲進行田間管理，如踩溝預防福壽螺、除草、看水等。而收割的時候，則是由所有在水頭村有種植水稻的小農一起聯合收割。這一期收割兩分半水稻田的產量，大約為 600 多斤，還不到阿榮一分地的產量，但她自認為是新手只要慢慢進步，不會給自己太大壓力。

接著下一期她開始自己培育桃園三號的秧苗，卻面臨到是育苗的失敗與機插狀況不佳等問題。除了數量不足以外，還嚴重漏苗，只能手工補插秧苗，這次的經驗讓她覺得務農真的是需要累積經驗的，她強調種稻十年之內都算菜鳥。

而且這一期由於俱樂部成員在水頭村種稻都是最晚插秧的，因為開花結穗的時候吹起南風，造成嚴重的白穗，所以水頭村全部種稻的就只有俱樂部成員種植的水稻是歉收的。其中產量最高也只有一分地 200 斤而已，似乎比起前期來的差。雖然如此，接下來她還要再增加兩分地種稻，她說這就是她為何只選擇種稻而已，她認為光種稻，她就沒有餘力再種植其他作物了。也因為李松木的堅持，她的米也多被要求碾製成糙米出售。

至於銷售部分，主要的是那些認同自然農法俱樂部理念的消費者與支持者，透過阿美經營的網絡平台來銷售，她也提到曾經有人透過網路平台向她訂米，她送米給客人時，客人竟還詢問她：「你們有使用農藥與肥料嗎？」，讓她覺得很疑惑，她認為透過這個管道訂貨的客人應該都是認同自然農法的，怎麼還會這樣問。

小茂（67 年次）是俱樂部第八期學員之一，已接受培訓一年，並在 2018 年六月向基金會提出展延計畫獲得通過續留水頭村務農。他畢業於技術學院的五專部畜產科與二技部動物系，以及升格改制大學後的生命科學院生物科技研究所。在 2007 年完成學業之後，加入中央政府跨部會合作的《農業生物技術產業化推動計畫》，成為研究助理在中研院上班，到了 2010 年才離開。

接著因為個人與家庭因素遲遲未再另外謀職就業，直到 2014 年年底才於淡水快樂農莊陳惠雯老師在天母所開設的餐廳──藝食知選上班。工作大約 10 個月後，於 2015 年 8 月再轉職到信義區豆類產品商店上班。由於他本身就是神慈秀明會的信徒，想要進一步了解秀明農法在生產、加工與銷售每個過程的作法，因此在網路上獲知俱樂部招募學員的消息之後，就報名俱樂部生產者

培訓課程來到水頭村。

在加入之前他幾乎沒有任何務農的經驗，來到這裡重新學習，對於務農沒有太多既定的想法，因此他認為自己才能細心觀察作物實際生長的情形，並且跳脫使用農藥或肥料的傳統思維。在半年的培訓與實習之後，小茂已經耕種大約有兩分的田地，一部分是分散在基地上大約有四到五個區塊，還有轉進引水道涼亭那邊一塊約50坪的水稻田，以及小華承租的田地旁邊有一塊約一分的玉米田，後面兩塊是由阿美以個人名義承租先讓給他來耕種，他的主要作物是水果玉米，其他作物有洛神、萵苣、秋葵、南瓜、紅蘿蔔與白蘿蔔。他的耕種規劃是以二期的水果玉米為主，第三期則是以當季作物如蘿蔔類與萵苣等。種植到現在，他發現水果玉米在無農藥、無肥料之下病蟲害的損失是在他可以接受的範圍之內。

但在自家留種方面，他認為雜交混種的水果玉米留種的變性太大，比較無法控制品質，真的要留種的話，需耗費五年以上的時間，這樣一來短期想要真正以農維生是不大可能的。就連原則上需覆蓋田地面積三倍的草，也由於無法收集足夠的草，但經由觀察他認為覆草的目的在於保持土壤的濕潤，而水頭村日照較少降雨較多，因此不論在留種與覆草上都有空間可以調整與修正。

在銷售上則是著重培養核心客群，這些核心客群能夠接受他作物價格不會任意到市場上去比價，會先以自己在臺北的親朋好友為主，讓他們知道他自己正在務農生產，並且可以提供那些作物，再慢慢將網絡向外延伸。不過度依賴網路通路，因為他認為這些通路不是很穩定外，再加上給電商銷售必須提供穩定的產量。他也認為目前俱樂部似乎在銷售上不是很穩定。他強調必須在小農與農企業的經營策略之間達到一個平衡，也就是在銷售端必須多一些用心，以及多一些成本考量的精算。

在未來規劃上，小茂預計留在水頭村五年，試著慢慢嘗試以他的模式來增加自己的收入，現在還是入不敷出的，僅是依賴自己加入之前的積蓄，以及家人的支持。而且他也開始種植水稻，他想與阿美一樣採用乾式育苗手插的方式，逐漸擴大稻田的規模，累積經驗減少風險。

以目前的狀況而言，他預估今年就可以賺取足夠的生活費用，以玉米株來計算的話，種植 1000 株扣除生長品質不佳剩下六成約 600 株，每株就是一公斤，就有 600 公斤，以定價一公斤 80 元，一期大約會有 48000 元的收入，兩期有 96000 元，再加上其他作物的收入，保守來講一個月還有一萬左

右的收入。如果可以達到預定的目標，下一年再增加耕作面積，如果技術再成熟一點，產量相信可以越來越穩定。而今年上半年他水果玉米的實際產量有大約 400 公斤，每公斤賣 85 元，這一期的收入大約有三萬多元。

面對俱樂部的發展，小茂認為俱樂部要先釐清招生的目標，到底是推廣秀明自然農法，還是鼓勵青年返鄉務農。如部分女性學員在農機具協助方面的需求，這是她們是否可以持續務農的關鍵，但目前俱樂部似乎不會介入這一部分，而是希望由學員之間彼此協調，與秀明自然農法在臺東的發展不同。他認為目前俱樂部的定位應該是作為一個教育基地，這可能也是第八期女性學員無法順利展延的原因之一。

對於進入務農這一條路，小茂期許自身保持樂觀的心態，能夠笑到最後，即使被看衰，也要堅持到最後，他堅信個性才是小農能否成功的關鍵。另外，他也認為務農沒有絕對的 SOP，因為務農還是無法避免市場機制的影響，所以自己與眾不同的特色是必要的，既然要有特色，就一定無法建立可以複製的SOP 流程，即使有也一定要因人因地而有不同。

小菊〔註 25〕（62 年次）是俱樂部第八期學員之一，臺中人，她是大學肄業去從事紀錄片電影企劃工作。後來因為工作培養的興趣才報考人類學系，畢業後曾在科博館擔任助理規劃過石板屋的展示，後來因為自己的興趣，又改唸師院藝術與造型設計研究所。她不習慣坐辦公室的工作，認為坐辦公室長期會有健康上的問題，也不習慣朝九晚五的工作模式與生活，因此為了健康而選擇務農。

至於務農的經歷，她一開始曾在臺北社大學習樸門農法，接著到臺中霧峰的農事所打工，之後原本計畫到花蓮縣豐濱鄉新社村跟著朋友一起務農，朋友的男友有一塊水田可以給她種植水稻。但她覺得務農需要有實際的經驗，後來由於朋友有追蹤俱樂部的臉書，看到朋友轉貼的招生訊息就報名了。報名最主要的原因是這裡有免費的田地可以耕種，她對於秀明自然農法也有興趣。

在半年的培訓與實習之後，除了原本基地上被分配到的田地外，也接手有機米產銷班第二任班長李松木加起來面積大概一分的水田來種稻。她覺得以她第一次種稻而言，體力完全無法負荷，原本只想耕種一部分而已，但李松木卻要求另一邊的田地也要插秧。後來在阿美夫婦與其他學員的協助之下完成所有田地的插秧。除了稻米，她還選擇種植薑、山藥與洛神，她認為種植這些

作物比較省力，不太需要照顧。她一開始規劃就是想半農半藝，她很討厭人家用上班的那種心態來要求她務農，認為務農就是自己當老闆，只要懂得自己管理自己的時間與工作，可以邊創作邊務農。但後來她發現務農佔去她大部分的時間，自己現在除了在這裡務農，也加入博幼社會福利基金會在五峰鄉的偏遠國小兼職擔任課輔教師。

她也因為違反兼職的規定，造成俱樂部內部學員彼此之間的糾紛。對她而言，如果不兼職的話，她無法撐過整個培訓時間，2017年11月她的積蓄就已經花完了。她認為基金會應該是以共同實現理想為目標，而不是在內部彼此爭奪資源，強調那些社會歷練不足的青農與現實生活仍有脫節的狀況。

她原本計畫申請繼續留在水頭村務農的，再加上她申請藝術補助的案子通過，她未來一年的生活開支就沒有問題了，她可以實現她一邊創作一邊務農的想法。但她在最後一次阿榮的田間觀察裡，阿榮直接跟她說基金會是不會贊助無法規模種植的人。後來在審查展延計畫後，阿美直接指出小菊計畫未通過的原因，主要在於她在務農之外還有想要做的部份，務農只是一小部分，似乎只想自給自足而已。雖然基金會沒有非要她們要全職務農，但農業生產一定要佔大部分，不能只是附屬或自給自足的，因此小菊就在今年七月底離開俱樂部了。

小香〔註26〕（77年次）是俱樂部第八期學員之一，基隆人，日文系畢業。之前曾在兩家日商公司做過助理，因為不喜歡那樣的生活，因此離職後先到國外流浪一陣子。回國後並在去年三到五月曾到臺大的有機耕作班上課，在課程裡她發現有機的地瓜葉比起一般在市場上購買的蔬菜更容易腐爛，後來她在書上發現這種現象是因有機肥料的關係，而且蔬菜顏色最深的代表它施肥的越重。然而在一次搜尋自然農法的時候，跳出的網頁就是俱樂部的網頁，上面剛好有招募的資訊，於是在臺大有機耕作班課程結束後就來到這裡。加入的主要原因是這裡剛好有田地可以給她這種家裡沒田地耕作的人種植，再加上不喜歡之前工作的生活，而且對於秀明自然農法這種無農藥無肥料的耕作有興趣。但是她並不想以農維生，而是想以兼業累積經驗為主。另外，她怕操作農機具，也只會使用割草機而已。

現在主要種植花生與地瓜，還有一些葉菜類為主。她的種植是比較多元，以滿足自身生活食用的需求為主，她認為這樣是活不下去的，而是想要以半農

---

〔註26〕從文職工作轉農，為自然農法俱樂部第八期成員。

半 X 的方式來務農，所以在耕作規劃上比較沒有那麼明確。而且育苗也不像其他人一樣會標註，常常有些會搞混，因此她的田地看起來比較凌亂一點。此外，她不只對於務農有興趣，也常報名一些她有興趣的課程，在培訓期間的週末也常到臺北上課，再順道回基隆。

在參訪完花東秀明農家以後，她仍然認為務農維生是有難度的，即使是長期務農有經驗的農友也只能勉強維持生計而已。至於結訓後如何兼業務農，她認為最大的問題是土地，主要是她想種植果樹，如果沒有自己的土地就很難成功，因為一般地主不會讓人栽種果樹，而且租約到期無法續租。也許是她原本就沒有全職務農的規劃，所以展延計畫沒通過也在她的預期之內，與報導人小菊一樣七月底也離開俱樂部了。

## 五、在地漣漪

俱樂部雖然在盧老闆的介紹之下，向水頭村地主租田耕作。而且租田的範圍逐漸擴大，但俱樂部成員與在地居民之間的互動大多僅限於與地主間的交往而已。記得有次在田間與社區發展協會前總幹事李江海〔註27〕、農村推動再生小組組長暨義務導覽隊長陳建全，以及劉松財〔註28〕等在地居民閒談時，正好阿美夫婦開車從旁經過，除了我以外沒有一個人知道她們是誰。村民們對於俱樂部的印象大多只是一對夫妻或者是來來去去的學員而已，唯一互動較為頻繁與密切的就屬有機米產銷班第二任班長李松木與劉信忠。

前者則是常常協助俱樂部判斷曬穀狀況、將稻穀碾成白米或糙米與冷藏稻穀，甚至於提供一些農作的經驗與知識。在 2017 年二期稻作期間，李松木由於其田不大，再加上地處偏僻，每次都是最晚插秧、最晚收割。而且近年來天氣高溫不下，他年事已高，身體已經無法負荷，就決定不再委由劉信全代耕，而以再生稻為主，年底更是無力收割，於是阿美與其他成員從早到晚協助他收割，2018 年初李松木也將田地無償提供給俱樂部使用。在彼此越來越來熟識之後，李松木也逐漸認同俱樂部務農的作法，而且認為俱樂部產出的米相當珍貴，在協助碾米的時候，往往建議碾製為營養價值較高的糙米，較不願意碾製成白米。

而劉信忠則是由於田地與阿好相鄰，阿好曾經介紹她的朋友向他購買百

〔註27〕曾任社區發展協會總幹事，退休後自給式務農。
〔註28〕為社區居民，從事製造業。

來斤的有機米，因此常常仲介水頭村的田地出租給俱樂部與阿美。但也因為仲介的田地一部分為劉信全所承租的田地，造成俱樂部捲入與有機米產銷班爭地的衝突。如 2018 年初劉信全帶著記者報導水頭村田地遭經濟部水資源局斷水情形的時候，曾大聲斥責俱樂部成員，說他們以高額租金（一年 9000 元）在水頭村搶租田地，導致他已經代耕五、六年的田地改租給俱樂部，並表示他們的高額租金已經造成水頭村的田租高居不下。劉信全強調說雖然之前兩期的休耕補助是 9000 元，但現在已經只剩一期的休耕補助 4500 元而已，而且由於休耕補助都是三年一期，今年也是最後一年，以後甚至可能沒有補助了，俱樂部還用這麼高的地租租地，其他人該如何維生，不能因為有基金會的資助就這樣肆無忌憚。並且很激動地表示俱樂部的作法會讓他活不下去，如果這樣的話，他也會讓他們活不下去。劉信全認為俱樂部的作法會讓地主恃寵而驕，因為大部分地主都年邁已無意願耕作，面對高額租金的吸引，必定會改租給他們，從言語中可以感受到劉信全對於俱樂部強烈的不滿。

這樣的高額地租讓同在水頭村自力耕作的阿松也感受到壓力，他也曾針對地租的問題與阿美協調。阿美也承諾會將俱樂部的租金從一分地 9000 元降為 6000 元，所以之後也試著以個人名義來承租田地，藉以壓低租金的價格，大部分地主在重新簽約的時候也都願意主動調降租金到 8000 元。阿好也曾向我解釋對於俱樂部租金過高的怨言，她說其實她們一開始來到水頭村時，地主都以那時候的休耕補助來要求地租。然而近年來休耕補助不斷地調降，目前只有一年一期的 4500 元而已，維持這樣的高額地租也造成其他農友的抱怨，但調降地租又不容易租到地。以劉信忠為例，他也曾抱怨俱樂部的地租過高，但是他自己是地主的時候，卻又不斷要求調高地租。不管如何，俱樂部進入水頭村之後，水頭村田地的租金已經比起鄰近地區一分地三、四千元來說高出一到兩倍，也就是說在水頭村務農的土地成本較高。

在水頭村除租地給俱樂部的地主，以及劉信忠外，其他農友對於以秀明自然農法來務農都是保持存疑的。如實施 MOA 自然農法的農友就認為秀明自然農法是 MOA 自然農法的分支中比較偏激的神慈秀明會所提倡的，以類似斷食的方式，在田地上什麼都不施用，他們認為這種方式不適合臺灣的生態，比較適合日本。主要是日本氣溫較臺灣低，冰封時期較長，那段時間造成大部分動植物死亡，這些死亡的動植物遺體可以成為土壤的養分，再加上耕地利用這段時間休養生息，所以這種不施肥的方式是可行的。但在臺灣卻

是不太適合的，如以能量不滅的定律而言，不可能沒有輸入就能一直輸出的。

也有部分農友認為俱樂部之所以可以不施用肥料，是因為只是利用租地之前農友施肥殘留的地力而已。並且將務農與養育小孩做比喻，認為小孩出生後還是需要細心照料才能夠成長的，作物也是一樣的，沒有投入如何期待它的產出，也許第一年的產量好，但之後就會每下愈況。而且強調俱樂部產出的作物即使價格再好，不施肥種植的作物產量往往不夠，這樣是無法應付家庭生活的基本支出。在幾次協助採收的活動裡，也會有鄰田的農友以極為戲謔的口吻問說「好玩嗎？」或「有得吃嗎？」，說明俱樂部實施秀明自然農法的成果尚未普遍被水頭村在地居民所認同的，而僅僅視為是秀明自然農法的教育園區，其俱樂部的收入來自於教育訓練的部分，或者是基金會的補助而已，而非是來自於實際務農的收入。

此外，水頭村社區發展協會前理事長劉松信〔註29〕也常與俱樂部有所聯繫，只是聯繫內容大都在於希望俱樂部承接水頭村部分閒置的田地。如 2017 年五月農糧署北區分署開始推動有機聚落的計畫，在桃園、新竹與苗栗選定幾個社區來推動有機聚落。其中一個就選定在水頭村，並且同年 5 月 23 日於水頭村召開營造北部地區有機村第一次座談會（於同年 10 月 17 日所召開的第二次座談會決議將有機村更名為有機聚落），於會中分署長指示協助水頭村檳榔園廢園事宜，但檳榔園地主原則上同意廢園只是希望廢園後每位地主仍有每年 60000 元的收入，而劉松信於第二次座談會上直接向分署長報告俱樂部願意承租檳榔園其中的三分地，而且表示俱樂部是由一家臺北的大企業所資助，資金相當充裕，甚至於可以完全承租所有田地。

事後求證俱樂部，阿好與阿美則是說劉松信主動找她們談的。除了地主開價過高，平均起來一分地要接近兩萬元外，目前俱樂部成員還不足以應付這將近一甲多的田地，而且還有等待廢園的時間過長等問題，所以俱樂部不傾向承接這些田地，反而建議劉松信採用多人一起承租的方式。另外，社區發展協會在申請農村再生計畫的時候，也將俱樂部列入其計畫之中，有點尋求支持與共同背書的感覺，為與社區保持良好關係，俱樂部也就睜一隻眼閉一隻眼了。

在俱樂部進入水頭村這短暫的六年裡，俱樂部成員目前除因為生產工作與部分居民有所接觸外，幾乎與大部分居民沒有交集。甚至於有時會認為水頭村僅僅只是提供他們生產工具或資本的地方而已。相對的，對於水頭村的地

---

〔註29〕前任社區發展協會理事長。

主，俱樂部的存在僅僅只是他們無力耕作之後，田地可以有人耕作，而且還能有一筆額外的固定收入，再次強化「有土斯有財」的價值觀，農地對這些地主依舊僅是可以增加財富的商品而已。換言之，農村擁有農地的居民出租農地不再務農，實際在農地上務農的農民卻遠離所謂的「農村」生活，形成一種「農村與農地分離」的現象，也可以說是一種臺灣當代北部農村的現況。

## 六、小結與討論

回顧俱樂部在水頭村的發展，也許是時間還不夠長，在地化並不明顯，而且俱樂部本身的定位與相關制度也尚未成熟，雖以成為推廣秀明自然農法的培訓基地與教育園區為目的，卻也提出獨立農場的設計，頗有形成小農聚落之意。這樣的轉變似乎是一種從團隊合作轉變成獨立作業的發展，主要希望能夠創造出完全屬於小農的成功經驗。只是以目前的狀況而言，秀明自然農法靠單打獨鬥似乎難以維生，或許小農彼此之間在生產上相互協助，以至於互補，應該可以提高以農維生的可能性。

這些自然小農也如同吳東傑（2006:17）所描述的，臺灣從事有機生產者的「內在轉換型」。就是從生態與生活面來看，這些「有機農」原本並非農民，為了理念、環保、自然的生活，或因健康因素改食有機食品後，進而從事有機耕作。而俱樂部就是帶著對於秀明自然農法的信念進入水頭村的「有機農」，在生產上有其依循的實施綱要，秉持著「無農藥、無肥料、自家採種、連續耕作」的原則進行農作，但也如同俱樂部學員所說的小農務農是沒有 SOP 的，在適地適種的前提之下，每位小農各自對於實施綱要裡的原理原則有各自的理解與解釋，也是他們對於「自然農法」的詮釋。或許產量多寡並不是他們所追求的，只是「生產」一定還是他們最主要的目標，只是他們是在「生態」與「生活」的標準下追求「生產」的實踐，以符合他們所謂的「自然農法」。

俱樂部這六年來培訓了 47 位的小農，女性比例佔了三分之一強，也成立了六個獨立農場。如以仍在水頭村的自然小農（如表6-2）而言，他們加入俱樂部的動機，除了少數生意失敗尋求二度就業的人外，大部分都是對於現職或生活不滿，想要親近大自然，以及對務農有自己的理想與目標的人，他們對於生產、對於生態、對於生活有他們自己的想像，糾結在全職務農與半農半 X 之間，也就是對於務農有一種既期待又擔心不能達到以農維生的心態。

這些自然小農的年齡大都集中在 30 到 50 歲之間，他們也都是所謂的

「新農」，大部分既無務農的實際經驗，也未曾受過與農作相關的訓練，這應該是與俱樂部一開始被定位為推廣秀明自然農法的培訓基地與教育園區，以及基金會所提供的資助有關，可以接受毫無務農經驗的新農，從頭開始務農。

雖然俱樂部強調資助全職農民為主，但這些自然小農是否能全職務農則因彼此務農條件的不同而有所差異。如已有家庭的小農，就在另一半仍有非農工作的經濟支持之下選擇轉行全職務農，開始新的生活。而中年失業尋找就業第二春的小農則是義無反顧地成為全職務農，希望找出真的能夠以農維生的生產方式。以及為實現與追求自我理想的小農，也是全心全意地全職務農，開始直接與現實碰撞。

還有嘗試在務農這條路上走出不同方向的小農，以半農半 X 的型態來務農，希望結合其他的產業型態來實踐自己對於農業的想法。在這裡的小農大多把農村視為他們可以將農業作為生活一部分的烏托邦，可以實現他們對於農業許多的想法，特別是與大自然共生共存的生活。但不容否認的，還是有部分小農將農村視為世外的桃花源，試圖逃避都市裡那種朝九晚五的乏味生活，或者想走出沒天沒夜的高壓生活，進入如畫如夢般悠然自得的田園生活。

表6-2　水頭村地區自然小農一覽表（2017-2018）

| 編號 | 姓名 | 性別 | 年齡 | 教育水平 | 加入動機（自述） | 備　註 |
|---|---|---|---|---|---|---|
| 1 | 報導人阿榮 | 男性 | 44 | 大學大眾傳播系廣告組 | 為推廣秀明自然農法，成立自然農法俱樂部。 | 自然農法俱樂部技術總監 |
| 2 | 報導人阿美 | 女性 | 40 | 資訊工程研究所 | 認為科技業太過操勞，於是選擇轉行務農。 | 自然農法俱樂部行政總監、第一期學員 |
| 3 | 報導人阿好 | 女性 | 49 | 大學日文系 | 對於本業待遇不佳，於是選擇轉行務農。 | 自然農法俱樂部第一期學員 |
| 4 | 報導人阿松 | 男性 | 47 | 專科電機系 | 自己經營的旅行社在「戒急用忍」的政策之下倒閉，後來配合政府的新農業運動轉行務農。 | 已退出新竹自然農法俱樂部的第一期學員，但仍在水頭村務農。 |
| 5 | 報導人小華 | 男性 | 36 | 海洋生物科技研究所肄業 | 基於自己本身的知識與興趣，想要實現自己務農的理想。 | 自然農法俱樂部第三期學員 |

| 6 | 報導人小梅 | 女性 | | | 中年失業，在有機農場工作兩年以後，反省有機農業過度使用有機肥料的耕作方式，並在接觸自然農法之後，離職加入自然農法俱樂部。 | 自然農法俱樂部第三期學員 |
| 7 | 報導人小蘭 | 女性 | | 大學服裝系 | 畢業後，不能適應服裝設計行業的生活作息，於是選擇轉行務農。 | 自然農法俱樂部第五期學員 |
| 8 | 報導人小玲 | 女性 | 30 | 大學日文系 | 畢業後，曾經在辦公室與餐廳工作過，也曾經到過日本打工，自認為不能適應都市生活，比較喜歡鄉下的生活 | 自然農法俱樂部第六期學員 |
| 9 | 報導人小茂 | 男性 | 40 | 生物科技研究所 | 本身是神慈秀明會的信徒，想要進一步了解秀明自然農法在生產、加工與銷售每個過程的作法。 | 自然農法俱樂部第八期學員 |
| 10 | 報導人小菊 | 女性 | 45 | 師範學院藝術與造型設計研究所 | 不習慣朝九晚五的工作模式與生活，並且認為久坐對身體不好，為了健康轉行務農。 | 自然農法俱樂部第八期學員 |
| 11 | 報導人小香 | 女性 | 30 | 大學日文系 | 畢業後曾在兩家日商公司做過助理，因為不喜歡那樣的生活，離職後先到國外流行，回來後加入有機耕作班，對秀明自然農法產生興趣，於是加入自然農法俱樂部。 | 自然農法俱樂部第八期學員 |

資料來源：田野調查（2017-2018）

　　換言之，因為這些自然農法俱樂部的成員大多具備較高的學歷，所以他們對於生活有自己既定的想像與規劃，不是一出社會就將農業視為自己生活的方式，就是在社會繞了一圈之後，重新思索自己人生的方向，毅然決然選擇農業作為自己未來生活的全部。此時的他們對於農業有著一種特殊的情感，就如 Eric Wolf（1955:454）對於鄉民的定義，他們並不是「農民（farmer）」，而是真正的「鄉民（peasants）」，或者可以說是「新小農」。

　　只是他們在生產上重新學習秀明自然農法，依循著實施綱要，但在銷售上則是著力不深，不是以朋友圈為主體，就是透過俱樂部統一對外的網路銷售平台。這或許也是受到產量的影響，因為沒有穩定的產量，是無法建立固定的通路。目前為止，在水頭村真正完全以農維生的小農，似乎只有阿松一人而已，他就是所謂的個體戶，一人飽全家飽，在基本生活需求上的負擔遠小於其他負擔家計的成員，比較容易達成以農維生的目標。其他小農多數在另一半的經濟支持或是在之前工作所存下的積蓄努力往「以農維生」的目標邁進。

　　俱樂部進入水頭村這幾年，成員與在地居民之間的聯繫不多，兩者接觸所產生的化學效應不大。唯一掀起的一點點漣漪就是地租的上漲，也不得不捲入與在地農民爭地耕作的糾紛之中，承租耕地的增加有可能是代表著地主對於俱樂部的信任，也可能是地主受到高額租金的吸引。但是無論如何俱樂部在水頭村的發展也成為這個農村對外宣傳的優勢之一，相信不久的將來，在與居民不斷的接觸之後，透過溝通互相理解，重新連結農村與農地，再創農業的新風貌，而不會在小農返土之後，農地變成僅是一種生產工具或資本而已。

# 第七章　水頭村農民的發展與現況

　　本書利用 Wolf 對於鄉民與農民的定義，從強調「鄉民（peasant）」與土地有傳統情感的聯繫，並以耕種為基礎，進而發展出一種獨特的生活方式。以及農民（farmer）將土地視為資本，作物視為商品，不斷累積資本再投資，藉以擴大耕種的規模，以一種企業經營的模式來耕種與利用土地。而兩者之間最大的差異就在於耕種者與農地之間的關係，前者對於農地有強烈的認同，仍有安土重遷的傳統觀念；後者視農地為一種生產資源而已。

　　而臺灣「鄉民」與農地之間的關係，在實施耕者有其田以後，大部分都已成為自耕農，佃農幾乎已經絕跡，他們都非常重視，並盡量確保農地作為重要的生產資源。只是在 1960 年代離農的人口增加，農村人口不斷外流，在政府鼓勵轉作與休耕之下，再加上農地因平均繼承而趨於零散，很難做有效的規劃運用，造成農地利用逐漸粗放，「鄉民」與農地之間的關係也因此越來越疏遠。

　　1990 年代以後，臺灣部分產業開始西進，經濟景氣開始衰退，農村人口開始回流。到了 2000 年以後，青年從都市返鄉務農，開始「重回土地」與「返土歸田」等新的農業運動。只是這些回農的人口一直面臨到農地破碎或無地可耕的問題，這也就是 2009 年以後政府積極推動「小地主大佃農」政策的主要原因之一。如此一來，不論是委託代耕經營的委託者與受託者，還是擁有農地的在地居民與尋找農地的新農，似乎都是一種另類的「一田二主」制度，自此臺灣農地再次形成土地所有權與使用權分離的狀況。

　　因此本書所涵蓋的農民基本上都擁有一種以耕種為基礎的生活方式，只是他們與農地之間的關係，以及他們農外兼業的程度有所不同，所以本書將水頭村農民的發展區分為 1960 年代以來在地持續務農的老農與兼業農、1990

年代以後返鄉重新務農維生的農民，以及 2000 年以後從都市到鄉村租地務農維生的新農。試圖透過這些不同類型農民的發展，以及當代返鄉與外來農民之間的互動，重新建構與理解水頭村農民的發展與現況。

## 一、在地老農與兼業農

　　水頭村位於肥沃沖積土所形成的河階地形上，年平均雨量又比新竹平原來得多，這樣優越的自然環境，讓水頭村成為竹東地區的農業精華區。只是水頭村位於山區與平原，以及漢人聚落與原住民部落之間的交接之處，也讓水頭村成為物產流通的集散地。因此，水頭村除稻米種植外，其他經濟作物如日治時期的茶葉與藺草，以及戰後的柑橘等都是這個地區的重要作物。

　　受到 1960 年代以後竹東鎮發展工業成為全臺三大鎮之一，以及新竹科學工業園區設立的影響，水頭村人口大量外流或出外工作。這裡的農地利用就從精緻利用逐漸轉變為粗放利用，特別是受到 1970 年代政府推動轉作來縮減稻作面積的影響，水頭村以西的山坡地也從原本種植水稻的梯田，改變成種植香蕉與柑橘，甚至於在以東的河川地上的部分良田也被改種檳榔與柑橘。

　　自 1960 年代以後水頭村在地大部分正值壯年的農民開始外出工作，改以兼業的方式來務農。當時這些兼業農民多在林班、水泥廠、玻璃廠與電子公司工作，平常則是利用上班前與下班後下田務農，以及農忙時期才會特地請假務農或出資雇工協助農事。但仍有一部分的農民依舊專業務農，這些傳統的農民大多是自 1950 年代持續務農至今，比較年邁，無法出外求職工作，他們對於土地仍有強烈的認同感，那種安土重遷的觀念依舊非常的明顯。

　　而 1960 年代到現在，水頭村還有少數的專業農民是配合政府為解決農村勞力問題，以及降低農業成本，所推動的共同經營與農業機械化等政策，被輔導成為所謂的「機工包工農（mechanized contractor farmer）[註1]」。這種機工包工農一般都是家戶內勞動力所能耕作的土地超過其現所持有的土地面積外，通常因其家戶勞動力豐富，還有累積資本的能力，並且利用補助購入大型農機具，協助那些年邁的專業農民與缺乏勞力的兼業農民耕種，也會配合各地

〔註1〕　在本書裡，「機工包工農」這種農民的分類是借用柯志明與翁仕杰（1991:124-125）對於嘉義縣義竹鄉農民分化（peasant differentiation）的研究分類，即以重型機械替人代耕的農業生產者是配合農業生產逐漸外包化的產物。隨著年青的農村居民離鄉或脫農，農業生產者老化，加上兼業化，市場取向程度較低的家庭農場經營逐漸粗放而且仰賴更多外面雇入的勞力。

農業時節加入巡迴全臺的代耕團隊（柯志明、翁仕杰 1991:124-125）。這種兼業與粗放農地利用，直到 1990 年代部分人口回流，水頭村開始發展有機農業，才有了明顯的改變。

如一開始與農會共同成立有機米產銷班，且曾經擔任第三任班長的劉正昌，其本身在二十歲出頭就購入耕耘機、插秧機與收割機等大型農機具，開始從事代耕工作，也曾經加入全省農機代耕團隊從南到北代耕。而有機米產銷班的共同經營有利於他擴大代耕的面積，因此在產銷班成立之後，他雖然一直保持配合，但卻不積極參與產銷班的運作，僅僅只是負責代耕所有班員的田地，而其所生產的稻穀也與產銷班成立之前一樣，都是交給一般糧商收購。

比起共同經營，劉正昌一向比較在乎個人在代耕方面的收入。因此，在其接下班長一職後，在處理產銷班的事務上，常常與班員發生糾紛，就覺得這個職位吃力又不討好，於是不到一年就卸任了。而且在第四任班長劉信全也購入農機具自行耕種，並且開始幫忙代耕班員的田地之後，劉正昌就毅然決然退出產銷班。之後就在竹東一帶代耕，透過租地擴大耕種面積，其所生產的稻米除一部分給農會保價收購外，其他的部分都是一律交給糧商收購。

這種機工包工農的出現，主要就是為解決離農後農村人力嚴重不足的問題。透過他們的協助讓在地老農與外出上班的兼業農可以持續在他們的農地上耕作，形成一種新的雇工關係，取代傳統農村那種在農忙時期各自以勞力來進行「換工」的互助關係，而這種的雇工關係也成為水頭村 1970 年代與 1980年代主要的農地利用模式。

因此，機工包工農、在地持續以農維生的老農，以及 1970 年代正值壯年的自營式兼業農，這三種農民共同建構 1970 年代與 1980 年代水頭村農業生產的全貌。其中又以那種機工包工農與自營式兼業農較具有現代性，以機械化與兼業的方式來務農。相對於前兩者，在地持續以農維生的老農是明顯較具有傳統性的。正因如此，當這些機工包工農與自營式兼業農在外工作退休又開始專業務農時，比較能夠接受有機農業這種新興的農業型態，也就成為後來有機米產銷班的主要推動者與班員。

只是水頭村的機械化大部分都是針對稻米的耕種來推動的，較少發展至其他作物上。或者是說比起稻作而言，水頭村缺乏關於其他作物機械化的知識與技術。因此，在回農之後，在蔬菜種植上，由於勞力不足的關係，無法擴大規模來種植，只能少量種植來自給自足。直到 1996 年興建溫室建立農場以後，

才大量雇工以勞力密集的方式來擴大蔬果耕作的規模。

而且部分田地也配合政府政策轉作橘園，轉作果樹除經濟價值較高外，這種多年生的木本植物屬於粗放利用，平時勞力的需求不高，反而是在採收時對於勞力才有較高的需求。因此，因應大規模的溫室蔬菜種植的經常性勞力需求，以及多年生果樹採收時的臨時性勞力需求，水頭村也形成部分單純提供勞力換取薪資的雇農。

這些協助稻作的機工包工農、專兼職稻作的農民與自營式兼業農，以及其他作物的自營式兼業農與雇農，就成為 1970 年代至 1980 年代水頭村農民的主要類型，只是這時候專業務農的大多年紀偏大，而青壯一代則是多為在村外有其他工作的兼業農民。在這個時期，除了 1950 年以來持續在水頭村專業務農的老農，對於土地仍有強烈的認同感外，其他農民如機工包工農、兼業農與雇農都屬於 Wolf 所定義之下的「農民（farmer）」，而非是傳統的「鄉民（peasant）」。

## 二、返鄉農民

水頭村在 1990 年代以後，瀰漫一種以有機農業來再生的氛圍。不論是有機蔬菜產銷班，還是有機米產銷班。有機農業的興起除了吸收 1960 年代與 1970 年代那一批出外工作屆齡退休的兼業農民外，還有離鄉出外打拼的遊子在經濟景氣衰退後，在外苦無就業機會，或者是想創建新的農業生產方式，返鄉回到水頭村，在自家的農地上重新開始務農。

這些返鄉農民大多都有從事農作的實際經驗，以及家中仍有農地可以耕作，務農維生對於他們而言，是一種生產成本與進入門檻皆低，而且相當熟悉的選擇。利用這些的優勢，再配合政府的相關政策與補助，他們投入當時被認為有希望的有機農業，成立或加入產銷班，開展自己事業的第二春。

其中原本從事水電工程的劉信義就在 1993 年返鄉種植蔬菜，他認為雖然當時務農不被看好，但從長期來看仍是具有發展的前景。他最初先以慣行農業為主，也開始發展溫室種植，並且觀察當時的市場趨勢，開始累積有機種植的經驗。於是在兩年之後就轉型為種植有機蔬菜的農場，而且加入政府委託的相關單位接受輔導。只是在當時不管政府單位，還是一般民眾，普遍對於有機農業不甚了解，再加上對於農業都有著一種日暮西山的印象。劉信義就這樣與自己父親發生衝突，不計風險地投入大量資金來種植有機蔬菜，將整個農場的經營規模發展到上百棟溫室的數量，通路也從地方盤商到市場攤位與批發，再到

大型盤商，只是後來在通路上與盤商發生嚴重的紛爭，因此經營不到3年的時間，規模就不得不大量縮小。

而劉信全在2002年從大陸離職回來以後，開始耕種有機米成為產銷班的中生代。除了承接父親的田地外，也不斷地承租老班員無力耕種或第二代不願耕種的田地，不斷地擴大耕作面積，而且又在艾利風災過後，利用協助整地來承租部分受災的田地，再一次擴大耕作面積，逐漸成為耕作面積最大的班員，他的耕作面積已達到四公頃多。

他除了向班員收購稻穀外，為方便統一作業，也向農會貸款興建米廠，以及購入烘穀與碾米設備，在通路上也與有機農場丙互相配合，再加上在農會的輔導，以自有品牌進入國內里仁有機商店的通路。等到接任班長後，為完全控制自己生產的成本，再購入耕耘機、插秧機與收割機等農機具，並興建冷藏室來儲存乾穀。一直到現在，劉信全對內代耕班員田地與收購班員的稻穀，對外則是以產銷班自有品牌透過農會、有機農場丙與里仁有機商店銷售，也就是說他一人獨力經營產銷班的生產與銷售。

另外，還有脫離有機米產銷班獨立作業的劉信忠，他2013年自高雄親戚家的茶廠離職回來之後，就收回他已逝父親租給劉信全的農地自行耕作。回農的動機主要是認為自己年紀已經步入中年，與其再找其他工作，倒不如試著自行創業，於是想要利用家裡既有的農地維生。對他而言，務農只是此時其中較佳的選項之一而已。

總結這三人返鄉務農的經驗，我們可以說：劉信義可以說是雇工的農業資本家，劉信忠則是獨立小農，而劉信全則是介於農業資本家與獨立小農之間，可以被稱之為單一作物生產的大佃農。農業資本家與其他兩者的差別在於有無自行對外銷售的通路，比較像是單純與盤商合作的生產者而已，發展上容易受到通路的影響。而獨立小農相較於其他兩者在生產資本與生產規模上來得小，大多只是自產自銷的自耕農，既沒有額外租地耕作，也沒有繼續擴大耕作規模的意願。

與上一代的不同之處，在於上一代的老農對於土地有強烈的認同感，務農是他們唯一的生活方式，農業也是他們的生活目的。而這些後來返鄉的農民雖然一樣都是專業務農的，但是對他們而言，務農只是現代社會中的一種謀生方式，農業就是一種獲取生活資源的手段。他們返鄉務農時在年齡上正值壯年介於30歲至40歲之間，他們的教育程度較高，也較能接受新的農業

知識與經營模式，並且較具有企業家的精神。換言之，這些返鄉的農民已非以往傳統的鄉民，而是當代社會裡常見的農民。

此外，在水頭村也還有一些在退休之後返鄉務農的不在地地主，只是這些都已遷出水頭村，在竹東鎮或新竹市市區另外購屋居住，因為在水頭村還擁有或大或小的農地，即使出租自己的農地，也會保留一小塊地，以通勤的方式來回水頭村，種植一些蔬菜自用，將農業當作一種休閒活動，也就是常常聽到他們說：「這是種健康的」。而這些「種健康」的農民既不是汲汲營利的農民，也不是將耕種當成全部生活的傳統鄉民，只是一種將耕種當作一種休閒活動。

## 三、外來新農

1990 年代水頭村開始推動有機農業，促使部分居民返鄉務農之外，這種位於水圳引水口，水源較為純淨少污染的自然條件，也開始吸引部分外來人口在這裡租地耕種，如經營最久的有機農場乙（1994）、水頭村女婿的有機農場丙（2008）、自然農法俱樂部（2012）、成長家園的附屬農場（2014）等新農來到水頭村耕種。

而這裡新農的「新」，即代表初來乍到的「新」，就是在來這裡之前大多與此地的人與地並沒有其他任何的關係存在，還有他們大多都是務農的「新」手，幾乎都是從零開始。

如進入水頭村經營有機農場乙已二十幾年的柯國全與陳秋蘭兩夫婦，就是從電器行轉行到有機農場，從完全不懂，一點一滴累積到現在的規模（將近一公頃多的田地）。但有機農場乙的發展並不是一直往規模經濟的方向走，而是始終維持小農經濟的家庭農場。就連銷售也是在被盤商倒債以後，開始認為自產自銷才是農民唯一的生存之道，於是重新回到傳統市場的擺攤，強調從「做有機」轉變成「做良心」，希望直接面對與回饋顧客。藉由每日與消費者對話和溝通所建立的信任關係來取代一張張有機認證的標籤，這種在傳統市場的零售模式足以應付小型農場經營的基本支出與開銷。

有機農場乙是以家庭作為生產的單位，但並不是透過自我剝削來維生，而是一樣為追求利潤將作物當商品來生產，只是不再一味地追求「利潤最大化」，過度依賴盤商的通路，為滿足銷售而進行生產，反而是兼顧生產與銷售，確實控制支出與收入。認為務農只要撐過一開始那一、兩年的門檻以後，一定可以依靠自產自銷來維生的。

這裡比較特別的新農，還有一位水頭村的女婿，也是劉信義的妹夫——邱

禮仁，雖然說他承接其岳父的農地成立有機農場丙，但其發展與其岳父與大舅子那種「一味變大」的規模經營截然不同，他自己發展出「立志做小」的創新有機小農模式。在務農上他本身就是一個新手，唯一與農業有關的就是他娶了農家女兒，所以他在結束自己創業的科技公司以後，就利用這樣的契機開啟務農之路，結合其岳父對於有機農業的知識與技術，以及自己熟悉的企業管理，成為一位有機農場的 CEO。

只是有別於以生產為主的農場，他在銷售上建立了一種預購會員制，使其農場成為一種社區支持型農場。除此，他也結合環境教育、有機農業推廣與培訓、觀光，甚至於國際研習與交流，成為一個具有多功能的農園，符合他所謂的「有機農業的六級產業化」，從一級的有機農業出發，結合二級的農產加工，配合三級的管理與行銷，做出六級化的新農業，將農園的價值極大化。甚至於在 2011 年開始推動以有機來實踐善念的愛心活動，以及手心翻轉計畫。

這樣的發展完全符合農委會在 2006 年所推動「新農業運動」，從以糧食生產為主的傳統農業，發展為兼顧生產、生活、生態的「三生農業」，一種「全方位的農業」。也就是包括生產糧食的一級產業，農產加工的二級產業，以及運銷、休閒、文化體驗的三級產業。

有別於上述個人或家庭經營的農場，成長家園則是在結合企業的社會責任與社區支持型農業所推動的手心翻轉計畫的協助之下，順利在水頭村成立附屬農場，其目的單純就是協助與教育母院養護的重殘智青自力更生，作為社福單位附屬的農場。這種由身心障礙者來從事農場的工作，希望以愛心、慈善為出發點，為他們提供有尊嚴、有意義的勞動工作。

就成長家園附屬農場的經營模式而言，雖然在邱禮仁的指導之下，其完全複製有機農場丙的經營模式。並在邱禮仁的引介之下，向新竹矽谷扶輪社申請扶輪社全球獎助金計畫，再配合其他的捐助建立現在的規模。其目的是在提供這些身心障礙的孩子有尊嚴有意義的工作機會，並且期望可以挹注成長家園本身拮据的經費。但是由於其本身是社福單位，既不能以營利為目的，也無法商業化經營，純粹就是一種公益型的社區支持型農業，因此在後續發展上已與有機農場丙有所歧異。

如推動手心翻轉計畫時，對於接受捐款的態度，成長家園的何主任就與邱禮仁有不同的想法，邱禮仁認為讓孩子們有尊嚴有意義的生活下去，就是要他們自力更生，接受捐款就違反當初成立農場的精神，但何主任認為就目前成長

家園附屬農場的經營單靠目前蔬菜認養的人數與義賣，無法負擔人事成本的支出，因此不得不採取捐款與認養雙軌並行的方式來補足經費。

除了以上這些外來的新農外，在水頭村人數最多的新農就是由基金會贊助的自然農法俱樂部的成員。有別於前述新農對於農業知識與經驗的缺乏，自然農法俱樂部則是完全遵循秀明自然農法來從事農作，主要的目的是作為秀明自然農法生產者的培訓基地，在技術總監阿榮的指導之下，學習與實踐秀明自然農法。部分學員並在培訓期滿之後，在水頭村成立獨立農場以農維生。自2012 年開始招生至今的學員已有 47 位，而目前仍在水頭村持續耕作的還有 8 位。

有別於那些返鄉的農民，以其熟悉的農事工作在自家的田地上維生，從外地逃回這個從小生活的舒適圈。相反的，這群自然小農則是離開自己建構的舒適圈，來到一個人生地不熟的地方，一切從零開始，他們想要的並不是進入一個桃花源，而是打造自己理想中的烏托邦。

如同一直資助這群小農的王董所說的：

> 在現在的社會要當小農，要有點創業家的精神，你若沒有那一點點創業家的精神來當小農是有一點點辛苦的，你叫我做什麼事我就怎麼做，這樣是不行的，應該是這塊田是我的，我應該怎麼去規劃與觀察，我以後要種哪些作物，跟別人有區隔，種出價值，要怎麼銷售，一盤棋不是像以前老闆叫我做什麼我就做什麼，如果這種心態，可能不太容易成功。……。而且會來這邊的小農，我認為小農的特質，個性上就比較不一樣，有些是比較特立獨行。〔註2〕

也就是說來到這裡的自然小農也都是具有創業家精神的農村逐夢者，雖然他們的務農動機不同，但相同的是他們選擇在水頭村跨出他們實現理想的第一步。

只是這些新農比起在地老農與返鄉農民，除與返鄉農民一樣具有企業家的精神外，也與 1950 年代以來的在地老農一樣，務農對他們來說，不只是一種謀生的方式，而是另一種他們嚮往的生活方式。有其目標與理想，即使務農的型態不一樣，農業生產都是不可或缺的主體，不再只是可有可無的附屬品而已。

以新農在水頭村耕作的面積而言，有機農場乙（1.5 公頃）、有機農場丙

---

〔註 2〕報導人阿榮、阿美與王董訪談逐字稿（2018.05.25）。

（2.2 公頃）與成長家園附屬農場（0.5 公頃）等小型農場合計約有 4.2 公頃，以及自然農法俱樂部也約有 2 公頃，已佔水頭村整體農地面積 28 公頃的四分之一左右，足以說明這些新農對於水頭村農業的發展已有舉足輕重的地位。

這些外來新農既不是強調利潤最大化的「農民（farmers）」，也不是傳統那種有土地有組織的「鄉民（peasants）」。他們雖然仍以耕種為基礎發展出的一種生活方式，但是這種生活方式與農地所在的農村社區似乎沒有太多的交集。他們並不需要在社會關係裡獲得自身的社會地位，他們進入農村成為小佃農，只為了從事他們理想的耕種方式，可以被視為一種與傳統鄉民不同的新小農。

## 四、當代農民之間

上述的三種農民類型，除 50 年代以來的在地老農已無法耕作外，原本那些兼業務農在非農的工作退休後專心務農、返鄉再次選擇務農維生的農民，以及外來新農就建構成當代水頭村農民社群的全貌。

而這些農民之間又是如何互動的呢？這個部分還是得從水頭村內部的發展來討論，其中最重要的就是「有土斯有財，無田不成富。」的價值觀。這種價值觀不僅阻礙農地的充分利用，而且影響這些農民之間的關係，再形成另一種佃農與地主之間的緊張關係，甚至於造成返鄉農民與外來農民之間的競爭關係。

1950 年代以後水頭村居民藉由土地改革取得農地之後，這些取得農地的人往往擔心出租後會再被徵收，因此即使在進入農外的就業機會與收入都大增的工業社會後，他們不是由年邁的父執輩，就是以兼業的方式持續在農地上耕作，甚至於配合政策休耕，大多不願將農地出租或轉讓。

如此一來，外來的新農如果不是像柯國全與陳秋蘭兩夫婦透過農會介紹跟當時的里長租地，或者是像邱禮仁承接他岳父的農地的話，除非有在地居民的協助，不然一般的新農都不容易取得農地來耕作。如自然小農小華就曾經提到過：「農村出租土地就好像在嫁女兒一樣」，他強調農村裡的人是相當珍惜土地的，害怕外地人搶土地，地主租地給你根本不會想跟你簽約。另外，相較於新農，返鄉農民透過在地關係租賃農地來擴大耕種規模則是較為簡單的。

只是在這種農地被視為一種商品或高價值的資產情形下，在地或不在地地主與新農，以及返鄉農民之間是存在著一種「價高者得」的關係，租地耕

作的大佃農與自然小農無時無刻都在擔心農地被收回，導致規模縮小，甚至於無法持續耕作，其中以秀明自然農法從事耕作的自然小農對於農地的依賴最深。

對這些自然小農而言，秀明自然農法就是以前老農的傳統耕作模式，透過不用藥不施肥這種模式來恢復地力，企圖讓土地回到最原始的狀態。但是這樣的耕作模式需要投入較久的時間，不是短時間就可以一蹴即成，因此他們不得不以高於市價的租金來租地，以確保能夠持續長久地在農地上耕作。

如自然小農的報導人阿好就認為如果只是租地的話，往往在地力恢復差不多的時候，容易被地主或第二代收回自行耕種，有點徒勞無功，讓別人坐享其成的感覺，也才決心買田自耕。她也提到一開始來到水頭村時，地主都以休耕補助的金額來要求地租，這樣的高額地租雖然造成其他農友的抱怨，但調降地租又不容易租到地。

而這種高額地租也引起返鄉農民與自然小農之間的搶地糾紛，如劉信全已經代耕5、6年的三分農地，在劉信忠的仲介之下，被自然農法俱樂部租走，引起劉信全的不滿，造成他對於自然農法俱樂部的敵意。

其實除佃農與地主之間的緊張關係，以及返鄉農民與外來新農之間的競爭之外，返鄉農民與外來新農也都受到家族內部爭搶田產，以及里長與社區發展協會理事長等選舉的影響彼此產生對立。如脫離有機米產銷班的劉信忠和前班長劉正昌，以及重組蔬菜產銷班的有機農場乙自成一派，與有機產銷班現任班長劉信全和有機農場丙的農場主邱禮仁這一派相互對立，常常不合，惡言相向，更不用說有什麼合作的機會。

由此可知，水頭村近年來農村的發展，不如宜蘭地區新舊農之間有良好的互動（蔡晏霖 2016），而是處在一種較少互動的狀態之中，也許只有佃農與地主之間的租佃關係而已。如以自然農法俱樂部進入水頭村這短暫的時間為例，這些小農除了因為灌溉水源與部分在地農民有所接觸外，幾乎與大部分居民沒有任何的交集，他們耕作所需的農機具大部分也是由基金會所購入。對於他們，來到水頭村僅僅只是可以獲得提供他們實踐秀明自然農法的農地而已，就如同取得工業用地來興建工廠一樣，因此也很少對「農村」的發展做出任何的貢獻。

相對的，對於水頭村的在地地主或不在地地主，俱樂部的存在僅僅只是他們無力耕作或遷出之後，田地可以有人耕作。而且在兩期休耕補助轉變為一期

稻作與另一期生產環境維護，在補助降低之後，還能有一筆與之前兩期休耕補助相等的固定收入，再次強化「有土斯有財」的價值觀。

這些自然小農與農村之間的聯繫存在於農地之上，這著實說明青農或新農來到現代農村面對無地可耕的無奈。也就是說現在農村與農地分離的現象，農村不再是以農業生產為主要經濟活動的居民所構成，農地的利（使）用者也不再是傳統的、有組織的在地農民，而是由一群有不同理念的『新農』在耕耘。這樣的現象足以說明在臺灣北部農村，農村是一種沒有內部組織的社群，而農地也只是一種生產資源而已。

## 五、小結與討論

從離農到回農的在地、返鄉與外來的農民，我們還是可以依照他們參與生產的程度、性質，將水頭村農民實際區分為機工包工農、雇農、自營式兼業農、農業資本家，以及獨立小農等類別。只是這樣的分類絕對不是固著於某一時空的某些農民之上的，而是會隨著時間的流逝與區域的差異而有所不同的，可以說明農民是受到其所在環境所影響的，他們的界定與分類是浮動的，不同定義與分類之間的界線也是模糊的，是一種因地制宜的論述。其中在水頭村農民與農地之間的關係成為影響農民定義與分類的主要因素，因為這種人地關係就是一種生態關係，也是人與社會、政治、經濟之間的相互關係。

回顧水頭村演變的歷程，從離農到回農，這些在地、返鄉與外來農民的發展，可以發現到 1990 年代以後回到農地耕作的人口逐漸增加，甚至於有外來人口在水頭村租地耕作，而且以農業為兼業的兼業農民逐漸變少，取而代之的是以農維生的專業新農變多。也許務農人口的總數改變不大，但是農業的型態已經發生性質上的明顯轉變，如受到「有土斯有財」的價值觀、家族爭產，以及政府休耕補助的影響，農地被視為一種高價值的資產，一種可以賺錢的商品，即使閒置不用也會有收入的資產。

水頭村農村的演變過程中因人口不斷外流，以及居民外出就業的離農現象，造成了大部分現在居住在社區的居民已經不再是以務農為中心的「鄉民（peasants）」。社區只是這些傳統農民下一代子女居住的地方而已。而現代這些外來新農在農村租地耕作的發展，則是單純將農田所在的農村視為一個每天通勤的工作地點而已。他們與農村的社區生活毫無關聯，甚至於與當地居民互不相識，有的僅僅只是地主與佃農之間的租佃關係。這樣的發展可以被形容

為一種傳統農村社會的式微或是「農村與農地的分離」，此時農村與農地似乎已成為一條平行線，除了租佃關係外，並沒有任何其他的交集。

另外，如以水頭村的分類和柯志明與翁仕杰（1991）對於嘉義縣義竹鄉農民分化的分類加以對照的話，我們可以發現臺灣南部地區與北部地區的農民上有明顯差異，呈現出一種「小地主大佃農」與「小地主小佃農」之區別。即柯志明與翁士杰在嘉義縣義竹鄉所發現的全職外包農、包工頭與兼職外包農幾乎在水頭村很少發現，或者只是一兩個而已。再加上這裡的經營規模也以家庭農場為主，兩地之間在雇農人數的多寡上有著明顯的差異，這也直接反映出臺灣南北兩地在農業發展上的差異。北部的發展如同水頭村以家庭農場為主，而南部地區則是多以發展農企業〔註3〕為主。

這樣的發展主要是因為北部地區原本的耕地面積就不大，在經過 1950 年代政府推動耕者有其田的政策，以及後來不斷的分產之後，致使農地零散化。如此一來，不論是土地，還是農業上的資本與技術較不易集中，因此較不利以「大佃農」租田耕種的方式推動企業式的經營。

另外，在水頭村種植蔬菜是以獨立小農為主，稻作則以大佃農的家庭農場為主。前者不是在傳統市場的自產自銷，就是社區支持型農場的預購會員制；相對的，後者則是透過固定通路向外擴展。這樣的發展除了兩種作物本身市場的規模有小有大外，還受到作物本身特性的影響。稻米比起蔬菜較為耐放與便於儲藏，生產與消費之間的連結較為鬆散，但蔬菜的保存期限短，生產與消費之間的連結必須是相當緊密的，因此不易也無法追求利潤極大化的規模經濟，只能在利潤最大化與市場供需之間找到平衡，尋找一種「實踐理性」的經濟發展。

總之，在水頭村農村的蛻變過程裡，像農場企業或規模經濟那種資本主義農業家並非是農村發展必要的選項，反而是家庭農場與獨立小農才是最為適當的規模。水頭村目前這種「小地主小佃農」的發展，明顯有別 Wolf 的鄉民與農民，它代表著新小農的出現，就是一種傳統鄉民（peasants）到農民（farmers），再到新小農的發展過程。也是當代水頭村農民如何運用各種策略來適應環境變化的過程，更象徵著「農」對於這些不同類型的農民有著不同的意義。

---

〔註3〕一般而言，都將農企業定義：「農企業是農場經營及其相關的農用品之製造與銷售，農產品之加工、儲藏與運銷之總和。」，包涵四大類企業：即農用品企業、農產加工業、農產運銷業和農場企業（張研書 1982:6-9）。

# 第八章 當代水頭村農民對農業的詮釋

　　在進入水頭村以後，常從農民的口中聽到「以農維生」這四個字，這也是他們努力務農的目標，甚至於還有農民說：「希望以後務農也可以像其他工作一樣可以跟銀行申請貸款來買房子」。換言之，他們希望他的農業耕作可以被視為是一種有穩定收入的維生方式。但在他們的實踐中，卻發現他們既不追求最大產量，也不追求最高利潤，為的只是實踐自己想要的生活方式。與其說他們是「以農維生」，倒不如說他們希望能「以農為生」，因為他們希望能以耕作維持生計外，還可以實現他們想要的生活方式。

　　這裡「以農為生」的「為」意含著「是」與「作為」的意思，「以農為生」（agriculture as a way of life）就是「以農業耕種作為生活方式」。這種生活方式也是傳統鄉民（peasants）從事耕種的理想與目的，包含維持生計、尊重土地與休閒需求等。

　　而「以農維生」（agriculture as a way of making a living）的「維」則是意含著「維持」的意義。「以農維生」就是以農業維持生計的方法，農民從事耕種的目的在於取得生活資源，強調農業與市場之間的連結，或是對於市場的依賴。對於以農維生的農民而言，農業就是一種可以增加收入的另一種經濟活動。

　　兩者明顯的區分開始於 1960 年代臺灣從農業社會轉型為工業社會，農業的收入不再是農戶主要的收入來源之後。1960 年代以前的臺灣農村就如廖正宏與黃俊傑（1992:6-7、41-44）在他們的研究中所提出的「農本主義」的概念，

農民們經營的是一種源遠流長的文化傳統——以務農活動為中心所展開的社會組織、經濟體系、政治制度，以及文化系統。這種「農本主義」同時也是當時大部份農民的一種生命觀。

就如同陳昭郎（2012:4）在討論農業社會的休閒意義裡提到的：

> 工作和休閒在傳統的農業社會中並不很清楚的劃分，經常是和諧地融合在一起，由於農事工作的時間性、工作地點的孤立性，以及工作方式的自主性，使得休閒時間的需求沒有被特別的強調。

到了 1970 年代，這種以農為生的農本主義在臺灣農村已經逐漸式微，甚至於瓦解。取而代之的是「以農維生」，即以農業生產為中心所發展與建構出來的各種經濟活動。這種現象在臺灣南部相當明顯，這些以農維生者的耕作目的是在追求利潤最大化，以單一作物進行大規模耕作，或是擴大農場規模來提高農業收益的農企業。

只是水頭村農民面對農地因分產而破碎化的問題，以及人口外移所造成傳統社會組織的瓦解，無法像南部地區一樣進行單一作物的大規模耕作，或發展出農場經營規模化的農企業。而且政府自 1990 年代以來持續推動產銷班與農企業的建立，以及「小地主大佃農」等政策，對於水頭村農民似乎幫助不大，他們並沒有像臺灣南部的農民在政府的輔導之下開始擴大耕作的規模。反而促使水頭村農民利用其位於竹東圳引水口，低汙染的環境，以及空氣、水質與土壤的良好品質等條件來發展生態農業與生活農業。

水頭村這種好山好水的自然環境也吸引 2000 年以後許多受到農民運動、農藝復興與食安危機影響的外來新農，他們雖然沒有務農的經驗，卻擁有較高的學歷，有自己的想法，從自身求學或工作經驗中，選擇自然農法或友善耕作來務農，營造自己想要的生活方式，進而在水頭村形成一種「以農為生」的新小農聚落。

這樣的發展與蔡晏霖觀察 2000 年以來新鄉村主義（new ruralism）或新農村運動所提出的「農義復興」有些相像：

> 在追求工業現代化的發展進程中，「農」誠然長期被等同於「農業」，並且僅由農產品的「市場價格」計量其（低）價值。與此相反，新農運動積極強調「農」在維持個人健康、環境生態、社群穩定、文化傳承與創新，以及國家糧食主權上的多元價值，部份論者甚至將可持續型農耕及其「重建人與萬物共好關係」的倫理想像視為災難

　　社會與瀕危年代的出路，進而由此復振了「農」在當代生活裡的核
　　心意義與多元價值。（2014:221）

　　本章試著以當代水頭村農業的發展為例，從農義復興、生態農業與生活農業的在地發展，說明水頭村 2000 年以來這種強調「以農為生」的新小農聚落的形成，進而理解當代水頭村農民對農業的詮釋。

## 一、農義復興

　　從傳統農業，歷經離農，到三生農業，甚至於其他新興的農業型態，不論是那種農業型態，「農」之所以為「農」就在於「農業生產」的具體本質。只是這些農業型態的農業生產是一種經濟活動，還是一種生活方式，仍然有待釐清。當農業生產被視為一種可以用來再投資的經濟活動時，此時農地就被視為資本，作物就被視為商品，這樣子的農作可以稱之為「以農維生」。相對的，如果農業生產被視為一種生活方式，以及一種生活的目的時，此時耕種者與農地、作物之間自然會形成一種認同或特殊情感，甚至於透過作物與消費者建立起一種互惠關係，則可稱之為「以農為生」。而從「以農維生」到「以農為生」的發展，這種農業在當代生活裡的核心意義與多元價值，就如同蔡晏霖（2014:221）在觀察新農運動後，所描述的「農義復興〔註1〕」的過程。

　　國民政府來臺之後，水頭村與其他農村社會一樣，隨著土地改革的成功，當時農民對他們所耕作的土地產生了強烈的認同感，當時「以農業為生活方式」這種價值觀念相當普遍。這也就是為何水頭村居民除了在河川地開闢水田外，還積極將山坡地開發成梯田，持續擴大種植水稻的面積，藉以改善與增進自身的生活，對於農業與農地有很深的認同感。

　　1970 年代則是配合政府推動轉作，縮減稻作面積，大部分居民將山邊原本開闢用來種植水稻的梯田與茶園改種柑橘，甚至於連靠近河川地的水田也都改種柑橘與檳榔。1990 年代也受到政府以推動有機農業來提高農業產值與解決食安問題的影響，水頭村彌漫著一股種植有機蔬菜與稻米的風氣。只是此時的有機蔬菜與稻米已不再是糧食作物，而是高單價的經濟作物。

---

〔註1〕這裡的農義復興的「農義」就是農業的意義，即蔡晏霖（2016:30）在〈農藝復興：臺灣農業新浪潮〉一文裡「農譯」的概念，強調農意識（義）的多元化來自異質行動者的多方轉譯，也就是在消費端的藝文工作者（農文藝）與生產端的友善小農（農技藝）的多重農譯實作。

　　此時農業已從傳統的生活方式轉變為一種生產手段，對於農民而言只是一種增加收入的經濟活動。農民、農業與農村也不像以前那樣緊密相連，而有各自獨立發展的情形。農村發展逐漸與農業生產疏離，實際從事農業生產的農民也不再是組成農村的重要份子了。農民只是從事農業生產的從業人員，而農村也只是從事農業生產的地點而已。

　　然而 2000 年以來，隨著「愛鄉返土」運動與「在地消費」運動在臺灣社會逐步合流，並自 2007 年起因糧價上漲、無薪假與青年失業，以及層出不窮的食安風暴與農地徵收爭議，掀起一波以「農藝復興」為名的臺灣當代新農浪潮（蔡晏霖 2014:219-220）。再加上臺灣在 2002 年加入 WTO 以後，政府為因應農業產值的大幅減少，開始推動以糧食生產為主軸，發展為兼顧生產、生活與生態的「三生農業」（蘇嘉全 2006）。

　　因此，水頭村近年來除了有些從前離開家鄉在外工作與居住，返鄉重新務農的農民外，還有原本生長於城市，選擇移居到鄉村來務農的外來新農。這些新農通常有較高的教育水平，對於農業有其自己的想像，企圖以農業生產為基礎建構屬於自己的農業生活。他們不是一味變大追求「利潤最大化」，而是以一種與大自然共生的友善耕作方式來「以農為生」。也就是以農業生產作為生存之道，並且兼顧生態，重新回到以務農為中心的生活。

　　如自 1994 年就成立的有機農場乙，自從它在水頭村成立以來，就是利用生產所累積的利潤慢慢地擴大溫室的規模，減少對於資金的依賴，降低農產品銷售上的壓力。即使在陸續停止溫室採果，與脫離盤商的剝削之後，仍然可以回歸到生產者與消費者直接面對面的自產自銷，以他們所謂「做良心」的傳統市場銷售來取代之前「做有機」的盤商通路，透過與消費者建立信任關係來取代有機驗證標章的取得。強調這種「互信互惠」的做法才是農民唯一的生存之道，也才能永續地經營農場下去。

　　還有在 2008 年成立有機農場丙的邱禮仁，他從「科技新貴」轉變成一位「立志做小」的農夫，成立一個「2.5 人的小農家」的農場。認為透過這種有機小農模式的複製與擴散，從小農與小農之間的相互合作，就可以由點到面來擴大有機栽種的面積。在銷售上，他建立了預購會員制，建構一個生產者與消費者相互支持的體系，結合小生產單位與小消費單位，形成一個好的小農循環經濟。他認為農業應該就是一種「善」與「綠」的循環，強調「善」不僅僅是一種耕種信念，更是一種生活信念。而「綠」不僅僅是一種耕作方式，更是一

種生活方式。

　　不同於上述的有機農場，還有一批接受贊助來到水頭村務農的自然小農們，這些自然農法的追求者除了少數生意失敗尋求二度就業的人外，大部分都是對於現職或生活不滿，想要親近大自然，以及對務農有自己的理想與目標的人。他們對於生產、對於生態、對於生活有他們自己的想像，糾結在全職務農與半農半 X 之間，也就是對於務農有一種既期待又擔心不能達到以農維生的心態。

　　這些自然小農大多具備較高的學歷，所以他們對於生活有自己既定的想像與規劃，不是一出社會就將農業視為自己生活的方式，就是在社會繞了一圈之後，重新思索自己人生的方向，毅然決然選擇農業作為自己未來生活的方式。

　　如此看來，不論是有機農場，還是自然小農，已經不再只是將農業生產視為一種經濟活動。他們對於農地與作物有屬於自己的詮釋，以及一份特殊的情感，也試著與消費者建立有別於一般交易的互惠關係。他們在水頭村實踐理想的過程，就是一種從「以農維生」轉換成「以農為生」的農義復興的實例。

## 二、生態農業

　　臺灣有機農業的發展大致上可區分為草根有機、慣行有機農業與後有機運動等三種類型。其中對於生態環境較為友善的則是草根有機與後有機運動，前者是生產與生態的結合，後者則是強調生產必須以生態的保護為前提。而慣行有機農業只追求產量與利潤，在施作上將化學肥料換成有機肥料，將農藥換成有機資材。「有機」只是農產品的附加價值而已，而其作物往往也落入削價競爭的窘境，由此可知，慣行有機農業就是一種「追求利潤最大化」的經濟活動。因此本書將以生態農業來指稱水頭村現在草根有機與後有機運動的現況，並闡述水頭村的有機農業不同於一般慣行有機農業的發展。

　　水頭村的有機農業開始於臺灣有機農業發展的萌芽期（-1996 年）〔註2〕，當時的水頭村瀰漫著一股希望以有機農業來再生的氛圍。一開始的發展大多

〔註2〕陳玠廷（2014:99-100）將臺灣有機農業的發展區分為有機萌芽期（-1996）、概念模糊期（1997-2006）與立法規範期（2007-），他提到在有機萌芽期裡臺灣有機農業的觀念雖已透過民間團體的推廣逐漸普及，然而無論是生產面或消費面多屬個體自發性的行為，故一般社會對於有機農業的認識仍處在萌芽的階段。

配合相關單位的推動，以及農改場技術的協助與試驗，使用這些單位提供的有機肥料與資材來取代原本的化學肥料與農藥，就是一種慣行有機農業的試種。

等到有機驗證制度化以後，水頭村反而逐漸脫離這種慣行有機農業的發展，不是恢復傳統那種草根有機，就是外來新農所推廣的自然農法。這樣的發展主要還是因為水頭村的耕地面積比起南部地區來得狹小且破碎，如以農機具實施慣行有機農業，其規模與資金仍無法與南部農企業競爭，而且效率不高，成本也偏高。因此，慣行有機農業在水頭村相較其他農法並不具有任何明顯的優勢。

再加上在臺灣有機農業發展的萌芽期，一腳踏進有機的水頭村返鄉農民只能配合政策開始從記憶或印象的深處去尋找可以達到「不用化學肥料及農藥」的耕作方式，自然而然就會從最熟悉的那個傳統農作的方式去摸索有機農業的可能性。

而來到水頭村的自然小農對於農業有自己既定的想像與規劃，不同於傳統農民對於有機農業的看法。他們對於通過驗證的有機農業相當排斥，強調他們所施行的「自然農法」是追求「生態」、「永續」與「自給自足內循環」等價值，以及他們的農產品是「無農藥、無肥料」的。

由此可知，除水頭村的自然環境外，水頭村農民自身所展現出來實踐理想的能動性，都有助於水頭村回歸傳統農法或推動自然農法。

如以有機米產銷班為例，雖然說這裡有機米產銷班的有機農法與慣行農法相近，就是將化學肥料換成有機肥料，以及將農藥換成有機資材，常被認為是「認證有機」或「慣行有機」。但是除了這種依照標準程序作業外，還有為遵從「不用化學肥料及農藥」的這個原則，也重新講求傳統在地知識的自然農法。希望以「就地取材」與「人力施作」來取代過去慣行有機農業所使用的有機資材，也就是重新以自然資材來通過有機驗證，如廚餘堆肥等。這樣的作法也與所謂的「草根有機」或「復古做有機」相似。

也就是說從推廣有機農業到有機驗證制度化的 20 年間，水頭村在最初就積極投入有機農業的行列。在一切混沌不明的時候，透過實際操作累積經驗建構出屬於自己對於「不用化學肥料及農藥」的「有機」詮釋。如犧牲部分田地的產量、少施肥，以疏植增加通風等，以這些作法來減少病蟲害，以及因天災所造成的損失。其中少施肥除了可以減少稻熱病的發生，藉以增加稻米的產量外，少施肥也會讓稻株小棵一點，使稻株較具有抗風性，在第一期收割前颱風

來臨時，減少水稻倒伏的情形，可以說是犧牲部分產量換取收穫的穩定性。還有強調不噴藥也可以抑制病蟲害，以回歸自然的方式來解決病蟲害的問題。這種從做中學在一季又一季的嘗試中累積成功與失敗的經驗，慢慢地找出屬於當地的最適宜的有機耕作方式，在這裡也形成一種在地的「實踐有機」。

如此一來，如果單純以慣行有機或認證有機來指稱有機米產銷班的生產似乎就過於以偏概全。雖然產銷班成員的目的在於通過驗證，但他們卻透過恢復以前的耕作方式，與反覆嘗試累積經驗來實踐自己心中的「有機」，藉以達到最理想的生產模式，因此實際來看產銷班的生產應該是一種為通過驗證的「多元有機」。

其中驗證就等同於「安全飲食」的保證，部分農事為達成「不用化學肥料及農藥」而增加勞動時間。如在除草上，捨棄使用省時省力的除草劑，背負著除草機在田埂間來回穿梭除草。甚至於為賦予其他的特色來增加稻米的價值，再增加額外的農事操作。如產銷班除了依循「不用化學肥料及農藥」的原則外，還出資向農改場取得桃園三號的特別授權，藉以凸顯單一品種與市場其他有機米的區隔，也是透過投入較多的勞動時間來提升稻米的價值。此時的稻米可以被認為「安全」、「健康」的特色產品，滿足農民轉型有機農業的期待，即增加收入以維持生計的基本需求。

而 2012 年來到水頭村為推廣秀明自然農法所成立的自然農法俱樂部，就是後有機運動的代表。在這裡稻作被認為是自然農法俱樂部成員必備的務農能力，以收成而言，也是最有成果的主要作物。有別於將農事標準化，每個成員對於每個農事的具體勞動都建立在他們所追求的「尊重自然」、「尊重土地」與「愛護土地」的理念上，從育苗到碾米，每個農事都是親力親為。

除了自行育苗以外，他們還分成溼式（苗盤）育苗與乾式育苗，前者是為種植面積較大配合小型插秧機的使用，但如遇秧苗生長太小無法用插秧機的話，也只能採取人工手插秧苗的方式來進行。後者則是種植面積較小採取人工手插秧苗的方式，這種方式最為費工，必須在播種時以鑷子或小夾子仔細檢視與調整種子之間的距離，以利秧苗的生長。

這種自行育苗的方式，讓俱樂部成員在其他稻農休耕的時期，還要辛勤地為下一季的種植做準備。他們認為如果不從育苗開始，又如何保證未來生產的作物是完全無污染的，而且一般育苗場如何育苗也是他們無法掌握，那些育苗的營養液也可能都是化學的。因此，他們在適地適種的原則上提倡「自家留

種」，為了「自然」他們對於這種極為費時費力的育苗方式甘之如飴。

就連翻土整田也是如此，他們禁止大型農機具進入田地，認為這樣田地會因為重壓而形成不透水層，導致土壤結構的破壞。因此，原本交由代耕使用耕耘機可以不費吹灰之力的輕鬆作法，卻改由自己以中耕機來翻土整田。除了較為費時費力外，還得面對整地不平所造成水位高低落差太大的問題，水位太高秧苗容易被福壽螺吃掉，水位太低雜草會比秧苗長得好。如此一來，為了保護土壤的結構，就必須投入更多的勞力。

另者，在除蟲與除草這一部份，為了貫徹「無農藥、無肥料」避免土壤本身之外的添加與投入，除草真的就是傳統的耘（莎）草，以人力徒手的方式在水田裡來回除草。而且面對福壽螺對於秧苗的危害，不是使用有機驗證許可的苦茶粕，而是利用福壽螺無法離水活動的生物特性，以走溝或踩溝的方式，將秧苗與福壽螺隔開，來減少秧苗的損失。

這些費時費力投入大量的勞動時間的耕作方式，無不出自於他們崇尚自然與愛護土地的那份心意，致力於創造人類與萬物世代共享的豐饒淨土的理念。姑且先不論這些概念、精神或心意的具體勞動，單憑投入的大量勞動時間，這裡產出的稻米作為商品就應該比起其他農法的稻米來得更有價值。這就是為何前產銷班班長李松木協助俱樂部成員碾米時，不願將他們收割的稻穀碾成白米，認為這麼有價值的稻穀應該保留多一點，碾成糙米才不會浪費。

這裡不論是有機米產銷班那種草根有機、實踐有機與多元有機，還是自然農法俱樂部以秀明自然農法所推動的後有機運動，都有別於著重產量的慣行有機農業。這些生態農業就是以永續發展為目的來進行農業生產，雖然同樣以農維生，但不追求最大產量，而是希望在生態與生產之間達成平衡。甚至於有時生產的部分無法滿足基本的生活需求，即使如此他們依舊堅持自己的理念，深信這種耕作方式與農法是可行的。此時，尤其是在自然農法俱樂部裡，維護生態是一種生活方式，不能把它當作是單純獲取生活資源的手段。

## 三、生活農業

在三生農業被提出之後，農業如何兼顧生產、生態與生活就一再被討論。只是這裡所強調的「生活」大多被認為是一種「休閒」與「文化體驗」的三級產業。甚至於狹義地僅以「休閒農業」來代表，也就是一種為非農與都市人口所設計的，用以體驗農業生產與農村生活的休閒活動，與傳統以農業為中心的

生活是不同的。

　　以本書在水頭村看到的狀況，似乎是一種「新興」的生活農業。這種新興的生活農業除了以體驗農業與農村生活的休閒活動外，還包括假日農夫，以及退休後務農那種「種健康」的耕作方式。可以說是將農業作為休閒及生產的一種活動。

　　而假日農夫與退休農夫，則是一種「半農夫」概念的實踐，務農是生活的一部分。這些類型包含購屋入住水頭村的新住戶與已遷出水頭村的不在地地主，前者大部分為新社區的住戶，多於假日期間在建商免費提供的快樂農場上耕作。後者則是每日通勤竹東鎮上、新竹與水頭村之間在破碎的農地上多樣化地種植作物，由於產量偏低，僅可供部分自用而已。

　　這幾種類型大多不強調產量，而是著重在休閒生活上，就是一種廣義的休閒農業。為了有別於一般對於休閒農業的認知，本書改以生活農業來形容這些類型，既能說明與常見的休閒農業的區別，又能清楚描述現在水頭村另外一種的農業活動。

　　水頭村從 1990 年代開始推動有機農業，到 2018 年被選定為有機聚落以來，一直都是以「好山好水」聞名。但實際上水頭村對外知名度的打開，就不得不提到這裡彩繪村的出現。彩繪村大概開始於 2009 年水頭村進行社區總體營造，為美化環境清除青苔，並且再塗上白漆，避免青苔再次生長。此時也是水頭村女婿的簡明仁〔註 3〕表示願意協助在塗完白漆的牆面上彩繪，之後範圍慢慢擴大到南清公路兩旁住家的圍牆周圍。整個彩繪內容的架構從一開始進來的入口意象，到水頭村 55 號整片圍牆的「農事」彩繪、「水頭商店」、伯公廟旁已被塗銷的「義民廟」彩繪、三合院外牆的「慶豐收」彩繪，到「發電廠」與「兩男九女之家」的彩繪。

　　在住屋的彩繪上，最初則是洗衣坑旁獨居的老婦人，希望藉由彩繪吸引人潮之後，可以讓水頭村熱鬧一點，所以非常樂意提供住屋給簡明仁進行彩繪。之後住戶才陸續接受簡明仁的彩繪，簡明仁會先與住戶溝通彩繪的內容，多半依循住戶的想法，如「丁字褲妹」與「三合院慶豐收」的彩繪等。

　　大致上簡明仁彩繪的內容區分為兩種類別，一種是他自身從農業社會、工業社會到現在的人生經歷的體認與想法。如「有機？」、「親不待、所有權不等於使用權」與「農地農用、農民 50 萬農保 140 萬、老農津貼吞噬國庫

〔註 3〕為公務人員，是彩繪農村的素人畫家。

（大怪獸）、吃飯不忘農人苦」等，主要以他岳父的住屋外牆為主，現稱之為「千人彩繪屋」。另一種則是以描繪客家農村生活為主，以社區居民的住屋外牆為主。

這些彩繪的照片在短短不到一年的時間，就透過旅遊達人的部落格與社群網站的介紹與分享迅速爆紅，一時之間水頭村成為全臺著名的彩繪村之一。那幾年水頭村可以停車的空地在假日幾乎都擠滿車輛與遊客，甚至於有許多兩岸的電視台都來到水頭村進行採訪。而社區發展協會也開始為旅行團或相關團體進行導覽服務，因此在社區營造上獲得國內許多大大小小的獎項，也到全國其他社區去分享這些的成功經驗。無疑的，這段時間就是水頭村的名氣最鼎盛的時期。

後來由於住屋的修繕與重建，以及這些彩繪時間一久大多斑駁，需要進行補強與修復，但社區內部對於彩繪也產生許多不同的意見。其中水頭村社區發展協會與里辦公室在社區發展上一直無法產生共識，所以缺乏後續維護的計畫與經費。甚至於部份居民開始對於彩繪內容多有非議，逕自塗銷自家住屋的彩繪，讓簡明仁有點力不從心。他認為社區彩繪是屬社區共同的事務，並非他一人可以決定，於是這幾年簡明仁就將彩繪的重心移回千人彩繪屋，在週末向前來參觀的遊客導覽與解說其所創作的彩繪，並透過簡單的繪畫技術與前來參訪的遊客互動。

因此雖然彩繪村盛極一時，成為著名的觀光景點，也被認為是農村「再生」的典範。但在過了三、四年後，這股彩繪的流行風潮退去，在地居民開始反思這樣的發展到底為水頭村留下了什麼。他們發現遊客來來去去，似乎並沒有為水頭村帶來了什麼，部分居民直言水頭村這裡沒有商店可以讓遊客進行消費，可以增加地方經濟的收入。即使頗受好評且深具特色的「水頭商店」，在經營不到一年的時間也關了，現在只剩劉信忠為推銷其自種的有機米所開的店鋪而已。再加上社區一開始對於彩繪的發展與方向並沒有任何的共識與規劃，像似一場美麗的意外，就像煙火一般，雖然燦爛絢麗，但稍縱即逝。

彩繪村的興起讓水頭村成為這條通往雪霸國家公園的南清公路上的許多景點之一，往五峰鄉的方向沿途還有觀霧風景區、清泉部落與張學良故居等景點。彩繪村僅僅只是遊客短暫停留的打卡景點而已，而這些遊客對於水頭村而言也都是過客而已。這種以農村彩繪為主，但未與在地農業生產結合的發展，雖然可以短暫吸引遊客的到訪，但是由於缺乏任何配套的措施，因此對於地方

產業的發展似乎沒有絲毫的助益。

　　而除這種農村藝術化或文物館化與農業生產本身較無相關的發展外，生活農業大多都是以體驗農業生產為主的休閒活動，但在水頭村唯二有舉辦過類似體驗農業生產活動的農場就屬有機農場丙與屬於自然農法俱樂部的獨立農場 a 而已。

　　有機農場丙與獨立農場 a 所舉辦的體驗活動分別屬於不同的類型。有機農場丙大多為遊客或學生提供農事或食農教育的體驗課程，是一種營利性質的休閒農業。主要配合農時節令規劃安排農事體驗活動，多以插秧與收割兩種農事為主，再搭配烋窯或客家特有的擂茶活動，透過網路付費報名。報名參與的遊客多來自於大台北都會地區或新竹市的小家庭，由家長帶著小孩一起體驗。希望讓從小生活在都市的小孩可以多多接觸大自然與農業。

　　另外，也會配合各級學校對於推動食農教育所擬定的教學計畫收費來規劃相關的教學活動，這種教學活動大多又會搭配對水頭村與竹東圳的導覽解說，有時也會與成長家園的附屬農場共同合作進行推廣生命教育的相關課程。

　　而獨立農場 a 所舉辦的體驗活動則是以協助農事與推廣自然農法為主，偏向推廣性質的休閒農業，部分的體驗活動是免費的。他們希望透過網路募集勞力的方式來協助他們在自家田地上收割稻穀，他們則是以簡單茶點與午餐來回報。而報名參加者有些是帶著小孩想要體驗農事的小家庭，還有一些則是農友之間的相互支援。

　　而有一部分的體驗活動則是收取部分費用的，如採收花生。採取繳費報名，採收的部分可以帶走，採收過程中會向參與的遊客宣導秀明自然農法的優點，並且實際以作物狀況來說明「無農藥、無肥料、自家留種、連續耕作」的原則。報名參加者多為帶著小孩想要體驗農事的小家庭，較接近一般所謂的休閒農業，以及有機農場丙所舉辦的農事體驗活動。

　　說到底這兩個農場所舉辦的體驗活動，對於遊客而言，都是一種接近大自然與農村的戶外休閒活動，目的只是體驗與都市截然不同的生活方式。但對農場主而言，兩者對於成本與支出的精算程度是有所不同的，一種建立在收支平衡之上，另一種則是以實現理想為最終目的。這些體驗活動都是追求理想的一種做法，如同小玫所說的：

　　　　我覺得最終我們不是賣菜，我們是希望有一群人有一樣的理想，大
　　　　家一起來支持一個農場的運作，這個農場生產的作物是大家一起吃

的，那要進行到這一個部份，他必須對農業有感受，對農業有認同，他願意跟我們經營一塊土地，這是蠻漫長的，這些體驗活動只是慢慢累積，累積這些人對這些事情有感覺，感覺作物被種出來，農夫是什麼，感覺土地是怎麼狀態，我覺得這些事情很重要，這樣才有人不去計較在菜市場的菜一斤多少錢，付多少錢拿到多少菜，比較關心的是我們這一群人可以不可以把這塊土地保護下來〔註4〕。

換言之，兩者之間最大差別在於究竟是將務農視為一種生活的方式，還是一種的獲取生活資源的手段，也就是到底是以農「為」生，還是以農「維」生。

此外，水頭村的生活農業還有另一個特色是，耕種者大多利用自己所有的零星且細小的農地，或是向在地地主租地從事小規模的種植。其務農的目的不是在於維持生計，而是作為一種休閒活動，成為所謂的「假日農夫」或退休後「種健康」的耕作者。而這種自給自足的務農方式普遍存在於水頭村與鄰近農村的地區，不僅反映出臺灣農村農地過度破碎化的結果，也隱約可見當代小農與農村之外，以及都市地區的消費者之間的關係將會越來越緊密，因為這些以農維生的農民，受到這些將務農作為一種休閒活動的「假日農夫」或退休後「種健康」的耕作者的影響，只能不斷地將銷售範圍往外延伸到都市周圍。如有機農場丙與成長家園附屬農場在所在的竹東鎮上較難招募到會員與認養人，對外銷售只能往新竹市或竹北市擴展。

這樣的發展無不說明當代農業的意義已經跳脫原本「農村」那種狹義空間框架，不只在生產上強調與自然生態的連結，也在通路上發展出農與非農之間，以及農村與都市之間更緊密的連結。

## 四、小結與討論

臺灣農村從傳統農業，歷經離農，到三生農業，甚至於其他新興農業的發展，農業型態從單一生產到多元發展。農村看似生氣蓬勃，其實大多只是配合政策的發展，將農業產值重新計算而已。對於農民，農業就是一種與市場連結的經濟活動，一種「以農維生」的表現。以水頭村為例，由於戰後推動的土地改革顯著改善農民的生活，增加對於土地的認同，持續擴大種植水稻的面積，也延續傳統農本主義的發展。到了 1970 年代，農業收入比不上其他產業的收入，水頭村開始離農與兼業務農，於是配合政府推動轉作，縮減稻作面積。以

〔註4〕報導人小華與小玫訪談逐字稿（2017.8.24）。

及 1990 年代為提高農業產值與解決食安問題，也配合政策推動有機農業的發展。因此，1970 到 1990 年代這段期間，農業對於農民就是一種「以農維生」的經濟活動而已。

但是自 2000 年來水頭村受到新農業運動與「返土歸田」等風氣的影響，以及 2002 年以後政府為減少加入 WTO 後對於農業的衝擊，開始推動兼顧生產、生活與生態的「三生農業」的政策，在地農民與外來新農開始利用水頭村本身得天獨厚的自然條件，不一味求大，而是立志做小，希望兼具「以農維生」，逐漸發展出「以農為生」的在地小農經濟。這種水頭村農民實踐理想的過程，可以看成是一種從「以農維生」到「以農為生」的農義復興。

在離農到回農的過程中，作物產量是逐漸增加的，務農人口也是增加的。從「以農維生」到「以農為生」，農業意義與型態也從單一生產轉變為多元發展，水頭村農民也開始追求一種兼顧生產、生態與生活的農業發展。

水頭村這種「以農為生」的小農經濟具體表現在這些小農實際的農業生產上，除了在地農民配合政府有機農業的政策，還有外來新農對於自然農法的自我實踐所建構的「生態農業」。以及一種滿足非農與都市人口「嚮往自然」的休閒需求，與那些「假日農夫」與「退休農夫」把農業生產當作「種健康」的「生活農業」上。

其中「生態農業」就是從慣行農業發展到有機農業，甚至於是以實踐有機或多元有機，以及自然農法為主，以永續發展為目的來進行農業生產。透過被認為是安全飲食的「有機」，以及與環境共生的「自然」來爭取消費者對於作物的認同，增加作物在消費者心目中的價值，讓農民的付出與用心可以得到對等的收入。也就是說既可以維持生計，又可以恢復農地的生態，形成一種兼具生產與生態的農業發展。

而這種「生活農業」除了專為非農與都市人口提供農業生產的體驗活動的休閒或多功能農場外，還有為了實現理想的小農，以農事體驗來推廣自然農法，以及部份解決小農勞力不足的問題。再加上為嚮往田園生活在水頭村購屋長住，變成所謂的「假日農夫」，以及退休後以通勤方式來務農的不在地地主等。這些農業類型不只將農業視為一種體驗活動，更是一種休閒生活。

當代水頭村農民對於農業的詮釋就印證蔡晏霖（2016:30）在〈農藝復興：臺灣農業新浪潮〉一文所提出的「農譯」概念，強調農意義的多元化來自農民與消費者的多方轉譯，也就是在消費端的藝文工作者（農文藝）與生產端

的友善小農（農技藝）的多重農譯實作。以及主張透過上游的「農（技）藝」復興，與下游的「農（文）藝」復興——21世紀的「農」才得以掙脫狹義的空間（農村）、人群（農民），與產業（農業）三農框架，一方面在生產端重拾農與自然生態的連結，一方面在消費端發展出農與社會人群更寬廣的連帶。

　　此時，農業對於當代水頭村農民的意義已從單一固定的「以農維生」蛻變成在地多元的「以農為生」了。當代水頭村農民實踐理想的過程就是將農業視為一種從「經濟活動」轉變為「生活方式」的農義復興，與一種從「慣行有機農業」到「草根有機」和「後有機運動」的生態農業的發展，以及一種重視「休閒生活」與「種健康」的休閒農業、假日農夫與退休耕種者的生活農業的形成。由此可知，目前在臺灣北部農村的小農除生產之外，更重視的是農業的生態與生活意義。

# 第九章　一種新的農村社區

　　臺灣傳統農村社會從以農為本的農業社會，經歷 1960 年代政府「以農業培養工業」壓榨式的政策發展後，農村中發生勞動力短缺、農業投資呈現不足、農業收益相對降低、農場經營面積過小，以及工商業與農業不能配合等問題。此時年輕人對於農業產生負面的態度，並且紛紛離開農村到都市求職，即使留在農村務農者對於農事操作的態度也是興趣缺缺，這種農民對於農業與農村的疏離感也逐漸造成傳統農村社會的式微。

　　在離農之後農村社會的發展，無不深受都市發展與其他的二、三級產業的影響。只是臺灣自 1980 年代開始，與全球各地一樣掀起反全球化的農業運動，有所謂「草根革命」的發生，如有機農業的推動，與消費者團體如新環境主婦聯盟等的出現（郭華仁 2014:9）。以及 2003 年以後以重回土地將農業視為一種生活方式的農藝復興，如賴青松的穀東俱樂部（李丁讚 2016:10）。還有 2009 年莫拉克颱風過後，由浩然基金會與臺灣農村陣線共同推動的小農復耕計畫（陳芬瑜 2014:38），尋找另一種世界，或者是說另類社會實踐的可能性（黃淑德 2014:7；劉繼蕙 2016:4），開始思考如何重新連結農民與消費者之間的關係。

　　1990 年代以後，臺灣部分產業西進，都市就業機會不如以往那樣的充裕，部分失業或退休的人口逐漸回流農村，以及原本以兼職務農來保存自家農地的居民重新回到農地，再次嘗試以務農維生。以及為減低加入 WTO 後對於農業的衝擊，政府也陸續推動許多提高農業產值與增加農民所得的相關政策，如「新農業運動」（2006-2008）與「精緻農業健康卓越方案」（2009）等。

　　在政府政策與農業運動的推動之下，不論是返鄉農民，還是外來新農，陸

續回到農村重新務農，此時的農村社區與傳統農村社區截然不同，已經形成一種新的農村社區。

在這種新的農村社區裡，農民與農地之間的關係將會如何改變，以及在政府一味地追求規模經濟之下，小農經濟又是如何重新被定義與實踐的。再加上近年來為解決農業產銷問題常有「先有通路再開農路」的提出，強調農民如何與消費者之間建立交換關係等，都成為目前新的農村社區的重要現象。透過這些現象的討論與分析，我們可以釐清當代農村發展所遭遇的問題，進而使我們更理解這種新的農村社區的如何形成。

## 一、新的租佃關係

農業本質上就是一種人與土地之間的關係。在臺灣農村發展的過程裡，從最初墾佃制度所形成的大小租制度，就是所謂的「一田二主」。在日治時期總督府與二次世界大戰之後國民政府等國家力量的介入之後，逐漸轉變為單一地權的土地私有制。許多佃農透過土地改革成為了自耕農，開始擁有自己的農地，也造成農地細碎化，進而導致農業生產規模過小與兼業農戶不願出租或出售耕地的行為，嚴重阻礙農業經濟的發展。

為解決這些問題，政府在「小農缺乏競爭力無法提升 GDP」的假定上，為擴大農場經營規模，推動委託代耕與經營，以及共同經營來增加農民所得。此時農場經營的委託者與受託者之間形成一種「小地主、大佃農」的土地所有權與使用權分離的狀況，但實際上就是形成一種新的租佃關係。只是大佃農是以專業農戶為主，而小地主則是以兼業農戶或不在地地主為主。此時的主佃關係已不同於之前，現在的地主不過是擁有農地卻另有其他職業的人，而現在的佃農則是具有企業精神的農場經營者。

這種新的租佃關係一樣在水頭村出現，特別是出現在有機米產銷班班長劉信全與外來新農上。劉信全除了承接父親的田地外，也持續承租老班員無力耕種或第二代不願耕種的田地，不斷地擴大耕作面積。又在艾利風災過後，利用協助整地來承租部分受災的田地，再一次擴大耕作面積，符合政府為擴大農場經營規模所推動的委託代耕與經營和共同經營，以及後來的「小地主大佃農」等政策，水頭村農地的使用權與所有權無法避免的也一樣再一次分離。

這種小地主大佃農的政策，如以劉信全為例，似乎有達到預期的成果。即在耕作面積的增加之下，實際收成達到可以維生的產量，而且這些產量通過通路轉換成收入，不僅僅是能夠以農維生的，更是有利可圖的。只是劉信全所承

租的這些小地主的田地，有不少田地在未來將面臨現在的地主過世之後分產或爭產的繼承問題，是否可以再繼續承租都是一個未知數。也就是未來水頭村部分的田地預期到將會面臨分割導致農地的更加破碎化與細小化，這種農地持續破碎化與細小化的結果都將影響「大佃農」的耕作。

而外來新農中除有機農場丙購入自己岳父的田地外，其他如在水頭村耕種已久的有機農場乙，以及後來的自然農法俱樂部，都是向在地與不在地地主承租田地來耕種。雖然說比起返鄉農民農地的取得較為不容易，但是他們仍然努力透過與地主建立友好的關係，長期承租到田地來耕種，甚至於有部分地主還會無償給他們耕種。如有機農場乙柯國全與陳秋蘭兩夫妻就提到剛開始進入水頭村耕種時，只能經由農會的介紹，才得以承租當時里長的田地來耕種，經過長期的良好互動，後來鄰田的地主不耕種了，也將田地租給他們，他們現在都與第二代的地主保持相當友好的關係。

而自然農法俱樂部除了一開始以休耕補助的價格承租田地外，後來也逐漸取得原地主的信任。並在原地主的牽線之下，承租原地主其他親戚的田地，甚至於還有其他地主或不再耕種的老農也願意無償提供田地給他們耕種。

這些都是一種新租佃關係的再形成，無不說明在土地改革之後，原本的農民變成地主，當這些地主不再耕作，而將土地租給新農，新農則是成為佃農。農民與農地之間的關係也從所有權與使用權合一，又再一次分離，只是這時候的田地都受到耕者有其田與繼承分割的影響而破碎不堪，地主幾乎都是小地主，所擁有的田地很少超過五分地，人多僅為一、兩分地而已。

再加上部分田地還是聯名共同持分的，未來可能會再分割，或者是因為過多人共同持分無法取得如何處理田地的共識而荒廢，最後佃農都將連僅有的使用權也會失去。喪失了賴以維生的田地，當代農民又將如何務農維生呢？這是新農村社區的農民在務農上所面臨的最大難題。

由於田地一向被視為一種高價值的資產。即使在離農後，非農收入遠遠高於農業收入，擁有田地的地主仍然不願意放棄田地，而是改以兼業的方式來務農，避免田地落入他人之手。然而在回農之後，返鄉農民與外來新農使得務農人口增加，不論是已有田地的返鄉農民，為擴大耕作規模向親戚或鄰居承租田地，還是初來乍到的外來新農，急需田地來實現務農的理想，對於務農的生產資源——田地的需求提高，此時擁有田地又無力或無意願耕種的地主，田地對他們而言，就是一種可以生財的資源。面對這些新農對於田地的高度需求，地

主採取價高者得的策略，引起農民之間對於租地的競爭，從一開始以休耕補助作為租金的價格，已經比起鄰近地區的租金高出許多，即使後來休耕補助下調，這裡仍然維持最初的租金價格，仍不見下調的情形。

由於實際務農的農民僅有使用權的關係，大部分田地的所有權仍然保留在傳統農民的後代手中。他們不一定從事農業生產，生活也不以農業為中心，卻擁有農業生產最重要的生產資源，造成農村、農民與農地之間的分離。不同於傳統那種就地耕種的農民所聚集而成的農村，新農村社區對於農民而言僅是農場或農地的所在地而已。

外來新農除了新建案的部分住戶與有機農場乙的兩夫婦外，幾乎很少參與現在社區內的各種活動，甚至於就連社區內部也不再重視原本傳統的農村生活。如水頭村信仰中心伯公廟重要的祭祀活動，媽祖戲、平安戲與向三界爺祈還福，以及各戶輪流核飯等活動，社區參與的情形也是一年不如一年。

而後來推動的農村再生計畫裡所謂的「農村再生」往往也只是一種歷史記憶的再現，或是一種社區再造的理想而已，與農業生產沒有直接的關連。這也就是目前新農村社區建構上的問題，即什麼才是現在的「農村」，早期那種農民生於斯長於斯，圍繞著農地而建的聚落已逐漸式微，伴農地而居的不一定是農民，這也是之前本書一再提到「農村與農地的分離」的現象。

當代「農村」是多樣的，會隨著居民與農業生產的關係的變異而有所不同，即當代農村的實際情況依據人地關係的差異而轉變，對於在地老農或他的後代而言，那是他們的生命歷程，也是兒時記憶。對於返鄉農民而言，農村就是他們的家鄉，一個避風港或是最後的歸宿。對於外來新農而言，農村是他們逃避現實的「桃花源」，或是實現夢想的「烏托邦」。對於遊客而言，農村是他們走向戶外與大自然接觸的體驗場所，一個休閒農場或彩繪村。

但如同與自然小農小華的討論，他提到如果以政府擴大農業經營的政策為主，再加上農業技術與機具的輔助，其實少數人就可以耕種大規模的農地。以水頭村的農地面積，也許四、五個人就可以耕種，像北海道與澳洲，一個家庭就可以完成所有面積的耕種，所謂的「聚落」與「農村」就不存在了。換個方向想，目前臺灣農地破碎化的現象雖然造成農業經營上的問題，但是田地廢耕、閒置的情形也吸引不同類型的新農進入農村，從事他們理想的耕種方式，而新農村社區也就是由這些新農以租地耕種從事不同規模的生產所共同拼湊而成的。

## 二、立志「做小」

臺灣自清初開墾以來，本質上就是以家戶作為生產與消費單位的小農經濟。這樣的特性讓臺灣沒有發生像爪哇那種的農業內捲化，而且具有「半資本主義、半普羅」的特質，甚至於可以作為抗拒日本殖民帝國資本家企圖解體臺灣傳統農村生產直接剝削農民的有效工具（Cohen 1976:12-15；柯志明 2003:92-103）。也就是說這種小農經濟具有某種程度的扭轉國家的力量，以及影響經濟政策的制定，甚至於與現代工商業並存的組織特質。

只是 1980 年代新自由主義興起，掀起一波「全球化」的浪潮，這浪潮不僅是市場的全球化，也是生產的全球化，甚至於是金融市場的全球化（劉繼蕙 2016:4）。在農業上則是以解決世界饑荒的問題為名，開始進行「綠色革命」與「基因革命」，但實際上是配合世界經濟體系建立壟斷性的全球食物系統（global food system）（戴君玲 2010:16），進而切斷了生產者與消費者之間的直接連結。即開始農業工業化，以追求數量、速度與便利的思維來進行農業生產（蔡晏霖 2016:36）。

而臺灣傳統的小農經濟在這種全球化的影響之下逐漸被政府所忽略，取而代之的是以集團化、規模化、企業化來解決臺灣耕地零碎、人力缺乏的問題，一味地追求規模經濟，進而發展需要投入大筆資本的農企業，如蘭花與有機蔬菜等（蔡培慧、周馥儀 2014:13-14；黃淑德 2014:7）。

但是以全球化來描述臺灣新農村社區的發展似乎過於以一概全，因為在全球化的同時，雖然政府單位服膺於全球食物系統一味追大，但是臺灣在民間組織的推動之下，也掀起一波反全球化的農業運動，就是有別採取「單一作物大規模面積耕作」來追求「利潤的最大化」的農企業，而是提倡以小農耕作的在地經濟體系為主體來發展，其中小農耕作多以家戶為單位，被稱之為「家庭農場最適規模」（蔡培慧 2015:17）。也就是朝向一種多面向的「再小農化（re-peasantization）」的發展（蔡晏霖 2014）。這個趨勢似乎呼應了聯合國也以小農為核心宣佈 2014 年為國際家庭農業年〔註1〕，強調無論是在發展中國家還是在已開發國家，家庭農業是糧食生產領域的主要農業形式〔註2〕。

〔註1〕 相關資料詳見〈以小農為核心聯合國宣布 2014 為國際家庭農業年〉（https://www.newsmarket.com.tw/blog/45660/）（2018.10.08）。
〔註2〕 相關敘述詳見國際家庭農業年活動網（http://www.familyfarmingcampaign.net）（2018.10.08）。

在水頭村，不論是加入產銷班的老農，還是返土歸田的新農，不是以有機農業，就是以自然農法來進行農業生產，而且生產規模也大都維持在家庭農場的規模。如水頭村發展最久的有機農場乙，在從電器行轉作有機農業後，一直都是夫妻兩人自力發展到 30 幾棟的溫室，將近一甲多的田地。

雖然曾雇工協助溫室的相關農事，但是卻發現他們在傳統市場銷售的這段時間，獨留在溫室的雇工往往打混摸魚，無法取得他們夫妻的信任，認為倒不如休市後，他們自己栽種來得有效率的多。於是一直維持兩夫妻共同耕作的小規模，即使逐步擴大溫室規模之後也是如此。然而這種不成比例的人力結構，再加上同時兼顧生產與銷售，常常造成其他農民對於他們生產方面的誤解，常被認為是直接從果菜市場批發蔬菜到竹東中央市場販賣，而非是他們自身生產的。

在轉作有機這 20 幾年的發展裡，有機農場乙的發展並不是一直往規模經濟的方向走，而是始終維持小農經濟的家庭農場，就連銷售最後也是回歸傳統市場的擺攤。不論任何時期都仍是以家庭作為生產與消費為單位，為追求利潤將作物當商品來生產，只是不再一味地追求「利潤最大化」，過度依賴盤商的通路，為滿足銷售而進行生產，反而是兼顧生產與銷售，保持支出與收入的平衡，強調務農只要撐過一開始那一、兩年的門檻以後，一定可以用自產自銷來維生的。

而以「社群」這樣的小單位來發展的社區支持型農業也在水頭村出現，是一種預購會員制的意外發展，來自於一位返鄉務農的科技人。即邱禮仁所成立的有機農場丙，以及後來他協助成立的成長家園附屬農場，在營運上採用會員制和大數據概念，先接單，再估量，進行計畫性生產，和有區域限制的配送。

這種強調與在地消費者建立相互支持的關係，就與羅萍・凡恩（Robyn Van En）所說的：「不論是社區支持農業或是農業支持社區，其重要之處在於雙方的關係。（2011:439）」不謀而合，只要生產者與消費者之間形成相互支持的關係即可，邱禮仁也提到說：

> 像這些社區附近的人都可以支撐這樣的農場，這些消費者回過頭來
> 支持著這些農民與農場，這些農民因為無後顧之憂，他可以好好去
> 把他的環境跟蔬菜種好，回頭又餵養這些人，這是個相互支撐的力
> 量，我們要想的是未來糧食危機發生的時候，我們就會發現，其實
> 我們還有這樣一塊的地，我們有這樣一個互相支撐的體系，小生產

單位小消費單位這是一個好的小農經濟循環，就不需要害怕糧食危機[註3]。

這也就是邱禮仁一直強調自己設計的「立志做小」，他認為這是一種創新有機小農的模式，有別於之前他經營科技公司，以及他的岳父一大片溫室栽培的那種規模經濟，他在務農這條路上卻是選擇以家庭為核心的小農經濟，他強調這種有機小農模式可以有效控管成本與銷售，如果規模擴大，成本與產量就會增加，因此勞力的投入也會增加，並且必須面對越來越大的銷售壓力。

至於來到水頭村的自然農法俱樂部成員不是被迫做小，就是一開始就立志做小。前者如阿松就是經商失敗後開始務農，原本就在無法變「大」快要出局的時候加入俱樂部，他對於現實社會的體認比起其他小農來得深。他認為部分自然農法俱樂部的成員過於理想化，是所謂的「文青」，不把心思放在農事上，只去做那些公共議題，最後再把產量過少歸咎於自然農法上。再加上這些成員也缺乏實際與人簽約和議價的能力。

而一開始進入務農就立志做小的，不管是在工作一兩年或者多年以後，離開原有的工作尋找他們夢寐以求的田園生活，從現實往理想邁進，這種大都以半農半 X 的方式來務農，或是夫或妻從事農外工作，以便取得穩定的收入，來維持家庭的基本開銷，如阿好與阿美。

還是畢業後在沒有任何工作經驗之下，想以務農來實現自我的理想，如小華從求學到當兵，受到自然農法書籍的影響，以及自己本身的學術背景，滿懷理想開始務農，他也認為自己是比較學院派的。一開始從 BD 農法、樸門農法到秀明自然農法都有涉略，不斷地嘗試與從事各式各樣的自然農法，希望「更多人更靠近農夫一點，更靠近土地一點[註4]」，同時也以推動社區支持型農業為目標。

同樣的，小蘭也是在大學畢業後開始務農，但與小華不同的是她之前完全沒有農業的背景與經驗。之後，她除參與農委會的漂鳥計畫與農民學院，甚至於也到紐約修習園藝課程。來到水頭村之前，也曾到臺東以有機農業來進行社會關懷，因此對於務農她也有自己獨特的想法。例如在別人眼中僅僅只是已廢耕十年雜草叢生的荒地，但在她眼中卻是一塊具有極大可能性的理想田地，因此她也希望自己在務農以外仍有其他無限的發展，她認為務農不只是耕種，還

〔註3〕報導人邱禮仁二次訪談逐字稿（2017.6.16）。
〔註4〕報導人小華與小玫訪談逐字稿（2017.8.24）。

有加工與銷售，以及探索其他的可能性，期望成為一個半農半 X 的農夫。

在水頭村，就連以規模經濟來提高農地利用的效率為目標的共同經營班，其內部的實際運作也比較接近以家戶作為生產與消費單位的小農經濟，像有機蔬菜產銷班一開始就是劉信義的父親為脫離水頭村區段共同經營產銷班所成立的，就是一種家庭式的經營，為爭取補助經費成立的產銷班，之後陳秋蘭接任班長也是如此，持續到 2017 年改組之前，較少有任何共同產銷的運作，更不用說班員名單的更新。

而有機米產銷班則是經歷了四位班長，前期比較像共同作業，如共同購買秧苗與肥料、共同耕作（整田、插秧、收割、烘穀與碾米等）、共同申請補助，以及由農會輔導共同對外銷售，班員負責各自農地的田間管理，只是到目前由於部分老班員無法耕作或已過世，第二代大多將農地出租給現任班長劉信全耕作，再加上班員農地的收成現多由班長收購後以產銷班名義出售，有機米產銷班的運作就逐漸轉變成個人經營，比較像現在推動的「小地主大佃農」的農作模式。

以共同經營為目標的產銷班逐漸沒落，這樣的發展反映出政府對於產銷班補助政策的轉變，即過去對農業產銷班諸多產銷資材、設施（備）之補助，多年來已大幅減少，影響農業產銷班之運作至鉅。取而代之的是對農業產銷班班員之低利貸款協助，並加速產業結構調整及轉型（徐源清 2007:50）。

也就是說以低利貸款取代補助的轉變加速原本就缺乏團隊精神的產銷班那種共同經營美夢的破滅，也無法持續吸引小農的第二代或新的小農加入產銷班，而不能單以「臺灣農民缺乏共同經營的意識」一言以蔽之，其實政策的搖擺使得共同經營難以持續，如農機具的部分補助就導致產銷班內部的衝突與分裂。

如此一來，雖然小農可以經由共同經營的產銷班可以趨向企業化經營的發展，或者說小農成立或加入共同經營的產銷班，可以藉此取得規模經濟的優勢。只是規模經濟一味追求「變大」，有時反而顧此失彼，拋棄自身經營的彈性，受到規模體制的僵化，卻又無法累積足夠的資本與農企業競爭。如有機米產銷班發展至今仍無法達到共同經營的階段，反而是依循著個人利益的追求，造就資本大佃農或農業資本家的班長，與農企業一樣不斷累積資本以追求利潤，藉以達到一定程度的規模經濟，但是進入自由市場與農企業競爭的時候，卻被更大的規模經濟所吞噬。如在里仁有機商店的通路上與山水米等市面知

名大廠競爭，一遇競爭對手降價促銷就滯銷，絲毫沒有任何抵抗的能力。由此可知，小農就是小農，一旦進入自由市場之後，不論是資本大佃農還是農業資本家，一遇到農企業之後，都只有被宰制的份而已。

　　在水頭村，這種「大」與「小」之間的議論從未停止過，只是每個務農的都自稱為「小農」，而不是以往大環境一直提倡「變大」的方向發展。就連不斷租地擴大耕地面積的產銷班班長劉信全也自稱為小農，這裡的「小」則是相對於與幾個產銷班契作的「大」型糧商。其他還有以個人或家庭為核心的小農，不論是回歸傳統市場的自產自銷、預購會員制的社區支持型農業，以及秀明自然農法的小農們，都是立志做小，並且強調在地發展，重新連結生產者與消費者之間的關係。

　　這種一開始以家戶作為生產與消費單位的小農經濟，到離農後採取「單一作物大規模面積耕作」來追求「利潤的最大化」的農場企業，如臺灣南部的狀況。以及「立志做小」，強調在地發展，重新連結生產者與消費者之間的關係，如本書水頭村再小農化的並行發展。這種發展上的差異除了深受國家政策的影響外，也是一種地域上的差異，主要是北部的農地破碎化情形比起南部來得嚴重許多。由此可知，臺灣南部的農場企業與以水頭村為例的小農經濟兩種不同農業規模的發展，都是農民為了適應不同環境的策略，藉以達到以農維生的目的。

## 三、農民與消費者：讓作物上映著農人的臉（crops with the farmer's face on it）〔註5〕

　　近年來常聽到「先有通路再開農路」的口號，這是當前解決農業產銷問題普遍的政策方向，除避免農民生產受到盤商的剝削，也想避免所謂的「產後憂鬱症」。這些政策企圖讓生產者能有效的銷售他們的產品，以保障農民的權益，但這也突顯出臺灣農民一直以來缺乏建立穩定通路的行銷能力。特別是在全球化以後，為配合世界經濟體系建立壟斷性的全球食物系統，切斷了農民與消

---

〔註5〕這是一句現在常被用來解釋社區支持型農業的口號，始於1960年代的日本，一群婦女因為擔心過度使用殺蟲劑和過量進口食物，而使當地食物受到危害，於是尋訪在地農人，並且協商合作模式，發起所謂的「提攜運動」（teikei movement）。這裡的「提攜」有「夥伴」和「合作」的意思，但根據日本成員的解釋，其中還有一層哲學意義，就是「讓食物上映著農人的臉」（food with the farmer's face on it）（Imhoff 1996:430, 戴君玲 2010:3, Henderson、Van En 2011:31）。在這裡筆者為強調農民與消費者之間的關係，故將其改成「讓作物上映著農人的臉」（**crops** with the farmer's face on it）。

費者之間的直接連結，農民就只能依附在這個巨大的怪物之下亦步亦趨，一離開就無法獨力維生。因此，在反全球化浪潮裡，在地農業就不得不發展與消費者之間的關係，企圖與消費者建立直接的連結。

而在水頭村的農民由於所實踐農法的不同，他們與消費者所建立的關係也會有所不同。如這裡唯一實施慣行農法來種稻的劉正昌，他以糧商作為中介與消費者完全沒有接觸，甚至於連單純的買賣關係也沒有。也就是說不論是農民還是消費者都只能秤斤論兩的與糧商討價還價，服膺於市場的供需法則，價格僅依據作物的重量與外觀，忽略農民的心力，作物被規格化，淘汰規格以外的作物，去除作物自身的獨特性，任何農法種植的作物，在市場上卻不能呈現其獨特性，只是一種勞動產品而已，隨時皆可以被另一種作物所取代。此時的作物與生產者跟消費者都無關，只是人類勞動的異化，無法成為人與人之間的連結，更遑論任何關係的形成。

這種作物被作為勞動產品的發展也曾經在水頭村發展有機農業的過程出現，如有機蔬菜產銷班成立之初，就是以一種以慣行有機的方式來大規模種植蔬菜，一樣是透過盤商進入大型超市的通路來進行銷售，深深受到盤商箝制，可以說是成也盤商敗也盤商。這樣的發展也見於後來有機農場乙前期的發展，不論是透過盤商還是農會的通路，對於農場實際上的營運並無太大的助益。

而有機米產銷班從建立以來，銷售一直都是產銷班發展的關鍵因素，直到透過農會的協助，向桃園區農業改良場付費取得桃園三號的授權，強調全國唯一單一米種的生產。並以竹東圳對於新竹地區的意象，建立「母親之米」的有機米自有品牌，並且在農會的協助之下，正式在國內里仁有機商店的通路上架，產銷班才算有穩定的共同通路。

以往里仁有機商店常被認為扮演生產者、銷售者與消費者的橋樑，提供「健康、環保、誠信」的產品，以緩和有機農產品賣相不佳，以及銷售通路的壓力。也就是說在「共業〔註6〕」的信仰概念裡，這種帶著宗教理念從事

---

〔註6〕「共業」這是一個佛教術語，也就是「共造善業」的意思，因為里仁事業股份有限公司與慈心有機農業發展基金會皆屬於「福智法人事業」，這兩者本著日常法師「光復大地、光復人心」的理念而成立，里仁作為有機飲食的中介團體，其所串接起來的人事物，均未與其宗教信念與倫理觀脫勾。而日常法師為破除有機飲食的推廣受到個人享樂主義的影響，而不易落實，進而以輪迴觀點將動物倫理扣連到個人，指出這一世對動物的殘忍，將使我們在來世墮入惡道；若接受了輪迴轉世的概念，就有理由自我說服、克制口腹之慾。日常法師進一步提倡「共業」的觀念，將畜產業者及一般大眾置於共犯結構中。曾說：「所以，

消費，兩者相互鞏固形成穩定的人際支持網絡。帶著這種護持的想法，消費不單是買賣行為，而是眾人共同致力的道德計畫。如里仁產品的供應者相較於其他有機飲食店，提供較低的成本價；買方也往往為了護持法人事業，對價錢並不計較。無不說明里仁以「認證」與「信仰」作為消費者信任機制的根基，以有機或更廣泛的「環保」來實踐宗教上對生命倫理的「護生」關懷（吳品賢、王志弘 2007:140、145、147）。

　　隨著近年來有機農業的普遍，供貨給里仁有機商店的農家與到里仁有機商店購買的消費者，不單以學員為主，而是在更開放的態度之下，許多不是經由與里仁同為福智體系〔註7〕的慈心有機驗證股份有限公司認證的農家，以及只為健康消費的非學員不斷地加入。水頭村有機米產銷班與里仁的合作上就是如此，它與里仁並無制式的合約關係，僅是一種互相信賴的關係，因此進入里仁通路銷售，僅是一種包含有機認證的雙重認證，最終還是得在里仁通路中參與市場競爭，透過削價來銷售，已經不再是標榜共業概念的產銷型態。如此一來，小蝦米的在地產銷班依然不敵大鯊魚的食品大廠，只能捨棄原本自有品牌再度被標準化成為食品大廠的原料供應農家。

　　其實產銷班一開始為強調自有品牌的重要性，進入里仁通路時，是當時定價最高的有機米，如農會推廣部人員張專員就說到：

> 我是用農會的資金去授權單一品種，我後來去訪查全臺灣敢標示單一品種的品牌就只有我們，單一米種，就是說大部分米會混，有機米會混不敢標示哪一個品種，你可以看我們產品標示背後，桃園三號，單一的，敢標示，一包米的純度將近百分之九十九，這個品牌的建立，從開始就有這種概念，我就要堅持到這種程度，里仁它為

---

我們現在種植無農藥蔬果，除了避免農藥對我們的傷害以外，最重要的是避免共業的苦果！」。因此，強調信眾除了自己不動手殺生，還需推己及人，鼓勵更多人投入有機，匯集更多消費力量，支持農友，共造善業。（吳品賢、王志弘 2007:140、144-145）。

〔註7〕福智團體是由創辦人日常老和尚所創辦的福智僧團，與福智法人事業。一方面培育僧才，重視持戒與廣大聞思修，一方面以佛法、教育、有機農業的推廣工作，做為在家人實踐佛法的下手處。其中對外推展的包括：帶動在家居士學佛的「財團法人臺北市福智佛教基金會」、復興儒家教育的「福智文教基金會」、訴求維護生生不息自然環境的「財團法人慈心有機農業發展基金會」等。其事業群還包括「慈心有機驗證股份有限公司」、「福智教育園區」、「福智佛教學院籌備處」、「財團法人夢蓮花文化藝術基金會」、「福智慈善基金會」等。（資料來源：https://www.blisswisdom.org/about/bwgroup）。

什麼和我們合作那麼多年，我們做米玩的東西是超標準，我今天敢這樣子做，就是強調一樣是有機米，但也要建立差異化，我們是有機米最貴的，在里仁架上，280 元賣最貴〔註8〕。

只是這種品牌概念如果沒有得到消費者的認同，還是會被淹沒在削價競爭的自由市場之中，因為在里仁的消費者基本上是認同里仁的概念，或者只是有機產品的消費者，往往不一定就認同這些自有品牌。如同劉信全說的：「一樣都是有機，為什麼要買比較貴的，而且其他廠商也降價，那價差就更大了。」

就此在 2017 年也開始調降原本在里仁的定價，藉此增加銷量，並且為取得穩定的通路也願意降價配合成為國內食品大廠的原料供應來源，之前強調「吃米就是像是吃鴉片一樣，會有上癮的感覺」，那種強烈的品牌認同概念，到頭來也只剩下「有機的」或「健康的」，這種普遍對於有機產品的印象而已。

而脫離產銷班的劉信忠與其他在地農民不同，既不是交由糧商，也不是透過農會銷售，而是採取自產自銷的方式。利用前幾年喧騰一時的社區彩繪吸引遊客到店，增加自產有機米的曝光機會，把握與遊客面對面的機會建立他與消費者之間的信任關係，爭取更多回頭客的電話訂單，以期將有機米順利銷售出去，經過這幾年來的努力也漸漸形成較為穩定的通路，可以滿足其維生的需求。

另外，在他返鄉務農的這段期間，也曾經與竹北電商合作以「有機耐米」為品牌做部份對外的銷售，強調來自於竹東圳源頭的清澈水質，再加上水頭村地區日夜溫差較大，種植出來的有機米，十分香甜飽滿，搭配著農夫無微不至的照顧，因此才以「耐米」為名。就連現在使用的包裝也都是由這個電商所設計的，只是兩者在合作上多有窒礙，特別是在送貨與配貨方面無法達成共識，因此僅僅維持零星的出貨，對於他的銷售並無實質的助益。

然而有機農場丙與其會員之間的關係也並非典型的社區支持型農業，即這裡農場與消費者之間的關係不是建立在「讓食物上映著農人的臉」這樣的概念之上，也就是說兩者之間沒有「合作」或「夥伴」的關係，消費者並未與農場共享收成與風險，只是一種彈性或延遲的對價關係。

即使是受災造成損失無法依照事先約定供貨，不足的部分會在之後加以

---

〔註8〕報導人張專員訪談逐字稿（2017.6.9）。

補足，仍然維持著相當明確的對價關係，並未有一種會員透過消費來支持農場的特殊關係，而且也以農場所提供的有機蔬菜價格低於市面上一般有機食品商店的價格作為號召來招募會員，甚至於最初也是利用消費卷成功建立農場會員制。如此一來，這裡的會員制應是單純以購買被視為健康食品的有機蔬菜為目的的組織場域，雖然建立之初是以 2F（家庭與朋友）為核心團體來招募會員，但之後則是依賴邱禮仁個人對「善」與「綠」的理念與推廣來維繫會員。

其中值得注意的是原本認為由於水頭村地近科學園區，預期加入會員的大部分都是對「環境」與「消費」有所自覺，而且擁有穩定的經濟能力與豐富的文化資本，以及對工業化、高科技與發展意識形態的反身性思維的園區工程師家庭（吳品賢、王志弘 2007:126）。但實際上有機農場丙會員大部分卻是老師跟退休人員，如邱禮仁所說的：

> 我以前剛回來也以為是園區，以前我甚至於要試試看在關東橋市場，想說那邊最近，我們發現根本不是他們，那些人你想收入高，一到放假睡到自然醒，接著我有錢，我出去吃好的，他覺得他有錢可以買到健康，吃義式料理啊，吃很貴的蔬食料理，他們本來不下廚，重點在於不下廚，那有機的重點是你要下廚，所以大部分是校長，或者是退休的，他有時間，第一個知識水平夠，第二個他有時間可以下廚，……，大部分是老師跟退休人員，還有生病的，他自己會來找，還有一種像婦女準備受孕的跟哺乳期，至少我要安全，懷孕期間或者是準備受孕，基本上只有買那階段而已，這些本來就不像外面的又香又好，一個是想的問題，這種就是為了寶寶，可是這些人可能最後會去買健康食品，我們有一批這種對象，我準備受孕，身體盡量不吃那些自己喜歡的又香又好的食物，一直到懷孕，一直到哺乳都是這樣，都是這樣，能夠堅持下去，這是一種動機，不哺乳以後，還是開始去吃好吃的啦！還是吃義式料理，還是吃窯烤麵包。〔註9〕

這也就是有機農場丙後來會以學校作為主要配送據點的主要原因。

另外，從上面的描述可以得知訂購有機蔬菜的會員除了有一定的知識水平與經濟能力以外，必須還要會花時間下廚。一般所謂的科技新貴常常都是外食族，平時就很少下廚，一週最少 3 台斤的菜量對他們而言都是無法消化的，

---

〔註9〕報導人邱禮仁第一次訪談逐字稿（2017.5.26）。

而且菜色的變化對他們也是一個難題，因此他們與其選擇訂購有機蔬菜來維護身體的健康，倒不如選擇購買保健食品。在這裡，所謂有機食品的「消費時尚〔註10〕」看來並未延伸到有機蔬菜。

同樣的情形也發生在成長家園的附屬農場上，主要是他們的有機蔬菜的義賣或者是會員的招募上多以工研院的員工與學校教職員為主。只是這些單位大部分都是小家庭，或是不開伙以外食為主的家庭，每週認養的蔬菜數量對他們的負擔太大，常常吃不完，覺得有點浪費，所以常常選擇一次性的捐款或義賣，而不是長期性的認養。

另者，成長家園的附屬農場在媽媽魚安心超市的銷售卻是因為無法取得認證而造成滯銷，如此看來這裡的消費者，即使在媽媽魚安心超市這種講求安心無污染的通路裡，還是以有機認證作為選購的依據。這足以說明相同的產品在不同的場域脈絡裡對於消費者的意義也是不同的，也就是進入銷售端就必須從生產端提取各種元素或特性重新賦予意義將作物轉換成商品。

只是在這裡也發現到作物也可以被賦予「慈善」與「安全」的意義，但唯獨在與原本天主教相關的「信仰」意義著墨不多，僅在提供給隱修院，以及到同是教會的天主堂義賣，教徒與認養人這兩邊的關係網路彼此之間似乎沒有太多的交集，如何將教徒與這種認養人制度連結或許也是農場獲得長期支持的另一個可以嘗試的方向。

至於自然農法俱樂部的小農們，除了一開始在阿榮的課堂上召募認同秀明自然農法的學員建立會員制外，之後由於產量不穩定就改以集貨站的方式來銷售。除此之外，他們也都會利用社群軟體如臉書作為一種另類的生產履歷，希望透過網絡與消費者直接連結，除了描述田間狀況外，也會傳遞一些自然農法的理念，如節氣報報的定期貼文，以及一些重要的訊息，如每年俱樂部各區的土壤檢測報告，甚至於在有產出的時候貼出訂購表單來進行銷售。

只是這種透過網路與消費者所建立的關係仍然存在著一些認知上的問題，特別是在想法理念的傳遞與接收上，容易發生溝通的問題，只要無法建立對於作物在價值上的共識，當然就無法維持通路的穩定性。如自然小農小玲在

〔註10〕即吳品賢與王志弘（2007:126）在〈反身性的道德計畫？有機食品消費之銷售組織場域與引導理念〉一文中提到的：「隨著科學園區設置和高科技工作者湧入，新竹人口結構及消費型態也有所改變，電子技師族群所持有的『工作至上』習癖和生活風格，展現為竹科主婦對於先生和小孩身體保健的格外重視，部分呈現為有機食品的消費時尚。」

其銷售自產的稻米時，原本以為透過俱樂部臉書訂購作物的消費者，大部分會是認同自然農法俱樂部理念的支持者，她在送米給客人的時候，客人竟然還問她：「妳們有使用農藥與肥料嗎？」，這樣的提問讓她感到非常訝異。

但也有依據個人各自的關係網路來銷售的，如小茂的銷售策略則是希望培養核心客群，這些核心客群能夠接受他的作物定價不會任意到市場上去比價，因此會先以自己在臺北的親朋好友為主，讓他們知道他自己正在務農維生，並且可以提供那些產品，再慢慢將網絡向外延伸，不會過度依賴網路通路。有時產量過低不足以銷售的時候，也是分送給親友食用，如阿好就提到：

> 我自己的米大部分是送給很熟的親友吃，不太熟的要買，我都介紹
> 給劉信忠，我看著他的田都沒有撒除草劑與農藥，不然我的米一斤
> 要賣 100 元，不熟的會比價也會質疑，我乾脆就介紹給劉信忠，他
> 一斤 50、60 元還可以，跟外面市價差不多〔註11〕。

對這些小農而言，他們生產的作物如同寶物一樣珍貴，只會保留給與自己最親密的人，即使進入市場流通也是先以親友為主，因此生產者與消費者之間關係的親疏遠近往往可以影響這些作物的價值形成。換言之，這些作物的價值是來自於人與人之間的關係，就如同一道光譜的兩端，關係越親近，意義越多元，價值就越大；相對的，關係越疏遠，意義越單一，價值就越小。

另外，還有一個例外的情況，就是這一兩年所建立的葛友通路，它是明確將消費端的葛森療法與生產端的秀明自然農法相結合的特殊通路，是由葛友主動接洽的，也只能透過葛友之間的相互分享來擴展，是一種既小眾又必須依靠人際關係的通路，這時作物本身就是具有治療效果的「藥物」，它的價值明顯就不同於其他具有「健康」或「環保」意義的作物，也就是說當消費的理念與生產的理念在某些方面不謀而合的話，價值的高低受到關係親疏遠近的影響就比較小。

總言之，作物作為一種商品從生產到消費的流動必須依賴著相對應的知識流動，因為其認為商品代表著相當複雜的社會形式與知識分布，並且必須兼顧農法或農事、個人脈絡與銷售組織場域，以及農民與消費者兩者之間的互動，即商品的生產到消費過程的所有知識結構的揉合，重新建構屬於新農村社區裡「農」如何被實踐的當代意義。

---

〔註11〕田野筆記，88 頁。

## 四、小結與討論

臺灣在戰後土地改革後的十年內，農業景氣相當不錯，農業人口外移數量並不多，那種傳統以農為本的農村社會改變不大。但是在 1960 年代以後，農民對於農業與農村逐漸產生疏離感，紛紛離開農村出外工作，導致農村社會的瓦解。

這樣的離農現象隨著工商業發達與全球化的發展愈來愈來明顯，所謂的農村慢慢只是農地的所在地，或者是一種集體記憶而已，居住在農村的居民已大多不是以農維生的農民，這樣的村落還可以稱之為「農村」嗎？或者是說什麼才是現在的「農村」呢？農村最後消失了嗎？

農村似乎還沒有消失，因為在 1980 年代以後，開始有民間團體所推動的一系列返農運動，以及 1990 年代以後臺灣景氣開始衰退，都市或其他產業的就業機會減少，部分人口也開始返鄉務農。為了降低 2002 年政府因應加入WTO 後對於農業的衝擊，政府陸續推動許多提高農業產值與增加農民所得的相關政策，在衰退了將近三十年之後，逐漸形成一種新的農村社區。

這種新的農村社區不再是以農業作為生活的中心，大部分的居民也不再以務農維生，而是以不同的形式出現這個新農村社區。他們從事農作，把它當作是一種職業，一種理想，又或者是只是一種休閒活動。換言之，對於來到或回到農村的人而言，農村可能是桃花源，也可能是烏托邦，也或者可能是休閒的場地。

水頭村就在這種狀況之下，與其他臺灣北部農村一樣形成一種新的農村社區。在人地關係上，隨著農地破碎化與細小化的持續發展，為求以農維生的邊際效益，從自耕農到小地主小佃農的轉變，即從土地所有權與使用權合一到再次分離，形成一種「小地主小佃農」。在生產規模上，從一味變大到立志做小，即從追求「利潤的最大化」的「單一作物大規模面積耕作」，到強調「最適規模」的小農經濟或家庭農場，重新制訂他們自認為農業生產的最佳方式。在銷售策略上，從依賴盤商到自產自銷，即脫離世界經濟體系建立壟斷性的全球食物系統，到再次與在地消費者建立連結，重新找回農民的自主權。

雖然從離農到回農的水頭村農民，已無法如同傳統的農村社會，營造以農為本的生活，但是這種新的農村社區的形成也重新賦予農民與農業對於農村的新意義，一種以農作當成「生產」、「生態」與「生活」的具體實踐與理想的

適應模式，以及成為一個與農作相連的生活空間。如此一來，這種新的農村社區可以說是一種農業意義的多元展現，這就臺灣北部農村的「現況」。

# 第十章　結　論

　　如何形容當代水頭村？最貼切的答案應該就是──「一個新小農的聚落」。這個答案的內容不僅說明了臺灣北部農村社會的現況，也說明了在地農民與外來新農是如何運用各種策略來適應外在環境的變化。

　　在這個適應的過程裡，水頭村與其他臺灣農村社會一樣，都曾經面臨到人口外流與老化，以及外出工作者以兼業的方式在農地上耕作的現象，農民慢慢形成一種對農業與農村的疏離感，逐漸造成傳統農村社會的式微。

　　與南部地區相同，耕者有其田與傳統的均分繼承制度形成這種以「小地主」為主的農地細碎化的普遍發展。只是水頭村由於地近新竹科學工業園區，農外的就業機會與收入較多，大部分的居民多外出從事非農工作，而以兼業或粗放的經營方式來務農，這種人力狀況仍無法滿足「小地主大佃農」政策的人力需求。雖然以大佃農為主的農場現在都已朝機械化方式經營，但是平時田間工作仍有一定的人力需求。如遇農忙，人力需求更大時，幾乎沒有其他的人力可以支援，而且人力薪資成本也較南部地區來得高。再加上外來新農缺乏地緣關係，甚至於連在地農民也因家族分產的問題，以及村內派系的對立，都難以透過承租農地擴大農場經營規模〔註1〕。

〔註1〕這樣的發展與張雅惠在宜蘭縣三星鄉研究「小地主大佃農」的發現相互驗證，如她在研究裡發現影響到小地主大佃農「擴大農場經營規模」尚有另一個重要因素，即為人力需求。她提到：「目前雖大多數農場已朝機械化方式經營，可節省農民插秧、播種之時間及人力，惟因從事農作尚需人力進行田間管理、防治病蟲害及巡視農田，且同一農作地區因種植農作物大多相似，因此各農戶農忙時間大多相同，往往造成農忙時人力需求大，無法相互支援。另因人力薪資成本高，除缺少人力協助農忙外，龐大的人力薪資亦成為農民沉重之負擔。

　　另外，在自然環境上，比起北部地區那些大部分位於坡地地形的農地（第四類農業用地）來說，南部地區多位於平坦地形，並且擁有優良農業生產環境的農地資源（第一、二類農業用地），較適合發展以規模經濟為主的農企業，以及有利於「小地主大佃農」政策的推動〔註2〕。

　　因此，在水頭村耕種的小農們只能放棄那種追求利潤最大化的規模經濟，轉向利用水頭村本身得天獨厚的自然條件，不是一味求大，而是「立志做小」。在「小地主小佃農」的租佃關係上，發展出一種「以農為生」的在地小農經濟。因此，以新小農聚落來描述臺灣北部農村社會的演變與現況是相當合適的。

　　本書以新竹水頭村為例，說明臺灣北部農村正在發生一種農村與農地分離的現象，即農地所有權與使用權又一次的分離，也就是所謂的一種「小地主小佃農」的出現。此時的「農村」正蛻變為一種新的社區，也就是一種由「新小農」所組成的「新小農聚落」。

## 一、農村與農地的分離

　　所謂農村與農地分離是指農地所有權與使用權的分離，也就是一種小地主與小佃農之間租佃關係的再形成。這種現象正在水頭村發生中，水頭村不再是由以農業生產為主要經濟活動的居民所構成，農地的利用者也不再是傳統的、有組織的在地農民，而是由一群外來的，有不同理念的「新農」在耕耘著。

　　這樣的發展主要是擁有田地的農民的後代，雖然居住在農村，但已不再下田耕作，而是在新竹科學工業園區或湖口工業區上班。他們將田地租給進入農村務農的新農，形成一種新的租佃關係。這樣的租佃關係讓農村與農地分離，

---

（2014:126-127）」另外，張雅惠（2015:127-132）也從近幾年統計數據分析，發現小地主大佃農政策績效有成長逐漸趨緩的情形。並且歸納出五點原因，分別為地主願意出租之農地多已經初步釋出完畢、三七五減租政策之持續影響、農民健康保險資格影響農地整合活化、特殊農業經營傾向以購買農地擴大農場經營規模，以及缺乏地緣關係難透過承租農地擴大農場經營規模。

〔註2〕依據農委會將農地資源分類為第一種到第四種的農業用地，其分類定義與各縣市農地資源面積情形，詳見鍾麗娜〈臺灣農地違章工廠稱霸下的國土亂象〉一文（2019:122-123）。如以上文各縣市的農地資源分類與面積來看，再配合農糧署針對「小地主大佃農」政策實施隔年所做的〈99 年「小地主大佃農」推動成果及改進措施〉一文，可以發現大佃農完成租賃面積前五名的縣市，依序為花蓮縣、臺南市、嘉義縣、桃園縣、雲林縣（楊敏宗、蘇宗振 2011）。這五個縣市除了花蓮縣外，其他縣市的第一種與第二種農業用地（位於平地地區）的面積總和都大於第四種農業用地（位於坡地）。

因為進入水頭村租地耕作的新農，大多在竹東鎮租屋或買屋居住，只把水頭村當作工作地點而已，大多不參與水頭村的各種活動，僅有在農事上，與少數居民有些互動。這樣的現象說明在當代的臺灣北部農村中，農村是已經不再是一個有組織的社群，而農地也只是一種生產資源而已。

這種現象的發生主要是由於水頭村鄰近新竹市，人口不斷地外移，導致原本維繫農民組織的傳統文化機制，如宗族組織與祭祀組織逐漸式微，不再受到重視。充足的農外就業機會也造成農村居民職業的多元化，他們已經不再保有與農地生死與共的農本思維，逐漸把農業作為一種可供選擇的生活手段之一，土地則是成為一種具有價值儲存功能的商品，此時居住於農村地區的居民已經從農業及農村逐漸分離出來了。

本書就以這種「小地主小佃農」的新租佃關係，與他們農外兼業的程度的不同，將水頭村農民實際區分為機工包工農、雇農、自營式兼業農、農業資本家，以及獨立小農等類別，而獨立小農又可細分為自耕農與佃農兩種。這樣的分類如與柯志明與翁仕杰（1991）對於嘉義縣義竹鄉農民分化的分類加以對比，就會發現到臺灣南部地區與北部地區在現代農民在農業經營上的明顯差異，一種「小地主大佃農」與「小地主小佃農」之區別。

柯志明與翁士杰在嘉義縣義竹鄉所發現的全職外包農、包工頭與兼職外包農幾乎在水頭村很少發現，或者只是一兩個而已。再加上這裡的經營規模也以家庭農場為主，兩地之間在雇農人數的多寡上有著明顯的差異，這也直接反映出臺灣南北兩地在農業發展上的不同。有別於水頭村以家庭農場為主，南部地區則是多以發展農企業為主。

雖然水頭村也曾經發展出類似農企業的那種農場規模，例如在 1990 年代就出現擁有上百棟溫室的農場企業，但是因為通路的問題，這樣的農場規模就僅是曇花一現而已。另外，近代有機米產銷班的發展，在現任班長的代耕之下，頗有農場企業之勢，只是也因為受到通路箝制，再加上因為分產不斷縮小的耕地面積，也漸漸無利可圖，未來的發展是相當困難的。

這樣的困境是因為水頭村所發展出來的並不是真正的「農企業」，而是一種「農場企業」。僅僅只是農場經營（on-farm operations）的規模化而已。一般來說，農企業的定義是農場經營及其相關的農用品之製造與銷售，農產品之加工、儲藏與運銷的總和。包含四大類企業，即農用品企業、農產加工業、農產運銷業和農場企業（張研書 1982:6-9）。如此看來，水頭村的這些農場企業最

多只能達到生產與加工的部份而已，因此無法真正發展出一種屬於當地的農企業。

也就是說，大部分的北部農村不論是土地，還是農業上的資本與技術較不容易集中，同時又沒能發展出穩定的通路。因此較不容易形成農企業，只能形成由「小佃農」所經營的獨立農場或小型有機農場所組成的小農聚落。

## 二、「新小農」的出現

在這種狀況下，水頭村演變成一種「小地主小佃農」的新小農聚落。這裡的「小農」大部分是 1990 年代以後進入水頭村向「小地主」租地耕作的新農。除原本農民成立有機米與蔬菜產銷班持續務農外，部分外來新農成立小型的有機農場從事有機蔬菜種植。同時也吸引自然農法俱樂部在這裡成立教育園區培訓有意以秀明自然農法務農的學員，以及輔導學員各自成立與經營獨立農場。

這些「小佃農」不是「農民（farmer）」，而比較像是傳統中所謂的「鄉民（peasants）」，或者可以用「新小農」來形容他們。即使他們沒有擁有農地，僅僅只是租地耕作，他們對於農地卻有著一種特殊的情感，他們不追求耕種的規模，或是採取一種企業經營的模式，以「利潤最大化」為目的來進行耕種與利用農地。而是強調「最適規模」的小農經濟或家庭農場，重新制訂農業生產的最佳方式。這些新小農的出現可以被視為當代農民運用各種策略來適應環境的結果，也是代表著一種新農運動的發展，有許多為實現與追求自我理想的小農陸續返土歸田，開始營造他們自己嚮往的農村生活。

如當代水頭村種植有機米的農民常說：「南部慣行農業大量噴灑農藥來耕作，這些南部糧商或農家會將他們自己種植的稻米銷售到臺北都會區，但他們卻常常來水頭村收購這裡的有機米自用。」這或許是當地農民對於自己從事有機農業的自豪，卻也明確指出他們選擇與南部農民不同的策略來適應在地環境的變化。

南部農民多以慣行農法為主，透過合作或租地的方式來擴大耕作面積，強調臺灣目前唯有這種耕作的方式才能有效地取得足夠的利潤持續務農。即在農作物價格普遍偏低的情況之下，必須在一定的耕作面積之上，使用大量的化學肥料與農藥來達到可以維生的產量，才能支持農民持續務農。

相較於南部農民可以獲得足夠的耕作面積來實施慣行農法，水頭村農民坦言由於水頭村的農地破碎且面積偏小，這種「單一作物大規模面積耕作」的

方式在水頭村是不適合，也是行不通的，因此選擇在有限的耕作面積上種植高單價的有機農作物做為他們可以維生的務農方式。就是在這種條件之下，水頭村在 1990 年代就興起一股以有機農業來再生的氛圍。

　　除了這種有別於慣行農法，強調在有限的耕作面積上種植高單價的有機農作物外，水頭村由於位於水圳引水口，水源較為純淨的自然條件，也是這些小農選擇有機農業或自然農法的主要原因之一。

　　在水頭村，這些新小農強調他們對務農有自己的理想與實踐方法，如經營有機農場乙的兩夫妻柯國全與陳秋蘭，從「做有機」到「做良心」，回歸傳統市場銷售，他們強調「自產自銷」才是他們這種耕作者唯一的生存之道。以及立志做小的農夫 CEO 邱禮仁發展出與其岳父那種規模經營不同的「2.5 人的小農家」，認為以「綠色」為號召的耕作方式，都必須以「善」為出發點，唯有發自內心來友善環境，才能翻轉現在農村。還有不以營利為目的的成長家園附設農場，將農業作為「照顧與培養孩子自立」的方法，在邱禮仁手心翻轉計畫的協助之下，讓這些原本需要被照顧的孩子透過農場試著開始幫助自己與永續成長家園的發展。

　　另外，新小農也包含以「尊重自然、尊重土地、愛護土地」為目標，追求「生態」、「永續」與「自給自足內循環」等價值的自然農法俱樂部成員。而自然農法對於這些小農來說，不只是一種謀生的方式，而是另一種他們嚮往的生活方式，有著不同的目標與理想等著他們去實現。

　　這些新小農的出現呈現當代臺灣北部農村農業型態的新面貌，如有機農業與自然農法所建構的生態農業在水頭村的發展，以及一種生活農業概念的形成。其中水頭村的有機農業不同於一般慣行有機農業的發展，而是一種為通過驗證的「實踐有機」與「多元有機」。而生活農業也不同於傳統農業那種以務農為中心的社會生活，而是將耕種當作休閒生活的一部分，新小農為非務農者或自己提供與農業生產相關的各式體驗或休閒活動。

　　這樣的發展無不說明在北部地區與水頭村相似的農村，雖然在慣行農法上無法與南部地區相比，卻吸引不同類型的新小農進入農村，建構自己心裡以農為生的理想，以不同規模的生產方式共同拼湊出新的農村社區。

## 三、新生產關係的形成

　　如果水頭村的現況可以視為一種新小農的聚落，這些小佃農的耕種與生

產可以被視為一種當代農業在地的適應與發展。相對於全球化的過程中，以集團化、規模化、企業化來解決臺灣耕地零碎與人力缺乏的問題。這種重新回到以家戶作為生產與消費單位的小農經濟，除了說明北部農地破碎化的情形外，也再次驗證小農經濟具有某種程度抗拒國家的力量，以及影響經濟政策的制定，甚至於與現代工商業並存的特質。也就是說這種小農經濟無疑的就是一種當代農民展現他們的能動性（agency）來實踐他們的理想的過程。

而這種所謂「立志做小」的實踐理性，除了是延續傳統小農或家庭農場的發展外，大部分都是當代農民適應環境的結果。如農地狹小與破碎無法大規模經營，即使產量出來了，也有「產後憂鬱症」，因為沒有通路，不知道怎麼銷售，或者是深怕被盤商倒債。

另者則是將農村視為一種烏托邦或是桃花源，如已有家庭的小農，就在另一半仍有非農工作的經濟支持之下選擇轉行全職務農，開始新的生活。而中年失業尋找就業第二春的小農則是義無反顧地成為全職務農，希望找出真的能夠以農維生的生產方式。而那些為實現與追求自我理想的小農，也是全心全意地全職務農，開始直接與現實碰撞。嘗試在務農這條路上走出不同方向，以半農半X的型態來務農，希望結合其他的產業型態來實踐自己對於農業的想法。

然而這種脫離全球食物系統的小農經濟，為避免生產受到盤商的剝削，勢必要與消費者建立起直接互惠的關係，有時甚至於還需要消費者直接支持農業生產，即「讓作物上映著農人的臉」的概念。而這種農民與消費者的關係則是建立在作物的交換上，當消費者認同農民對於作物與環境的付出時，這種關係自然而然就會形成。而且當農民與消費者之間的關係越緊密時，作物的價值就穩定，農民也才能夠以農業生產維生，持續務農下去，這樣的發展可以視為一種新的「有機連結（organic integration）」在當代農村的出現。

換言之，這種「有機連結」就是一種小農之間互助合作的換工關係，以及小農與消費者之間透過交換來互相支持的互惠關係。這些關係被用來重建傳統農業體系的「集體性」，藉以代替農村裡逐漸消失的那些以血緣或地緣關係來凝聚農民的宗族組織與祭祀組織。

但是這種「有機連結」所強調的。並不是小農在農村內部的團結，而是小農與農村之外的消費者為確保小農可以持續以農維生，彼此認同所形成的一種互惠關係。這種「有機連結」的形成，也再次驗證本書中一再強調的，臺灣北部「農村」只是農地所在地，在這裡利用農地的耕作者之間也不再有傳統農

村的組織與連接。

　　這種新小農聚落的形成，可以被視為一種傳統農本主義的復興。如在生產上，為適應在地環境發展有機農業與自然農法，認為有機農業就是從以往農村傳統技術工法的「就地取材」與「人力施作」來取代化學肥料與農藥的施用，以及自然農法就是以前老農的傳統耕作模式，透過不施藥不施肥這種自然耕作模式來恢復土地肥力，讓土地回到最原始的狀態。在銷售上，為避免生產受到盤商的剝削，所以致力於與消費者建立起直接互惠的關係，甚至於有時還需要消費者直接支持農業生產。

　　只是這種新小農聚落的形成並不代表農村已經復甦，因為目前實際上真正透過農業生產來維持生計的農民屈指可數。主要還是農民尚未找回農業生產的自主權，因為這種自主權必須建立在與消費者共同建構的作物價值之上，或者是說消費者開始認同農業生產的重要性，進而支持農民的生活，這時候農民才能從農業生產來實現真正的「以農為生」。雖然無法回到傳統那種農本主義的農村生活，但至少能夠以農業生產為基礎，發展出與農業連結的 N 級產業，形成多元的農業型態，讓農村真的可以繼續存在，並且適應各種環境的轉變，持續地發展下去，不會讓農村的生機斷然消逝。

　　總之，水頭村可以代表當代臺灣北部那些散佈在都會區邊緣的農村，這些傳統的農村由於人口的流失，以及非農的就業機會的增加，再加上農業生產的效益相對下降，所以從 1980 年代起就逐漸的出現了廢耕、休耕的狀況，已經出現了相當明顯的「離農」狀態。這種狀態直到 2000 年以後，才因為新小農的出現而有所改變。如本書所描述的，強調「做良心」回歸傳統市場經營的有機農場主，與「立志做小」的農夫 CEO，還有一種不以營利為目的社福機構附設農場，以及致力推動秀明農法，實踐無農藥、無肥料種植的自然小農等新小農，這些新小農的出現開始使得傳統農村有了一些新的樣貌。

# 參考書目

## 一、中文部分

王良行、林于煒

    2005　竹東鎮志地理篇。竹東鎮：竹東鎮公所。

王良行、陳俞伊

    2007　竹東鎮志經濟篇。竹東鎮：竹東鎮公所。

王俊傑、古慧雯

    2001　論「斤糖斤米」制。經濟論文叢刊。29(4):457-478。

王嵩山

    2011　竹東鎮志政事篇。竹東鎮：竹東鎮公所。

李丁讚

    2016　導論：農業人文的誕生。文化研究。22:10-22。

李慧宜

    2017　農村，你好嗎？寫在農村的 24 則鄉野求生筆記。臺北市：果力文化。

沈杏怡、陳啟榮、莊玉雯

    2012　農業 100 年精華──臺灣農業百年紀實。農政與農情。237:6-9。

呂玉瑕、王嵩山

    2011　竹東鎮志社會篇。竹東鎮：竹東鎮公所。

何欣潔

2015 由鄉莊社會到現代社會：從土地所有制度演進重看臺灣戰後初期農村土地改。臺灣社會研究季刊。98:147-193。

吳東傑

2006 臺灣的有機農業。臺北縣：遠足文化。

吳品賢、王志弘

2007 反身性的道德計畫？有機食品消費之銷售組織場域與引導理念。臺灣社會研究季刊。68:119-176。

吳音寧

2007 江湖在哪裡？──臺灣農業觀察。臺北縣：INK 印刻出版有限公司。

林滿紅

1997 茶、糖、樟腦業與臺灣之社會經濟變遷（1860-1895）。臺北：聯經。

林樂昕

2015 社區協力農業，找回信任的溫度。刊於巷仔口的農藝復興：社區協力農業，開創以農為本的美好生活。臺北市：果力文化出版。頁6-8。

周妙芳、韓寶珠

2013 加入 WTO 對我國農業影響及因應之經驗。農政與農情。253:76-85。

果力文化

2015 巷仔口的農藝復興：社區協力農業，開創以農為本的美好生活。臺北市：果力文化出版。

洪麗雯

2007 殖民主義與經濟活動形塑：日治時期臺灣藺草經濟活動的發展。國立臺南大學臺灣文化研究所碩士論文。

柯志明

1988 農民與資本主義：日據時代臺灣的家庭小農與糖業資本。中央研究院民族學研究所集刊。66:51-84。

1989 日據臺灣農村之商品化與小農經濟之形成。中央研究院民族學研究所集刊 68:1-40。

2003 米糖相剋：日本殖民主義下臺灣的發展與從屬。臺北市：群學。

柯志明、翁仕杰

1991 臺灣農民的分類與分化。中央研究院民族學研究所集刊。72:107-150。

段兆麟

2016 休閒農業——體驗的觀點。臺北市：華都文化。

胡台麗

1978 消逝中的農業社區——一個市郊社區的農工業發展與類型劃分。中央研究院民族所集刊。46:79-111。

桃園區農情月刊編輯室

2001 化腐朽為神奇姜義能的有機肥受肯定。農情月刊。28。

徐世榮、蕭新煌

2001 臺灣土地改革再審視——一個「內因說」的嘗試。臺灣史研究。8(1):89-124。

徐源清

2007 農業產銷班輔導措施與經營狀況分析。農政與農情。177:48-55。

郭華仁

2014 農藝復興——來自小農的草根革命。刊於小農復耕——好食材，好生態，好市集，好旅行。臺北市：果力文化。頁8-9。

張研書

1982 農企業的發展。臺北：聯經出版社。

張雅惠

2014 「小地主大佃農」之農地使用權型態對農地利用影響：以宜蘭縣三星鄉為例。土地經濟年刊。25:100-131。

2015 從小地主大佃農政策論承租農地對農地利用之影響。土地經濟年刊。26:111-137。

張瑋琦

2012 原住民成為有機專業農歷程的省思：知識、食物主權與身體規訓。臺灣原住民研究論叢。12:245-290。

陳兆偉

1994 國家經營下的臺灣糖業（1945-1953）。臺北：稻鄉出版社。

陳其南

1987　臺灣的傳統中國社會。臺北：允晨文化。

陳秋坤

1992　十九世紀初期土著地權外流問題：以岸裡社的土地經營為例。刊於臺灣歷史上的土地問題。陳秋坤、許雪姬主編。頁 29-56。

陳坂

1999　水與竹塹──新竹水文化導覽手冊。新竹：新竹市立文化中心。

陳芬瑜

2014　小農復耕，野地花開。刊於小農復耕──好食材，好生態，好市集，好旅行。臺北市：果力文化。頁 38-48。

陳玠廷

2014　臺灣有機農業反身現代現象之研究。國立臺灣大學生物資源暨農學院生物產業傳播暨發展學系。

陳素娥、黃振增

2004　水稻新品種「桃園三號」簡介。桃園區農業專訊。49:16-17。

陳昭郎

2006　休閒農業在鄉村持續發展中所扮演的角色。農業推廣文彙。51:271-286。

2012　休閒農業概論。新北市：全華圖書。

陳祈睿

2011　精緻農業健康卓越方案推動成果。農政與農情。225:31-36。

陳祥水

1977　青林村的土地改革。中央研究院民族學研究所集刊。43:65-84。

1995　屏南村的土地利用：農業變遷和適應策略。刊於臺灣與福建社會文化研究論文集（二）。莊英章、潘英海主編。頁 47-70。

1996　屏南村的經濟變遷。清華學報 26:(2):221-258。

陳耀勳

2002　加入 WTO 後臺灣農業之轉型發展。農政與農情。125:53-56。

麥桂齡

2010　新竹縣「客家聚落」的歷史變遷──以竹東鎮軟橋里為例。國立中央大學客家研究碩士在職專班論文。

曾婷萌、沈聰明

2012　有機米人物誌。花蓮縣：行政院農業委員會花蓮區農改場。

黃兆慧

2002　臺灣的水庫。臺北縣：遠足文化。

黃仲傑

2016　推動友善農業。農政與農情。294:6-8。

2017　訂定有機及友善環境耕作補貼要點簡介。農政與農情。300:32-35。

黃俊傑

1990　臺灣農村的黃昏。自立晚報。臺北市。

黃淑德

2014　小農復耕──協力重生，共造有韌性的社區。刊於小農復耕──好食材，好生態，好市集，好旅行。臺北市：果力文化。頁 6-7。

黃榮洛

2011　竹東鎮志文化篇。竹東鎮：竹東鎮公所。

黃樹民

1981　Agricultural Degradation: Changing Community Systems in Raral Taiwan. Washington: University Press of America.

2013　臺灣有機農業的發展及其限制：一個技術轉換簡史。臺灣人類學刊。11(1):9-34。

黃應貴

2006　農村社會的崩解？當代臺灣農村新發展的啟示。刊於人類學的視野。臺北市：群學。

童元昭

2001　「農村」社會分化初探：以屏東長青村為例。臺大考古人類學刊。57:89-113。

廖正宏、黃俊傑

1992　戰後臺灣農民價值取向的轉變。臺北市：聯經。

廖正宏、黃俊傑、蕭新煌

1986　光復後臺灣農業政策的演變：歷史與社會的分析。臺北：中央研究院民族學研究所。

鄧文嫦

2015　生活起義：創造另一種關係的可能。刊於巷仔口的農藝復興：社區協力農業，開創以農為本的美好生活。臺北市：果力文化出版。頁 9-11。

蔡宏進

1992　臺灣近代工業化與都市化對農地利用與問題之影響。刊於臺灣歷史上的土地問題。陳秋坤、許雪姬主編。頁 323-342。

1997　臺灣農業與農村生活的變遷。農訓協會。臺北市。

蔡晏霖

2014　以農作為方法：「以農為本」的抵抗政治。文化研究。18:217-226。

2016　農藝復興：臺灣農業新浪潮。文化研究。22:22-74。

蔡培慧

2009　農業結構轉型下的農民分類（1980-2005）。國立臺灣大學生農學院生物產業傳播暨發展學系博士論文。

2015　小農耕作，野地開花。刊於巷仔口的農藝復興——社區協力農業，開創以農為本的美好生活。臺北市：果力文化。頁 16-21。

蔡培慧、周馥儀

2014　小農耕作、綠色消費，共創美好未來。刊於小農復耕——好食材，好生態，好市集，好旅行。臺北市：果力文化。頁 12-36。

劉志偉、柯志明

2002　戰後糧政體制的建立與土地制度轉型過程中的國家、地主與農民（1945-1953）。臺灣史研究。9(1):107-180。

劉繼蕙

2016　全球化難題之下另類社會實踐的可能性。文化研究。22:4-8。

鄭森松

2005　竹東鎮志歷史篇。竹東鎮：竹東鎮公所。

賴明洲、薛怡珍、黃士嘉、楊瓊華

2004　濕地植物去污淨化功能與選種建議。臺灣林業。30(4):44-51。

蕭崑杉、陳玠廷

2009　臺灣鄉村地區休閒農業發展的論述。農業推廣學報。26:1-18。

戴君玲

2010 臺灣社群支持型農業的發展與運作：島嶼社群生機農場的個案研究。國立臺灣大學生物資源暨農學院生物產業傳播暨發展學系碩士論文。

鍾麗娜

2019 臺灣農地違章工廠稱霸下的國土亂象。土地問題研究季刊。18(3):118-129。

瞿宛文

2015 臺灣戰後農村土地改革的前因後果。臺灣社會研究季刊。98:11-67。

羅明哲

1992 日據以來土地所有權結構之變遷：兼論土地改革。刊於臺灣歷史上的土地問題。陳秋坤、許雪姬主編。頁255-283。

闕河嘉、蘇冠銘

2009 消費清境：再現另類鄉村意象。農業推廣學報。26:19-38。

謝敏驥

2011 臺灣安全蔬果－吉園圃標章推動成果。農政與農情。233:54-56。

謝順景

2010 臺灣一百多年來的有機農業發展之歷史回顧。臺中區農業改良場研究彙報 107:1-12。

蘇嘉全

2006 新農業運動－臺灣農業亮起來。農政與農情。169:9-13。

## 二、英文部分

Cancian, Frank

1989 Economic Behavior in Peasant Communities, in *Economic Anthropology*, Stuart Plattner, ed., pp.127-170. Stanford: Stanford University Press.

Chen, Chung-min

1977 Upper Camp: A Study of a Chinese Mixed-Cropping Village in Taiwan, Taipei: Institute of Ethnology Academia Sinica.

Cohen, Myron L.

1976　House United, House Divided: The Chinese Family in Taiwan. New York: Columbia University Press.

Dalton, George

1972　Peasantries in Anthropology and History. Current Anthropology 13(3-4):385-415.

Durrenberger, E. Paul and Tannenbaum, Nicola

2002　Chayanov and Theory in Economic Anthropology, In Theory in Economic anthropology, Jean Ensminger ed. Pp137-153 Walnut Creek, CA : AltaMira Press.

Geertz, Clifford

1961　Studies in Peasant Life: Community and Society. Biennial Review of Anthropology 2:1-41.

Haldy, Hanns-Michael

2004　Organic Food Subscription Schemes in Emerging Organic Markets: TEI-KEI, CSA and Box-Schemes. Proceedings of the 6th IFAOM-Asia Scientific Conference, Pp174-189. Research Institute of Organic Agriculture.

Henderson, Elizabeth and Van En, Robyn

2011　種好菜，過好生活：社區協力農業完全指導手冊。李宜澤等譯。臺北市：商周出版。

Imhoff, Daniel

1996　'Community Supported Agriculture: Farming with a Face on It' in "The Case against the Global Economy and for a Turn toward the Local", Jerry Mander & Edward Goldsmith ed., Pp425-433. San Francisco:Sierra Club Books.

Kroeber, Alfred L.

1963[1948]　Anthropology. New York, Harcourt, Brace & World.

Mintz, Sidney W.

1983[1973]　鄉民的定義，刊於鄉民社會。張啟恭譯。頁 145-161。臺北：

巨流圖書公司。

1995　Forward, in Japanese Colonialism in Taiwan: Land Tenure, Development, and Dependency, 1895-1945, by Chin-ming Ka. Pp.xv-xx. Boulder: Westview Press.

Rigby, D. and Caceres, D.

2001　Organic farming and the sustainability of agricultural systems. Agricultural Systems 68:21-40.

Roseberry, William

1983　From Peasant Studies to Proletarianization Studies, Studies in Comparative International Development 18(1-2):69-89.

Sahlins, Marshell

2009[2003]　新版前言。刊於石器時代經濟學。張經緯、鄭少雄、張帆譯。頁 1-7。北京：生活・讀書・新知三聯書店。

2009[1972]　石器時代經濟學。張經緯、鄭少雄、張帆譯。北京：生活・讀書・新知三聯書店。

Smith, Valene L.

2001　'Tourism Change and Impacts', in Hosts and Guests Revisited: Tourism Issues of the 21st Century, Valene L. Smith and Maryann Brent ed., Pp107-121. Chico: California State University Press.

Urry, John

2007[2001]　觀光客的凝視。國立編譯館主譯。葉浩譯。臺北：書林出版社。

Wolf, Eric R.

1955　Types of Latin American Peasantry: A Preliminary Discussion. American Anthropologist 57:452-471.

1983[1966]　鄉民社會。張啟恭譯。臺北：巨流圖書公司。

1973　Peasant Wars of the Twentieth Century. New York: Harper & Row, Publishers.

## 三、網路資料

王慧瑛

　　2011/05/04　環保署長沈世宏陪世光孩子種愛的種子。聯合報。

有機經營業者資訊整合系統

　　2019/01/11　網路資源：http://www.i-organic.org.tw/Default.aspx

自由電子新聞網

　　2002/03/05　農民強開閘門「搶水」官方決「護水」。2019/01/11。網絡資源：http://old.ltn.com.tw/2002/new/mar/5/today-c6.htm

自然小農/報導人小華

　　2018/08/01　拖過大暑的小暑報報。2019/01/11。資料來源：自然農法俱樂部臉書。

　　2018/08/30　為什麼我們不用肥料。2019/01/11。資料來源：自然農法俱樂部臉書。

宋宇娥

　　2009/12/25　客家新聞雜誌 156 集〈廚餘田‧環保米〉。

花蓮樸門部落

　　認識樸門　2019/01/11。網路資源：https://hualien-permaculture.blogspot.com/p/blog-page_15.html

國家發展委員會

　　2018/08　高齡化時程。

　　2019/01/11　網絡資源：https://www.ndc.gov.tw/Content_List.aspx?n=695E69E28C6AC7F3

國際家庭農業年活動網

　　2018/10/08　網絡資源：http://www.familyfarmingcampaign.net

張聖函

　　2014/01/20　以小農為核心　聯合國宣布 2014 為國際家庭農業年。

　　2019/01/11　網絡資源：https://www.newsmarket.com.tw/blog/45660/

黃敬涵

　　2016/03/10　想當農夫沒有地？買屋就行！。蘋果日報。

　　2016/04/23　社區鄰水源保護地──買屋即送 10 年農地 近下公館商圈。蘋果日報。

黃啟菱

2015/03/14　社區景觀透天　享田園樂。自由時報。

黃美珠

2017/12/30　竹東有機專業區　農民抗議沒水可用。自由時報。

新竹縣政府地政處

2001/07/02　寶二水庫引水工程案內土地。2019/01/11。網絡資源：https://
land.hsinchu.gov.tw/news/?mode=data&id=40&parent_id=100
05&type_id=10006

2002/03/27　寶二水庫引水工程會勘。2019/01/11。網絡資源：https://land.
hsinchu.gov.tw/news/?mode=data&id=90&parent_id=10005&t
ype_id=10006

2002/04/02　寶二水庫引水工程用地徵收案　部分地價調整。2019/01/11。
網絡資源：https://land.hsinchu.gov.tw/news/?mode=data&id=
101&parent_id=10005&type_id=10006

自然農法俱樂部成員

宗旨。2019/01/11。網路資源：自然農法俱樂部網站。

詹武龍

2009/02/09　秀明自然農法實施綱要。2019/01/11。網路資源：http://sites.
google.com/site/urfarm/guidelines

經濟部水利署水利緊急應變經驗學習中心

艾利颱風　2020/06/06。網路資源：https://llc.wcdr.ntu.edu.tw/93-aere/#
more-2142

E 河川知識服務網

寶二水庫簡介　2019/01/11。網絡資源：https://e-river.wra.gov.tw/System/
RiverNoun/DealData.aspx?s=5A8F999D57BF45E2&sm=9
DFBFFB598924D48&index=3A4A76975B038742

# 附錄一 水頭村人口統計一覽表

# （1947-2017）

| 年度（民國） | 總人口 | 遷入 | 移出 | 社會增加 | 社會增加率 | 出生 | 死亡 | 自然增加 | 自然增加率 |
|---|---|---|---|---|---|---|---|---|---|
| 36 | 713 | 56 | 50 | 6 | 0.0084 | 37 | 13 | 24 | 0.03366 |
| 37 | 719 | 50 | 66 | -16 | -0.022 | 32 | 10 | 22 | 0.0306 |
| 38 | 790 | 70 | 24 | 46 | 0.0582 | 32 | 7 | 25 | 0.03165 |
| 39 | 786 | 30 | 62 | -32 | -0.041 | 38 | 10 | 28 | 0.03562 |
| 40 | 781 | 26 | 47 | -21 | -0.027 | 25 | 9 | 16 | 0.02049 |
| 41 | 841 | 58 | 44 | 14 | 0.0166 | 33 | 4 | 29 | 0.03448 |
| 42 | 834 | 48 | 69 | -21 | -0.025 | 31 | 6 | 25 | 0.02998 |
| 43 | 851 | 43 | 59 | -16 | -0.019 | 42 | 8 | 34 | 0.03995 |
| 44 | 873 | 37 | 55 | -18 | -0.021 | 40 | 2 | 38 | 0.04353 |
| 45 | 884 | 23 | 32 | -9 | -0.01 | 35 | 8 | 27 | 0.03054 |
| 46 | 927 | 53 | 55 | -2 | -0.002 | 35 | 2 | 33 | 0.0356 |
| 47 | 942 | 29 | 28 | 1 | 0.0011 | 35 | 4 | 31 | 0.03291 |
| 48 | 943 | 36 | 33 | 3 | 0.0032 | 39 | 3 | 36 | 0.03818 |
| 49 | 988 | 41 | 24 | 17 | 0.0172 | 44 | 4 | 40 | 0.04049 |
| 50 | 1008 | 30 | 32 | -2 | -0.002 | 46 | 8 | 38 | 0.0377 |
| 51 | 1047 | 37 | 23 | 14 | 0.0134 | 51 | 8 | 43 | 0.04107 |
| 52 | 1085 | 27 | 30 | -3 | -0.003 | 45 | 3 | 42 | 0.03871 |
| 53 | 1047 | 46 | 60 | -14 | -0.013 | 42 | 6 | 36 | 0.03438 |
| 54 | 1088 | 37 | 35 | 2 | 0.0018 | 44 | 7 | 37 | 0.03401 |
| 55 | 1130 | 46 | 30 | 16 | 0.0142 | 34 | 7 | 27 | 0.02389 |

| 56 | 1113 | 67 | 64 | 3 | 0.0027 | 31 | 8 | 23 | 0.02066 |
| 57 | 1118 | 29 | 55 | -26 | -0.023 | 31 | 8 | 23 | 0.02057 |
| 58 | 1092 | 47 | 79 | -32 | -0.029 | 30 | 28 | 2 | 0.00183 |
| 59 | 1087 | 43 | 36 | 7 | 0.0064 | 21 | 6 | 15 | 0.0138 |
| 60 | 1074 | 24 | 33 | -9 | -0.008 | 16 | 7 | 9 | 0.00838 |
| 61 | 1021 | 33 | 73 | -40 | -0.039 | 18 | 7 | 11 | 0.01077 |
| 62 | 980 | 13 | 33 | -20 | -0.02 | 17 | 5 | 12 | 0.01224 |
| 63 | 934 | 9 | 48 | -39 | -0.042 | 13 | 3 | 10 | 0.01071 |
| 64 | 914 | 22 | 45 | -23 | -0.025 | 16 | 5 | 11 | 0.01204 |
| 65 | 888 | 10 | 23 | -13 | -0.015 | 14 | 5 | 9 | 0.01014 |
| 66 | 904 | 31 | 25 | 6 | 0.0066 | 10 | 16 | -6 | -0.0066 |
| 67 | 885 | 26 | 31 | -5 | -0.006 | 17 | 3 | 14 | 0.01582 |
| 68 | 847 | 22 | 35 | -13 | -0.015 | 19 | 7 | 12 | 0.01417 |
| 69 | 774 | 26 | 79 | -53 | -0.068 | 18 | 8 | 10 | 0.01292 |
| 70 | 772 | 26 | 19 | 7 | 0.0091 | 17 | 5 | 12 | 0.01554 |
| 71 | 733 | 19 | 35 | -16 | -0.022 | 17 | 5 | 12 | 0.01637 |
| 72 | 711 | 24 | 37 | -13 | -0.018 | 14 | 2 | 12 | 0.01688 |
| 73 | 711 | 8 | 24 | -16 | -0.023 | 15 | 3 | 12 | 0.01688 |
| 74 | 697 | 20 | 33 | -13 | -0.019 | 16 | 4 | 12 | 0.01722 |
| 75 | 670 | 22 | 39 | -17 | -0.025 | 16 | 5 | 11 | 0.01642 |
| 76 | 653 | 20 | 29 | -9 | -0.014 | 13 | 1 | 12 | 0.01838 |
| 77 | 637 | 11 | 39 | -28 | -0.044 | 16 | 3 | 13 | 0.02041 |
| 78 | 622 | 12 | 30 | -18 | -0.029 | 14 | 2 | 12 | 0.01929 |
| 79 | 594 | 25 | 54 | -29 | -0.049 | 17 | 3 | 14 | 0.02357 |
| 80 | 570 | 15 | 42 | -27 | -0.047 | 12 | 2 | 10 | 0.01754 |
| 81 | 565 | 20 | 42 | -22 | -0.039 | 17 | 1 | 16 | 0.02832 |
| 82 | 543 | 21 | 40 | -19 | -0.035 | 8 | 3 | 5 | 0.00921 |
| 83 | 529 | 24 | 36 | -12 | -0.023 | 11 | 0 | 11 | 0.02079 |
| 84 | 521 | 18 | 27 | -9 | -0.017 | 9 | 7 | 2 | 0.00384 |
| 85 | 508 | 5 | 23 | -18 | -0.035 | 14 | 4 | 10 | 0.01969 |
| 86 | 527 | 20 | 18 | 2 | 0.0038 | 9 | 3 | 6 | 0.01139 |
| 87 | 521 | 12 | 16 | -4 | -0.008 | 5 | 15 | -10 | -0.0192 |
| 88 | 515 | 9 | 12 | -3 | -0.006 | 10 | 4 | 6 | 0.01165 |
| 89 | 505 | 13 | 23 | -10 | -0.02 | 11 | 7 | 4 | 0.00792 |
| 90 | 495 | 19 | 16 | 3 | 0.0061 | 8 | 3 | 5 | 0.0101 |
| 91 | 489 | 12 | 17 | -5 | -0.01 | 6 | 6 | 0 | 0 |

| 92 | 489 | 22 | 14 | 8 | 0.0164 | 3 | 9 | -6 | -0.0123 |
|----|-----|----|----|----|--------|----|----|-----|----------|
| 93 | 491 | 12 | 9 | 3 | 0.0061 | 6 | 3 | 3 | 0.00611 |
| 94 | 480 | 18 | 20 | -2 | -0.004 | 6 | 10 | -4 | -0.0083 |
| 95 | 470 | 13 | 10 | 3 | 0.0064 | 5 | 7 | -2 | -0.0043 |
| 96 | 480 | 12 | 8 | 4 | 0.0083 | 4 | 2 | 2 | 0.00417 |
| 97 | 470 | 7 | 5 | 2 | 0.0043 | 6 | 5 | 1 | 0.00213 |
| 98 | 475 | 14 | 8 | 6 | 0.0126 | 5 | 5 | 0 | 0 |
| 99 | 470 | 8 | 8 | 0 | 0 | 3 | 9 | -6 | -0.0128 |
| 100 | 454 | 5 | 12 | -7 | -0.015 | 2 | 7 | -5 | -0.011 |
| 101 | 434 | 8 | 16 | -8 | -0.018 | 4 | 8 | -4 | -0.0092 |
| 102 | 416 | 10 | 6 | 4 | 0.0096 | 2 | 12 | -10 | -0.024 |
| 103 | 419 | 8 | 12 | -4 | -0.01 | 2 | 5 | -3 | -0.0072 |
| 104 | 430 | 12 | 10 | 2 | 0.0047 | 0 | 5 | -5 | -0.0116 |
| 105 | 420 | 6 | 7 | -1 | -0.002 | 2 | 8 | -6 | -0.0143 |
| 106 | 427 | 17 | 7 | 10 | 0.0234 | 3 | 7 | -4 | -0.0094 |

# 附錄二　主要報導人基本資料

| 報導人 | 性別 | 年齡 | 學歷 | 職業經歷 |
|---|---|---|---|---|
| 劉信全 | 男 | 65 | 國中 | 從工轉農，現為有機米產銷班的班長。 |
| 李松木 | 男 | 83 | 國小 | 有機米產銷班的第二任班長 |
| 劉信春 | 男 | 87 | 國小 | 從工轉農，現為有機米產銷班員。 |
| 劉正昌 | 男 | 74 | 國小 | 有機米產銷班的第三任班長 |
| 劉信忠 | 男 | 52 | 高職 | 從工轉農，返鄉種植有機稻米自產自銷的產銷班班員第二代。 |
| 李江河 | 男 | 86 | 國小 | 從林業轉農，現為有機米產銷班員。 |
| 林水源 | 男 | 55 | 大專 | 為社區居民，從事製造業，曾任社區發展協會總幹事。 |
| 劉信福 | 男 | 65 | 高中 | 專業務農，有機米產銷班員。 |
| 劉信義 | 男 | 53 | | 從工業返鄉務農，曾為有機農場甲的農場主，後再轉服務業，現僅農忙時受雇協助務農。 |
| 柯國全 | 男 | 69 | | 由商從農，有機農場乙的農場主。 |
| 陳秋蘭 | 女 | | | 有機農場乙的農場主的妻子，現為蔬菜產銷班班長。 |
| 邱禮仁 | 男 | 56 | 碩士 | 從商轉農，現為有機農場丙的農場主。 |
| 劉春梅 | 女 | 52 | 大專 | 有機農場丙的農場主的妻子 |
| 李國生 | 男 | 27 | 大專 | 有機農場丙的實習農場主 |
| 阿榮 | 男 | 44 | 大專 | 從服務業轉農，為自然農法俱樂部技術總監。 |
| 阿松 | 男 | 47 | 大專 | 從服務業轉農，自然農法俱樂部第一期成員。 |
| 阿好 | 女 | 49 | 大專 | 從商轉農，自然農法俱樂部第一期成員與獨立農場 c 的農場主。 |
| 阿美 | 女 | 40 | 碩士 | 從工轉農，自然農法俱樂部第一期成員與獨立農場 f 的農場主。 |

| 小華 | 男 | 36 | 大專 | 自然農法俱樂部第三期成員與獨立農場 a 的農場主 |
| 小玫 | 女 | | 碩士 | 報導人小華的妻子，接案工作，以兼業方式務農。 |
| 小玲 | 女 | 30 | 大專 | 自然農法俱樂部第六期成員與獨立農場 e 的農場主 |
| 小蘭 | 女 | | 大專 | 自然農法俱樂部第五期成員與獨立農場 b 的農場主 |
| 阿梅 | 女 | | | 從服務業轉農，自然農法俱樂部第三期成員與獨立農場 d 的農場主。 |
| 小茂 | 男 | 40 | 碩士 | 從服務業轉農，為自然農法俱樂部第八期成員。 |
| 阿菊 | 女 | 45 | 碩士 | 從文職工作轉農，為自然農法俱樂部第八期成員。 |
| 小香 | 女 | 30 | 大專 | 從文職工作轉農，為自然農法俱樂部第八期成員。 |
| 劉松信 | 男 | 59 | 高中 | 前任社區發展協會理事長 |
| 劉松財 | 男 | 65 | 大專 | 為社區居民，從事製造業。 |
| 陳泉水 | 男 | 72 | | 從工業轉農，退休後務農者。 |
| 曾進財 | 男 | 55 | 國中 | 現任里長，從事營造業。 |
| 陳建全 | 男 | 64 | 大專 | 從工轉農，為社區發展協會成員，主要負責導覽工作。 |
| 李江海 | 男 | 75 | | 曾任社區發展協會總幹事，退休後自給式務農。 |
| 劉松柏 | 男 | 68 | 大專 | 曾為公務人員，退休後返鄉自給式務農。 |
| 簡明仁 | 男 | 54 | | 為公務人員，是彩繪農村的素人畫家。 |
| 盧老闆 | 男 | 67 | 大專 | 居住於竹東鎮上，水頭村田園餐廳的負責人。 |
| 王董 | 男 | 57 | 碩士 | 為科技公司創辦人，自然農法俱樂部的主要贊助者。 |
| 張專員 | 男 | 49 | | 農會人員 |
| 何主任 | 女 | | 大專 | 為成長家園的主任 |

資料來源：田野調查（2017-2018）

# 附錄三　農場基本資料表

| 農場代號 | 農場主 | 農場簡介 |
|---|---|---|
| 有機農場甲 | 劉信義 | 1997 年正式成立，那年擁有 106 棟的溫室，耕作面積占水頭村田地的一半，約 20 幾公頃，隔年與盤商發生糾紛，規模縮小一半，後再遇風災，發展幾乎停滯，後改由報導人邱禮仁與劉春梅接手，更名為有機農場丙。 |
| 有機農場乙 | 柯國全<br>陳秋蘭 | 1994 年移入水頭村租地溫室栽培，早期是介質包栽培，1995 年改為有機種植，2009 年退出有機驗證，改為友善耕作。 |
| 有機農場丙 | 邱禮仁 | 2002 年成立，採取預購會員制，除了是一座有機農園，也結合了環境教育、有機農業推廣與培訓、觀光（輕旅行與深度旅遊）、國際研習與交流，並兼具文化與美學等多功能的休閒、體驗、教學示範型農園。 |
| 成長家園附屬農場 | 王主任 | 2014 年由有機農場丙與成長家園合作成立 |
| 獨立農場 a | 自然小農<br>小華 | 由自然農法俱樂部補助成立 |
| 獨立農場 b | 自然小農<br>小蘭 | 由自然農法俱樂部補助成立 |
| 獨立農場 c | 自然小農<br>阿好 | 由自然農法俱樂部補助成立 |
| 獨立農場 d | 自然小農<br>阿梅 | 由自然農法俱樂部補助成立 |
| 獨立農場 e | 自然小農<br>小玲 | 由自然農法俱樂部補助成立 |
| 獨立農場 f | 自然小農<br>阿美 | 由自然農法俱樂部補助成立 |

資料來源：田野調查（2017-2018）

# 謝誌　我的生命田野

　　從人類學的門外漢到學徒，在清大人類所求學已佔據我目前生命的三分之一，加上之前的旁聽，以及經歷兩次的挫敗，到入學開始接受「文化震撼」，從「歸零」後一點一滴地走到現在，轉眼間已過了十幾個年頭，終於完成屬於我自己的生命田野。

　　在這漫長的生命田野裡，何其有幸，我遇見許多貴人，沒有他們的襄助，我可能早早就逃回自己的舒適圈了，更不會有現在的我，以及這本書！現在讓我表達我內心滿滿的謝意！

　　我博班的指導教授陳中民老師，第一次的相遇是在旁聽〈文化人類學專題〉的課堂上，深入淺出的授課，讓我更嚮往人類學的知識。後來您也願意協助我這個只有傻勁的門外漢進入人類學這個學門。記得您在我心灰意冷的博二那年，細心提點我該「歸零」了，讓我就像進入一個自以為熟悉卻陌生的田野，放下一起重新再來，慢慢拾回原有的信心！您的一路陪伴，也讓我跨過重重的難關！

　　接踵而來的資格考與博士論文的書寫，您還得忍受我的連環 call，即使您的身體微恙，還是願意配合我的時間與我面談！在一來一回的討論之間，每每您都笑著說您看的次數與仔細都比我多很多，謝謝您包容我的駑鈍，但我知道那是您對我的用心，也讓我可以從龐雜的田野資料慢慢抽絲剝繭，讓我的論文逐漸成形與聚焦，如果沒有您也就沒有現在這本書，心中除了感謝還是感謝！老師，謝謝您！

　　我碩班的指導教授管志明老師，很感謝您鼓勵我跨出這一步，也不厭其煩的，一而再，再而三地協助我報考。除了碩班時的百般照顧外，在博班求學期

—201—

間也時常關心與督促著我，謝謝您有如父親般的叮嚀與教導！

我求學期間在職的國小校長徐政權校長，要不是您百分之百的信任，讓我在不影響教學與行政工作的情形之下，可以應付博班繁重的學業，直到退休前還時時囑咐著我要完成學業！

很感謝修課期間所上的老師們，讓我可以理解到人類學的浩瀚無邊，各種不同且有趣的研究觀點與方向，不僅在學術上，更在職場上受用無窮。也很感謝這本論文的口試委員莊英章老師、黃樹民院長、陳祥水老師與方怡潔老師，為本書提供的寶貴建議。

謝謝所上的正倫、經庭、萍瑛、廷宇、碧雲、麗蘭、慧娜與修文，以及所辦的瓊音，在修業期間無私的給予協助，讓平時忙於工作的我，仍有一些學術對話的空間，並且提供寶貴的經驗。也謝謝我先前任職服務學校的同事們——惠文、少嫻、詠菁、淑蓉、高松與文紹，有你們的照顧與鼓勵，讓我在身兼數職的情況之下，可以循序漸進完成這個近乎不可能的任務，謝謝你們。

另外，非常感謝在田野期間所有報導人的協助，以及忍受我的窮追猛問，願意跟我分享您們的生活點滴，讓我理解生活對於你們的意義，也讓我重新理解生活對於我自己的意義。

最後要感謝的是，一直陪伴著我，不離不棄的家人。特別是我的另一半——紫蘭，謝謝妳包容我的任性與脾氣，甚至於在我幾乎快要放棄的時候，給我當頭棒喝，讓我繼續堅持下去。也辛苦地為我生下了兩個寶貝——于晴與于恩，除了豐富了我的人生，讓我得以延長修業年限，兩個寶貝的到來讓我增添了不少的信心。謝謝你們，我也好愛好愛你們！

還有我的爸媽，雖然您們嘴上常說要我放棄，其實我知道您們是心疼我的，終於我也沒讓您們失望！我的哥哥姐姐們，你們是我最堅強的後盾，替我照顧爸媽與孩子，以及我岳父岳母的緊急支援，讓我可以無後顧之憂地往前追夢，不管傷了，還是累了，您們一樣都在，真的！有您們真好！

很高興在我的生命田野裡，有您們相陪，與您們相遇，讓一切變得更有意義。也因為有您們，才能有這本書的產出，僅以這本書向您們致上我最高的謝意！謝謝您們！